법화삼부경

제2부 묘법연화경 5권
제3부 불설관보현보살행법경

법화삼부경

제2부 묘법연화경 5권
제3부 불설관보현보살행법경

구선 강설

연화

차 례

들어가면서 ………………………………… 6

법화삼부경 제 2부

  묘법연화경 묘음보살품 ………………………… 25

  묘법연화경 관세음보살품 ……………………… 60

  묘법연화경 다라니품 …………………………… 89

  묘법연화경 묘장엄왕본사품 …………………… 112

  묘법연화경 보현보살권발품 …………………… 149

법화삼부경 제 3부

  보현보살행법경 ………………………………… 175

맺음말 ……………………………………… 333

들어가면서

법화삼부경의 가르침은 크게 네 갈래로 요약된다.
첫째는 각성의 일이다.
둘째는 본성의 일이다.
셋째는 밝은성품의 일이다.
넷째는 심(心)과 식(識)의 일이다.

이 네 가지 일이 곧 생명의 일이며 우주의 일이다.
네 가지 일을 통해 천지만물이 생겨났고 여래장이라고 하는 우주가 생겨났다.

부처님께서 법화삼부경을 통해 이 네 가지 일을 말씀하신 것은 네 가지 일로써 어둠이 생겨나고 네 가지 일을 통해 밝음을 회복할 수 있기 때문이다.

네 가지 일로써 생겨나는 어둠은 각성의 무명적 습성(無明的習性)과 본성의 향하문적 성향(向下門的性向), 밝은성품의 자연적 성향(自然的性向)과 심식(心識)의 생멸적 성향(生滅的性向)이다.

네 가지 일로써 생겨나는 밝음은 각성으로 묘각(妙覺)을 이루고 본성으로 일심법계(一心法界)를 이루며 밝은성품으로 천백억화신(千百億化身)을 이루고 심식(心識)으로 육근원통(六根圓通)을 이루는 것이다.
법화삼부경에서는 네 가지 어둠이 생겨나는 원인과 과정에 대해 상세하게 말씀해 주셨고 그것을 제도해서 네 가지 밝음을 얻는 방법에 대해서도 상세하게 말씀해 주셨다.

네 가지 어둠으로 인해 여래장연기와 생멸연기가 생겨나고 진여연기가 생겨났다.
여래장연기를 통해서 무량극수의 다중 우주가 생겨났고 생멸연기를 통해서 한 개의 우주가 생겨났다.
진여연기를 통해서 한 명의 진여보살이 생겨났다.

네 가지 밝음으로 인해서 아라한과 진여보살, 등각보살과 불(佛)이 출현한다.
아라한은 각성으로 본각을 이루고, 본성으로 대적정에 들어가고, 밝은성품으로 비상비비상처해탈을 이루고, 심식으로 멸진정을 이룬 존재이다.

진여보살은 각성으로 구경각을 이루고, 본성으로 법신과 보신과 화신을 이루고, 밝은성품으로 구족색신삼매와 현일체색신삼매를 이루고, 심식으로 암마라식과 원통식을 성취한 존재이다.

등각보살은 각성으로 등각을 이루고, 본성으로 공여래장을 이루고 밝은성품으로 8만4천 화신불을 이루고, 심식으로 불공여래장을 성취한 존재이다.

불(佛)은 각성으로 묘각을 이루고, 본성으로 대자비문과 대적정문을 통합시키고, 밝은성품으로 팔천만억의 분신불들을 출현시키고, 심식으로 일심법계(一心法界)를 성취한 존재이시다.

여래장연기는 본원본제로부터 시작되었다.
본원본제는 본성과 각성, 밝은성품으로 이루어진 원초생명(源初生命)이다.
본원본제는 본성으로 성(性)을 이루고 각성으로 상(相)을 이룬다. 밝은성품으로 체(體)를 이룬다.
본원본제의 성(性)은 무념(無念)과 무심(無心), 간극(間隙)으로 이루어져 있다.
무념의 상태는 적(寂)하다.
무심의 상태는 정(靜)하다.
간극의 상태는 적멸(寂滅)하다.
적(寂)의 상태가 곧 식의 바탕이다.
정(靜)의 상태가 곧 심의 바탕이다.

여래장연기를 통해서는 세 가지 형태의 여래장이 만들어졌다.

무(無)의 여래장과 장(場)의 여래장, 일법계(一法界) 여래장이 그것이다.
무(無)의 여래장은 본원본제의 상(相)이다.
장(場)의 여래장은 본원본제의 체(體)이다.
일법계 여래장은 장의 여래장 안에서 생겨난 생멸문과 진여문이다.

네 가지 어둠으로 인해 일법계 여래장이 오탁(五濁)에 휩싸인다. 그로 인해 생멸문을 이루고 있는 세간 생명들이 악세(惡世)에 처해진다.
네 가지 어둠의 원인은 본원본제이다.
본원본제로부터 본성의 향하문적 성향과 각성의 무명적 습성, 밝은성품의 자연적 성향, 심식의 생멸적 성향이 시작되었다.
본원본제가 본성의 향하문적 습성을 갖게 된 것은 수연(隨緣)으로써 본성을 갖추었기 때문이다.
본성은 무념과 무심, 간극으로 이루어져 있다.
무념(無念)은 본성의 식(識)의 바탕이고 무심(無心)은 본성의 심(心)의 바탕이다.
무념·무심이 한자리를 이루지 못하면 본성이 갖추어지지 않는다. 본성이 갖추어지기 이전에는 생명성이 나타나지 않는다. 마치 정자와 난자가 만나서 수정란이 되었을 때 생명이 생겨났다고 말하는 것과 같다.

정자와 난자가 아무리 많이 있어도 서로 합쳐지지 않으면 생명이 되지 못한다.
식의 바탕과 심의 바탕도 마찬가지이다.
그것은 항상 있는 것이지만 서로 만나서 한자리를 이루지 못하면 본성이 되지 못한다. 그렇게 되면 생명이 출현하지 못한다.
식의 바탕과 심의 바탕이 서로 만나는 것을 연(緣)이라 한다. 연(緣)이 이루어지면 본성이 세워지고 생명이 출현하게 된다. 연(緣)이 이루어지는 조건은 두 가지가 있다.
첫 번째 조건은 수연(隨緣)이다.
이는 자연적 현상으로 연(緣)이 이루어지는 것이다.
두 번째 조건은 능연(能緣)이다.
이는 의도를 통해 연(緣)이 이루어지는 것이다.

수연(隨緣)으로 드러난 본성은 자기 주도적 의도가 없다.
때문에 자연의 흐름에 따라 생명성에 변화가 일어난다.
반면에 능연(能緣)으로 드러난 본성은 자기 주도적 의도가 있다. 때문에 능성(能性)을 통해서 스스로의 변화를 주도해 간다.
본원본제는 수연(隨緣)으로 본성이 갖추어진 생명이다.
등각화신불들은 능연(能緣)으로 본성이 갖추어진 생명들이다.

수연(隨緣)으로 본성이 갖추어진 본원본제는 멸진정(滅盡

靜)의 상태에 머물러 있다. 그 상태에서 끊임없이 밝은성품을 생성해낸다.
본원본제가 밝은성품을 생성해 내는 것은 본성의 구조 때문이다.
식의 바탕과 심의 바탕이 연(緣)을 통해 만나게 되면 합쳐지지도 않고 분리되지도 않는 상태가 된다.
이런 상태가 되면 심의 바탕과 식의 바탕 사이에서 간극이 형성된다.
심의 바탕은 정상(靜相)에서 생성되는 요동이 있다.
식의 바탕은 적상(寂相)에서 생성되는 요동이 있다.
그 두가지 요동이 간극에서 부딪친다.
그로 인해 간극의 내부에서 끝없는 요동이 일어난다. 이런 과정을 통해서 생성된 요동이 밝은성품이다.
밝은성품이 생성되면 본원본제가 체(體)를 갖추게 된다.
이로써 장(場) 여래장이 생겨나게 되었다.

수연(隨緣)으로 본성을 갖추게 된 본원본제는 스스로를 지켜보는 능성(能性)을 갖추게 된다.
능성은 스스로를 지켜보는 자기의도이다.
능성을 통해 스스로를 지켜보던 본원본제는 식의 바탕과 심의 바탕, 간극과 밝은성품이 갖고 있는 차이를 지각하게 된다. 이로 인해 능성에 변화가 생긴다. 의도만 갖고 있던 상태에서 지각과 분별이 생겨난 것이다.

능성이 의도와 지각, 분별을 행하는 것을 각성(覺性)이라 한다. 각성이 생겨나고부터 본원본제의 상(相)이 갖추어지게 되었다.
각성을 갖추게 된 본원본제는 각성을 활용해서 식의 바탕과 심의 바탕, 간극과 밝은성품 사이를 내왕하게 된다.
이 과정을 대사(代謝)라 한다.
각성이 대사를 행하는 것은 스물다섯 가지 유형이 있다. 그중 한 가지 유형에서는 밝은성품의 생성이 중단되고, 나머지 스물네 가지 유형에서는 밝은성품이 생성된다.
밝은성품이 생성되지 않도록 대사가 이루어지려면 간극의 적멸상(寂滅相)에 머물러서 심과 식의 바탕을 양쪽으로 껴안고 있어야 한다. 이 상태를 여실상(如實相)에 머문다고 말한다.
밝은성품이 지속적으로 생성되면서 여래장연기가 시작된다. 여래장연기는 먼저 생성된 밝은성품과 나중 생성된 밝은성품이 서로 부딪치면서 생겨나게 되었다.

능연(能緣)으로 생겨난 등각화신불들은 처음부터 능성을 갖고 있었다. 때문에 자연의 흐름에 스스로를 맡기지 않고 주도적으로 자기 변화를 이끌어 갈 수 있었다.
등각화신불들은 의도에 따라서 밝은성품의 생성을 조절할 수 있었다. 밝은성품이 생성되지 않는 여실상(如實相)의 상태에 머물러 있을 수도 있었고 밝은성품을 많이 생성되게 하는 락처(樂處)에 머물 수도 있었다.
이로 인해 등각화신불들은 여래장연기에 들어가지 않는다.

먼저 생성된 밝은성품과 나중 생성된 밝은성품이 서로 부딪치게 되면 미는 힘과 당기는 힘이 생겨난다.
미는 힘은 밝은성품과 친하지 않고 당기는 힘은 밝은성품과 서로 친하다. 서로 다른 세 종류의 힘이 생겨나면서 밝은성품 공간 안에 변화가 일어나게 되었다.

수연(隨緣)으로 생겨난 본성이 본원본제의 성(性)이다.
이것을 여시성(如是性)이라 한다.
여시성(如是性)은 식의 바탕, 심의 바탕, 간극으로 이루어져 있다.
여시성(如是性)에서 각성이 갖추어진 것을 여시상(如是相)이라 한다.
여시상(如是相) 안에서 대사(代謝)가 일어나고 밝은성품으로 이루어진 공간이 생겨난 것을 여시체(如是體)라 한다.
여시체(如是體) 안에서 밝은성품 간에 부딪침이 일어나고 미는 힘과 당기는 힘이 생겨난 것을 여시력(如是力)이라 한다.

여시성(如是性)에서부터 향하문이 생겨난다.
여시성이 멸진정의 상태에서 생성해 내는 밝은성품이 향하문의 시작이다.

여시성이 멸진정에 머물러 있는 것은 식근(識根)이 없기 때문이다. 식의 바탕과 심의 바탕은 갖추고 있으되 식근이 없기 때문에 멸진정에서 벗어나지 못하는 것이다.

그런 상태에서 각성이 갖춰지고 밝은성품에 대한 인식이 이루어지자 밝은성품이 일으키는 변화에 치우치게 되었다. 이 상태를 일러 각성이 무명적 습성에 빠졌다고 말한다.

각성이 무명적 습성에 빠지게 되면 밝은성품 간에 부딪침이 일어난다. 그 결과로 미는 힘과 당기는 힘이 생겨나게 되었다.

본원본제가 멸진정에 들어있는 것은 수행자가 의식·감정·의지를 분리시키고 멸진정에 들어있는 것과 같은 상태이다.

본원본제가 밝은성품과 본성을 함께 인식하는 것은 수행자가 법념처관을 행하면서 진여문에 머물러있는 것과 같은 상태이다.

본원본제가 밝은성품이 일으키는 변화에 치중되어 있는 것을 자시무명(子時無明)이라 한다.

자시무명으로 인해 여시체(如是體) 안에서 본연(本緣)이 생겨난다.

본연(本緣)은 생명의 근본을 이루고 있는 세 가지 요소 간의 관계를 말한다. 생명의 근본은 여시체(如是體)를 이루고 있는 세 가지 조건을 말한다.
여시체는 본성·각성·밝은성품으로 이루어져 있다.

본원본제와 본연은 성(性)과 상(相)과 체(體)에서 서로 다른 차이가 있고 근본 바탕에서 차이가 있다.
본원본제는 수연(隨緣)으로 이루어진 여시성(如是性)을 갖추고 있지만 본연은 정보화(精保化)된 간극과 심식의 바탕으로 본성(本性)을 이루고 있다.

본원본제는 능성(能性)이 변화된 각성(覺性)을 갖고 있지만 본연은 정보화된 각성을 갖고 있다.
본원본제의 각성을 본각(本覺) 또는 능각(能覺)이라 한다.
본연의 각성을 시각(時覺) 또는 소각(所覺)이라 한다.

본원본제의 체(體)는 순수한 밝은성품으로 이루어져 있다.
본연의 체는 밝은성품과 미는힘, 당기는 힘으로 이루어져 있다.
본원본제의 근본 바탕은 심과 식의 바탕으로 이루어져 있다. 본연은 세 종류의 에너지로 근본 바탕을 이루고 있다.

본연을 일러 환(幻)이라 한다.
환(幻)이란 실(實)이 아닌 것이 존재성을 갖추었다는 말이다.
본연으로 인해 자연(自然)과 인연(因緣)이 시작되고 그로써 생멸연기와 진여연기가 일어난다.

본연이 정보화된 성(性)과 상(相)을 갖추게 된 것은 근본 바탕이 세 종류 에너지로 이루어졌기 때문이다.
에너지는 주파수를 내장하고 매개하는 속성이 있다.
밝은성품도 에너지이기 때문에 그런 속성을 갖고 있다.
여시성의 간극에서 생성된 밝은성품에는 여시성과 여시상의 상태가 정보화되어 있다. 특히 각성이 행하고 있는 대사(代謝)의 과정이 고스란히 기록되어 있다.
생명의 활동은 주파수가 생성되는 원인이다.
본성을 이루고 있는 세 가지 요소들도 서로 다른 주파수를 생성해 낸다. 밝은성품도 그 자체가 간극에서 생성된 요동이다. 요동이 곧 주파수이다.
각성이 25가지 대사를 행하면서 25종류의 주파수가 생성되었다. 그 주파수들이 밝은성품 공간 안에 기록되면서 밝은성품 공간의 전체 주파수가 높아지게 되었다.
이 상태에서 먼저 생성된 밝은성품과 나중 생성된 밝은성품이 부딪치게 되자 전체 주파수가 더욱더 높아지게 되었다. 특정 공간이 내재하고 있는 전체 주파수의 총합을 고유진동수라 한다.
고유진동수가 높아진 밝은성품 공간은 본원본제의 공간과 이질화된 성향을 갖게 되었다.
이런 과정을 통해서 생겨난 본연 공간은 끊임없이 지속적으로 생겨나게 되었다.
수많은 본연 공간이 생겨나고부터 여시체의 영역에 변화가 일어났다. 여시체(如是體)로만 존재했던 여래장 공간에 무(無)의 여래장과 장(場)의 여래장, 일법계(一法界) 여래장이 출현한 것이 그와 같은 이유 때문이다.

본원본제로 인해서 수많은 본연이 나투어지는 과정을 여시작(如是作)이라 한다.
본연 공간 안에서 자연과 인연이 일어나고 생멸문이 생겨나는 것을 여시인(如是因)이라 한다.
생멸문 안에서 12연기가 일어나는 것을 여시연(如是緣)이라 한다. 명색(名色)의 과정에서 분리된 천지만물이 육입(六入)을 통해 교류하면서 서로 간에 반연을 만들어 가는 것을 여시과(如是果)라 한다.
천지만물 속에는 본원본제로부터 시작된 모든 생의 과정이 정보화되어있다. 그것을 업식(業識)이라 한다.
업식으로 인해 생명과 생명의 관계를 여시보(如是報)라 한다.
본원본제로 시작된 모든 생명은 이 아홉 단계 과정에서 일어났던 모든 일들을 기록하고 있다.
생명활동의 모든 작용은 그 기록에 의거해서 일어나고 소멸된다. 이것을 여시본(如是本)이라 한다.
여시본으로 살아가고 있는 천지만물은 업식(業識)을 자기라고 생각한다. 그로 인해 육도윤회를 하게 되고 오탁악세에

처해진다. 그런 생명을 중생(衆生)이라 한다.
중생이 오탁악세에서 벗어나려면 수행문에 들어서야 한다.
수행문에 들어온 사람은 먼저 인지법행을 갖추어야 한다.
그런 다음 과지법을 통해서 여시본(如是本)의 습성을 제도해야 한다.
인지법행을 갖추는 것은 여래장연기와 생멸연기, 진여연기의 원인과 과정을 이해하고 네 가지 어둠이 생겨난 원인을 아는 것이다.
과지법행을 갖추는 것은 네 가지 어둠을 네 가지 밝음으로 바꾸는 방법을 아는 것이다.

본원본제의 향하문적 성향은 여시성(如是性)의 구조와 멸진정에서 생성되는 밝은성품 때문에 생긴 것이다.
식근이 갖추어지지 않은 심식의 바탕 때문에 멸진정에 머물 수밖에 없는 상황에서 밝은성품이 지속적으로 생성되면서 향하문적 성향이 생겨나게 되었다.
본원본제의 향하문적 성향을 제도하려면 여시성(如是性)의 상태에서 식근(識根)을 심어줘야 한다.
일심법계와 동법계를 이루게 되면 일심법계의 원통식이 여시성에 심어진다.
식근을 갖춘 본원본제는 멸진정에서 깨어나게 된다.
멸진정에서 깨어나면 밝은성품의 생성이 줄어들게 된다.

본원본제의 무명적 습성을 제도하려면 각성의 각조(覺照)적 성향을 바꿔줘야 한다. 그러려면 동법계를 이룬 상태에서 대비심을 심어줘야 한다.
각성의 각조가 쉬어진 상태에서 대비심으로 심식의 바탕이 연(緣)하게 되면 미망에 빠지지 않으면서도 여시성(如是性)의 상태를 유지할 수 있게 된다.

밝은성품의 자연적 성향을 제도하려면 각성이 여실상(如實相)에 머물러서 밝은성품의 생성을 조절할 수 있어야 한다.
각성이 간극에 머물러서 식의 바탕과 심의 바탕을 껴안고 있게 되면 밝은성품의 생성이 중단된다.
각성이 간극과 무념을 함께 취하면 밝은성품의 생성이 줄어든다. 간극과 무심을 함께 취해도 밝은성품의 생성이 줄어든다.
각성이 밝은성품에 머무르면 밝은성품의 생성이 비약적으로 늘어난다.
각성으로 밝은성품의 생성을 조절할 수 있게 되면 밝은성품의 자연적 성향이 제도된다.

본원본제가 원통식과 대비심을 갖추게 되면 각성을 임의롭게 활용하면서 6신통과 대지혜를 갖추게 된다.
이때 갖추어지는 대지혜가 일체종지와 자연지이다.
일체종지는 여시성(如是性)과 대자비가 하나로 합쳐지면서 갖추어진다. 자연지는 밝은성품이 제도되면서 갖추어진다. 6신통과 일체종지, 자연지를 갖추게 된 본원본제는 등각보살이 된다. 그 상태에서 상락아정(常樂我淨) 바라밀을 행하게 되면 묘각도를 이루어서 성불(成佛) 하게 된다.
본원본제가 성불해서 비로자나 부처님이 되었다 하신다.
이것이 네 가지 어둠을 전환시켜서 네 가지 밝음을 얻는 방법이다.

본문에서는 묘음보살품, 관세음보살품, 다라니품, 묘장엄보살품, 보현보살권발품과 보현보살행법경의 내용이 다루어진다.

묘음보살품에서는 수능엄삼매의 과정과 절차에 대해서 말씀해 주셨다.
묘음보살을 통해 열여섯 가지 삼매와 현일체색신삼매(現一切色身三昧)에 대해 말씀하셨다.
묘당상삼매 (妙幢相三昧), 법화삼매 (法華三昧),
정덕삼매 (淨德三昧), 수왕희삼매 (宿王戱三昧),
무연삼매 (無緣三昧), 지인삼매 (智印三昧),
해일체중생어언삼매 (解一切眾生語言三昧),
집일체공덕삼매 (集一切功德三昧),
청정삼매 (淸淨三昧), 신통유희삼매 (神通遊戱三昧),
혜거삼매 (慧炬三昧), 장엄왕삼매 (莊嚴王三昧),

정광명삼매 (淨光明三昧), 정장삼매 (淨藏三昧), 불공삼매 (不共三昧), 일선삼매 (日旋三昧)가 묘음보살이 성취한 열여섯 가지 삼매이다.

관세음보살품에서는 부동지 이후에 성취하는 육근청정법과 법운지와 등각도에서 이루어지는 6바라밀의 성취에 대해서 말씀하셨다. 이근원통을 통해 육근청정을 이루는 방법에 대해 말씀하셨고 향상문을 향해서 이루어지는 보시바라밀에 대해서 말씀하셨다.
관세음보살이 수능엄삼매를 증득하게 된 것이 묘음과 세음을 관하면서 이근원통을 성취했기 때문이라고 말씀하셨다. 그러면서 그때의 세음은 세간의 음성이 아니고 세간을 벗어난 음성이라고 말씀하셨다.
'범음을 듣는다'라는 표현으로 이근원통시에 천념(天念)이 이루어지는 자리에 대해 말씀하셨고 '해조음을 듣는다'라는 말씀으로 수대(水大)의 제도에 대해서 말씀해 주셨다.
진관청정관(眞觀淸淨觀)을 함께 행함으로써 본성과 식의 바탕을 승념(僧念)하는 방법에 대해 말씀하셨고 대적정과 대자비, 대지혜로써 무등등아뇩다라삼먁삼보리를 증득한다고 말씀해 주셨다.
광대지혜관(廣大智慧觀)으로 대지혜를 이루고 비관극자관(悲觀極慈觀)으로 대자비를 이룬다고 말씀하셨고, 진관청정관(眞觀淸淨觀)으로 대적정을 이룬다고 말씀하셨다.

다라니품에서는 약왕보살의 다라니와 용시보살 다라니, 나찰의 다라니, 사천왕의 다라니에 대해서 말씀하셨다. 약왕보살 다라니는 43개의 뇌척수막관을 통해 식의 세업을 제도하고 천념을 이루는 방법이다. 그 결과로 육근청정과 구족색신삼매를 체득한다. 향음 수행과 범부 수행에 활용된다.

용시보살 다라니는 몸 안에 단(壇)을 세울 때 활용하는 방편이다. 열두 개의 단을 세워서 동법계를 이루는 마음 거울로 활용하고 32진로 수행의 기점으로 활용한다.

나찰의 다라니는 세포의 유전적 습성을 제도하기 위한 방법이다. 사천왕의 다라니는 사대를 제도하는 방법이다.

묘장엄왕본사품에서는 수능엄삼매의 권능과 수능엄삼매를 이루는 절차에 대해서 말씀하셨다.

범부삼매의 방법, 향음 수행의 방법, 부동지를 얻는 방법, 법운지에서 6바라밀을 행하는 방법, 그리고 지·수·화·풍 사대의 인자를 제도하는 방법에 대해서 상세하게 말씀하셨다.

보현보살권발품에서는 법음방편선 다라니를 말씀해 주셨다. 다라니를 통해서 육근청정을 이룰 수 있는 과지법을 남겨 주셨고 발성 수행의 방편으로 활용할 수 있는 방법도 제시해 주셨다.

법화삼부경 제3부 보현보살행법경에서는 육념처관을 통해

서 육근청정을 이루는 법이 구체적으로 다루어진다.
육근의 바탕을 인식하는 방법과 순서가 구체적으로 다루어지고 육단시(六段示)를 통해서 식의 바탕을 여섯 단계로 구분하는 방법이 구체적으로 제시된다.
하루를 여섯 때로 나누어서 육시(六時), 오회(五悔), 육념처관을 하는 방법이 상세하게 제시되고 그로써 성취되는 공덕에 대해서도 말씀하신다.
육념처관을 통해서 육근청정을 이루게 되면 그것이 생멸수행을 마친 상태와 같고 보살도에 들어간 상태라고 말씀하신다.

각각의 육근이 청정해지면서 동·서·남·북·상·하의 공간에 식의 바탕이 펼쳐진다고 말씀하신다.
그로써 선덕 부처님과 전단덕 부처님, 석가모니 부처님과 다보여래, 보현보살과 비로자나 부처님을 친견하게 되고 보살계를 수지하게 된다고 말씀하신다.

비로자나 부처님을 통해서는 상적광토(常寂光土)가 만들어진 네 가지 원인에 대해서 말씀하신다.
그러면서 비로자나 부처님이 여적해탈(如寂解脫)로써 부처가 되었다고 말씀하신다.
여적해탈이란 본원본제의 해탈을 말한다.
본원본제가 일심법계 부처님과 동법계를 이룬 다음에 상

(常)바라밀, 아(我)바라밀, 정(淨)바라밀, 락(樂)바라밀을 성취하고 여적해탈을 이루어서 비로자나 부처님이 되셨다고 말씀하신다.

법화삼부경이 마무리되기까지 많은 사람들의 노고가 있었다. 부족한 강의를 끝까지 들어주신 회원님들의 노고가 있었고 십시일반 법보시를 해주신 보살핌이 있었다.
특히 기획과 편집, 교정을 담당했던 이진화님과 권규호님께 감사드린다.

《묘법연화경 묘음보살품 妙音菩薩品 第二十四》

본문

爾時釋迦牟尼佛。放大人相肉髻光明。及放眉間白毫相光。
이시석가모니불. 방대인상육계광명. 급방미간백호상광.
遍照東方百八萬億那由他恆河沙等諸佛世界。過是數已有
변조동방백팔만억나유타항하사등제불세계. 과시수이유
世界。名淨光莊嚴。其國有佛。號淨華宿王智如來應供正
세계. 명정광장엄. 기국유불. 호정화수왕지여래응공정
遍知明行足善逝世間解無上士調御丈夫天人師佛世尊。
변지명행족선서세간해무상사조어장부천인사불세존.
為無量無邊菩薩大眾恭敬圍繞而為說法。釋迦牟尼佛白毫
위무량무변보살대중공경위요이위설법. 석가모니불백호
光明遍照其國。爾時一切淨光莊嚴國中。有一菩薩名曰妙
광명변조기국. 이시일체정광장엄국중. 유일보살명왈묘
音。久已殖眾德本。供養親近無量百千萬億諸佛。而悉成
음. 구이식중덕본. 공양친근무량백천만억제불. 이실성
就甚深智慧。得妙幢相三昧。法華三昧。淨德三昧。宿王
취심심지혜. 득묘당상삼매. 법화삼매. 정덕삼매. 수왕
戲三昧。無緣三昧。智印三昧。解一切眾生語言三昧。
희삼매. 무연삼매. 지인삼매. 해일체중생어언삼매.
集一切功德三昧。清淨三昧。神通遊戲三昧。慧炬三昧。

집일체공덕삼매. 청정삼매. 신통유희삼매. 혜거삼매.
莊嚴王三昧。淨光明三昧。淨藏三昧。不共三昧。日旋三
장엄왕삼매. 정광명삼매. 정장삼매. 불공삼매. 일선삼
昧。得如是等百千萬億恒河沙等諸大三昧。釋迦牟尼佛光
매. 득여시등백천만억항하사등제대삼매. 석가모니불광
照其身。即白淨華宿王智佛言。
조기신. 즉백정화수왕지불언.

그때 석가모니불이 어른다운 몸매인 살상투와 미간 백호상으로부터 광명을 놓아 동쪽 백8만억 나유타 항하사의 부처님 세계를 두루 비추었다.
이러한 많은 세계를 지나가서 또 세계가 있으니, 이름이 정광장엄이다. 그 세계에 부처님이 계시니, 이름이 정화수왕지여래, 응공, 정변지, 명행족, 선서, 세간해, 무상사, 조어장부, 천인사, 불세존이시라.
한량없고 그지없는 보살 대중에게 둘러싸이어 공경을 받으면서 법을 설하시었다.
석가모니불의 백호상의 광명이 그 국토를 두루 비추었다.
이때 일체정광장엄세계에 한 보살이 있으니 이름이 묘음이라 한다. 오래전부터 모든 덕의 근본을 심었으며, 한량없는 백천만억 부처님께 공양하고 친근하면서 매우 깊은 지혜를 다 성취하여 묘당상삼매, 법화삼매, 정덕삼매, 수왕희삼매, 무연삼매, 지인삼매, 해일체중생어언삼매, 집일체공덕삼매, 청정삼매,

신통유희삼매, 혜구삼매, 장엄왕삼매, 정광명삼매, 정장삼매, 불공삼매, 일선삼매를 얻어 이러한 백천만억 항하사의 모든 대삼매를 얻었다.
석가모니 부처님의 광명이 그 몸을 비추매, 곧 정화수왕지 부처님께 사뢰었다.

강설

묘음보살은 구족색신삼매와 육근청정, 수능엄삼매를 체득한 보살이다.
약왕보살은 일체중생희견보살 당시에 구족색신삼매만을 성취했지만 묘음보살은 육근청정과 수능엄삼매를 모두 체득한 상태이다.
약왕보살, 수왕화보살, 묘음보살은 범부삼매와 사대의 제도, 향음 수행을 상징화한 보살이다.
수능엄삼매를 이루는 네 단계 절차 중에 범부삼매와 향음 수행을 약왕보살과 묘음보살을 등장시켜서 비유해 주셨고 부동지의 성취와 6바라밀에 대해서는 아직까지 말씀해 주시지 않으셨다. 수왕화보살은 사대의 제도를 상징화한 보살이다.
세 보살 모두가 지금은 수능엄삼매를 체득하고 있다.
하지만 각각의 보살들이 수능엄삼매를 성취하게 된 방법과 계기가 서로 다르기 때문에 그 예시로 삼은 것이다.

약왕보살은 팔해탈과 사념처관으로써 범부삼매를 체득했고 양신배양을 통해서 구족색신삼매를 이루었다.
수왕화보살은 사대의 제도로써 신근(身根)청정을 이루고 수능엄삼매를 이루었다.
묘음보살은 향음 수행으로써 삽십이진로를 성취하고 수능엄삼매를 이루었다.

묘당상삼매 (妙幢相三昧) 법화삼매 (法華三昧)
정덕삼매 (淨德三昧) 수왕희삼매 (宿王戲三昧)
무연삼매 (無緣三昧) 지인삼매 (智印三昧)
해일체중생어언삼매 (解一切眾生語言三昧)
집일체공덕삼매 (集一切功德三昧)
청정삼매 (清淨三昧) 신통유희삼매 (神通遊戲三昧)
혜거삼매 (慧炬三昧) 장엄왕삼매 (莊嚴王三昧)
정광명삼매 (淨光明三昧) 정장삼매 (淨藏三昧)
불공삼매 (不共三昧) 일선삼매 (日旋三昧)
득여시등백천만억항하사등제대삼매 (得如是等百千萬億恒河沙等諸大三昧)는 묘음보살이 수능엄삼매를 증득하게 된 절차이다.

묘당상삼매 (妙幢相三昧)
당상(幢相)이란 당간지주에 깃발이 꽂혀있는 모습이다.
당간지주란 조사가 거처하는 사찰 앞에 세워놓은 높은 기둥이다. 양쪽으로 두 개가 서있고 그 꼭대기에 백색의 깃발이 꽂혀있으면 그 절에는 조사 스님이 계신다는 표시이다. 두 개의 당간지주 사이에는 텅 빈 허공이 있다.
묘당상이란 두 개의 당간지주 위에 꽂혀있는 두 개의 깃발을 보는 것처럼 무념과 무심을 명확하게 인식하고 그 사이에 텅 빈 허공을 보는 것처럼 간극의 적멸상을 명확하게 인식한다는 말이다.
그 상태에 머물러서 적정상(寂靜相)과 적멸상(寂滅相)을 함께 비춰보는 것이 묘당상삼매이다.
대적정에 들어있는 것이다.

법화삼매 (法華三昧)

참회문과 육념처 수행으로 육근청정을 성취하는 삼매이다. 식의 바탕을 여섯 단으로 인식(六段示)하고 육념처관(六念處觀)을 닦는다.
육시오회(六時五悔)를 행한다. 하루 여섯 때를 정하여 참회문과 육념처관을 함께 닦는다.
오회(五悔)란 참회문을 이루고 있는 다섯 단계의 절차를 말한다. 참회, 권청, 수희, 회향, 발원이 그것이다.

참회: 본성으로 비추어서 이미 지은 죄를 참회하고 장래에는 의식·감정·의지에 끄달리지 않겠다고 다짐을 한다.
권청: 영원한 수명을 갖고 계시는 능연 부처님을 심신해상

(深信解相)하고 호념하시기를 간청 드린다.
수희: 밝은성품의 착함으로 공양을 올린다.
회향: 떠오르는 업식들을 놓고 불념(佛念)하고, 법념(法念)하고, 시념(施念)하고, 계념(戒念)하고, 승념(僧念)하고, 천념(天念)한다.
신개차(身開遮): 몸으로써 접해지는 경계는 열고 닫음으로써 청정을 이룬다.
구설묵(口說默): 입과 말로써 들고나는 경계는 관여되지 않음으로써 청정을 이룬다.
의지관(意止觀): 뜻과 생각으로써 들고나는 경계는 지(止)하고 관(觀)함으로써 청정을 이룬다.
발원: 각성의 무명적 습성을 제도하고, 밝은성품의 자연적 성향을 제도하며, 일체의 생멸심을 제도하겠나이다.
본원본제의 향하문적 성향을 제도해서 정토불사의 완성을 이루겠습니다.
일대사인연의 소중한 징표를 법화경으로 삼겠사오며 배우고 익히고 깨닫겠습니다.
한 중생도 저버리지 않아서 일체중생이 성불할 수 있도록 끝까지 보살피겠습니다.

정덕삼매 (淨德三昧)
식의 청정함으로 일체 경계를 비춰주는 삼매이다.

무연삼매 (無緣三昧)
무육입(無六入)해서 일체의 반연에 물들지 않는 삼매이다. 식의 청정(識淸淨)으로 계념(戒念)하고 본성으로 불념(佛念)해서 무육입(無六入)을 이룬다.

수왕희삼매 (宿王戱三昧)
떠오르는 업식들과 인식되는 경계를 놓고서 희(喜)와 락(樂), 애(愛)와 착(着)에 빠지지 않는 삼매이다.

지인삼매 (智印三昧)
식의 청정심과 본성이 서로 동떨어지지 않는 삼매이다. 그 상태에서는 더 이상의 식업이 증장되지 않는다.

해일체중생어언삼매 (解一切眾生語言三昧)
일체중생들의 언어를 알아듣는 삼매이다.

집일체공덕삼매 (集一切功德三昧)
천지만물의 호응을 얻어서 일체 공덕이 모아지는 삼매이다. 이 공덕으로 무사지(無師智)를 얻는다.

청정삼매 (淸淨三昧)
육근원통을 성취하는 삼매이다.

신통유희삼매 (神通遊戲三昧)
6신통을 구족해서 일체 경계에 걸림이 없는 삼매이다.

혜거삼매 (慧炬三昧)
각성이 투철해져서 다시는 미망에 빠지지 않는 삼매이다.

장엄왕삼매 (莊嚴王三昧)
밝은성품으로 이루어진 진공묘유(眞空妙有)의 체(體)를 성취한 삼매이다.

정광명삼매 (淨光明三昧)
빛의 몸을 이룬 삼매이다.

정장삼매 (淨藏三昧)
여래장계의 어둠을 걷어낼 수 있는 삼매이다.

불공삼매 (不共三昧)
18가지 불공법을 성취하는 삼매이다.

일선삼매 (日旋三昧)
태양이 삼라만상을 비추듯이 자기 광명으로 시방세계를 비춰주는 삼매이다.

본문

世尊。我當往詣娑婆世界。禮拜親近供養釋迦牟尼佛。及
세존. 아당왕예사바세계. 예배친근공양석가모니불. 급
見文殊師利法王子菩薩。藥王菩薩。勇施菩薩。宿王華菩
견문수사리법왕자보살. 약왕보살. 용시보살. 수왕화보
薩。上行意菩薩。莊嚴王菩薩。藥上菩薩。爾時淨華宿王
살. 상행의보살. 장엄왕보살. 약상보살. 이시정화수왕
智佛告妙音菩薩。汝莫輕彼國生下劣想。善男子。彼娑婆
지불고묘음보살. 여막경피국생하열상. 선남자. 피사바
世界。高下不平土石諸山穢惡充滿佛身卑小。諸菩薩眾其
세계. 고하불평토석제산예악충만불신비소. 제보살중기
形亦小。而汝身四萬二千由旬。我身六百八十萬由旬。汝
형역소. 이여신사만이천유순. 아신육백팔십만유순. 여
身第一端正。百千萬福光明殊妙。是故汝往莫輕彼國若佛
신제일단정. 백천만복광명수묘. 시고여왕막경피국약불
菩薩及國土生下劣想。妙音菩薩白其佛言。世尊。我今詣
보살급국토생하열상. 묘음보살백기불언. 세존. 아금예
娑婆世界。皆是如來之力。如來神通遊戲。如來功德智慧
사바세계. 개시여래지력. 여래신통유희. 여래공덕지혜
莊嚴。於是妙音菩薩。不起于座身不動搖。而入三昧。
장엄. 어시묘음보살. 불기우좌신부동요. 이입삼매.
以三昧力。於耆闍崛山去法座不遠。化作八萬四千眾寶蓮

**이삼매력. 어기사굴산거법좌불원. 화작팔만사천중보련
華. 閻浮檀金為莖. 白銀為葉. 金剛為鬚. 甄叔迦寶以為
화. 염부단금위경. 백은위엽. 금강위수. 견숙가보이위
其臺.
기대.**

"세존이시여 제가 사바세계에 가서 석가모니불께 예배하고 친근하고 공양하고, 또 문수사리 법왕자보살, 약왕보살, 용시보살, 수왕화보살, 상행의보살, 장엄왕, 약상보살을 뵈오려 하나이다."
이때 정화수왕지불이 묘음보살에게 말씀하셨다.
"그대는 저 국토를 업신여긴 나머지 하열하다는 생각을 내지 말라.
선남자여, 저 사바세계는 높고 낮고 하여 평탄하지 못하고, 흙, 돌, 많은 산과 더러운 것이 가득하니라.
그리고 부처님 몸도 아주 비루하고 작고, 보살들의 형상도 작은데, 그대의 몸은 4만2천 유순이며, 나의 몸은 6백8십만 유순이니라.
그대의 몸은 가장 단정하여 백천만 복덕이 있어 광명이 특수하니라.
그런 연유로 그대는 그곳에 가서 그 국토를 업신여기지 말고, 부처님과 보살의 국토에 대하여 하열하다는 생각을 내지 말라."
묘음보살이 그 부처님께 사뢰었다.

"세존이시여, 제가 지금 사바세계에 가려는 것은 다 여래의 힘이오며, 여래의 신통으로 유희함이오며, 여래의 공덕과 지혜로 장엄함이니이다."

이에 묘음보살은 자리에서 일어나지 않고 몸을 동요하지도 않은 채, 삼매에 들어 삼매의 힘으로 기사굴산에 설법하는 사자좌에서 멀지 않은 곳에 8만4천의 보배 연화를 변화하여 만들었으니, 염부단금으로 줄기를, 백은으로 잎을, 금강으로 꽃술을, 견숙가보배로 꽃받침을 만들었다.

강설

"세존이시여 제가 사바세계에 가서 석가모니불께 예배하고 친근하고 공양하고, 또 문수사리 법왕자보살, 약왕보살, 용시보살, 수왕화보살, 상행의보살, 장엄왕, 약상보살을 뵈오려 하나이다."

묘음보살이 위와 같은 보살들을 만나려 하는 것도 이유가 있다. 이들 보살들은 모두가 수능엄삼매를 체득한 분들이다. 하지만 각각의 출신이 다르다.
문수보살은 용종상 부처님으로 계시다가 수능엄삼매를 통해서 10지 보살로 내려온 분이시고 약왕보살과 약상보살은 형제로 태어나서 함께 수행했던 도반들이다.
상행보살은 등각화신불의 첫째이고 수왕화보살과 장엄왕보

살, 용시보살은 출신이 불분명하다.
묘음보살은 이 보살들을 만나서 수능엄삼매의 일을 논하고자 한다.

"그리고 부처님 몸도 아주 비루하고 작고, 보살들의 형상도 작은데, 그대의 몸은 4만2천 유순이며, 나의 몸은 6백8십만 유순이니라."

묘음보살의 몸은 3,360,000km이고, 정화수왕지여래의 몸은 544,000,000Km이다.
열반에 들기 이전의 몸이 그와 같은 크기이니 이쪽 세계의 사람들이 작고 볼품없다고 하시는 것이다.

"이에 묘음보살은 자리에서 일어나지 않고 몸을 동요하지도 않은 채, 삼매에 들어 삼매의 힘으로 기사굴산에 설법하는 사자좌에서 멀지 않은 곳에 8만4천의 보배 연화를 변화하여 만들었으니"

묘음보살은 그쪽 세계에서 자리에서 일어나지도 않고 몸을 움직이지도 않은 채로 이쪽 공간에 새로운 공간을 창조했다. 이쪽 공간은 석가모니 부처님이 신통으로 만들어놓은 공간이다. 지금은 비록 8천만억의 분신불들이 본래 세계로 돌아가셨지만 그래도 공간의 주재자는 석가모니 부처님이다.

다른 부처님이 주재하시는 공간 안에서 거침없이 새로운 공간을 창조할 수 있는 묘음보살의 위신력이 대단하다.

묘음보살이 석가모니 부처님의 공간에 새로운 공간을 만들 수 있는 것은 억불삼매(憶佛三昧)의 힘 때문이다.
석가모니 부처님을 그리워하면서 동법계를 이루고자 하기 때문에 그와 같은 공간이 창조되는 것이다.
이와 같은 경우는 석가모니 부처님이 묘음보살에게 자기 법계를 열어준 것이다.
등각보살과 불세계의 부처님이 동법계를 이루는 절차에 대해 엿볼 수 있는 대목이다.

"8만4천의 보배 연화를 변화하여 만들었으니"

묘음보살이 거느린 권속이 8만 4천이란 말씀이시다.
묘음보살은 수능엄삼매를 이루고 나서 8만4천의 분신을 나투신 것이다.

본문

爾時文殊師利法王子。 見是蓮華而白佛言。 世尊。
이시문수사리법왕자. 견시연화이백불언. 세존.
是何因緣先現此瑞。 有若干千萬蓮華。 閻浮檀金為莖。 白

시하인연선현차서. 유약간천만연화. 염부단금위경. 백
銀爲葉。 金剛爲鬚。 甄叔迦寶以爲其臺。 爾時釋迦牟尼佛
은위엽. 금강위수. 견숙가보이위기대. 이시석가모니불
告文殊師利。 是妙音菩薩摩訶薩。 欲從淨華宿王智佛國。
고문수사리. 시묘음보살마하살. 욕종정화수왕지불국.
與八萬四千菩薩圍繞。 而來至此娑婆世界。 供養親近禮拜
여팔만사천보살위요. 이래지차사바세계. 공양친근예배
於我。 亦欲供養聽法華經。 文殊師利白佛言。 世尊。 是菩
어아. 역욕공양청법화경. 문수사리백불언. 세존. 시보
薩種何善本修何功德。 而能有是大神通力。 行何三昧。 願
살종하선본수하공덕. 이능유시대신통력. 행하삼매. 원
爲我等說是三昧名字。 我等亦欲勤修行之。 行此三昧。 乃
위아등설시삼매명자. 아등역욕근수행지. 행차삼매. 내
能見是菩薩色相大小威儀進止。 唯願世尊。 以神通力。 彼
능견시보살색상대소위의진지. 유원세존. 이신통력. 피
菩薩來令我得見。 爾時釋迦牟尼佛告文殊師利。 此久滅度
보살래영아득견. 이시석가모니불고문수사리. 차구멸도
多寶如來。 當爲汝等而現其相。 時多寶佛告彼菩薩。 善男
다보여래. 당위여등이현기상. 시다보불고피보살. 선남
子來。 文殊師利法王子。 欲見汝身。 于時妙音菩薩。 於彼
자래. 문수사리법왕자. 욕견여신. 우시묘음보살. 어피
國沒。 與八萬四千菩薩俱共發來。 所經諸國六種震動。 皆
국몰. 여팔만사천보살구공발래. 소경제국육종진동. 개

悉雨於七寶蓮華. 百千天樂不鼓自鳴. 是菩薩. 目如廣大
실우어칠보연화. 백천천악불고자명. 시보살. 목여광대
青蓮華葉. 正使和合百千萬月. 其面貌端正復過於此. 身
청연화엽. 정사화합백천만월. 기면모단정부과어차. 신
真金色. 無量百千功德莊嚴. 威德熾盛光明照曜. 諸相具
진금색. 무량백천공덕장엄. 위덕치성광명조요. 제상구
足. 如那羅延堅固之身. 入七寶臺上昇虛空. 去地七多羅
족. 여나라연견고지신. 입칠보대상승허공. 거지칠다라
樹. 諸菩薩眾恭敬圍繞. 而來詣此娑婆世界耆闍崛山. 到
수. 제보살중공경위요. 이래예차사바세계기사굴산. 도
已下七寶臺. 以價直百千瓔珞. 持至釋迦牟尼佛所. 頭面
이하칠보대. 이가치백천영락. 지지석가모니불소. 두면
禮足奉上瓔珞. 而白佛言.
예족봉상영락. 이백불언.

이때 문수사리법왕자가 이 연화를 보고 부처님께 사뢰었다.
"세존이시여, 무슨 인연으로 이 상서가 나타나나이까.
수많은 천만 연화가 염부단금으로 줄기가 되고, 백은으로 잎이 되고, 금강으로 꽃술이 되고, 견숙가보배로 꽃받침이 되었나이다."
이때 석가모니불이 문수사리에게 말씀하셨다.
"이는 묘음보살마하살이 정화수왕지불의 국토에서 8만4천 보살에게 둘러싸여 이 사바세계에 와서 나에게 공양하고 친근하고 예배하려는 것이며, 또 법화경을 공양하고 법문을 들으려는 것이니라."
문수사리보살이 부처님께 사뢰었다.
"세존이시여 그 보살이 어떠한 선근을 심었으며, 무슨 공덕을 닦았기에 이런 큰 신통력이 있으며, 어떤 삼매를 행했습니까? 저희들에게 그 삼매의 이름을 말씀하여 주옵소서. 저희들도 부지런히 닦으려 하나이다. 이 삼매를 수행하고야 그 보살의 몸매의 크고 작음과, 가고 서는 위의를 볼 수 있겠나이다. 바라옵건대 세존께서 신통의 힘으로 그 보살의 오심을 저희들이 보게 하소서."
이때 석가모니불이 문수사리에게 말씀하셨다.
"오래전에 열반하신 다보여래께서 그대들을 위하여 그 모습을 나타나게 하시리라."
이때 다보여래가 그 보살에게 말씀하셨다.
"선남자여, 오너라. 문수사리법왕자는 그대의 몸을 보고자 하노라."
이때 묘음보살은 그 국토에서 없어져서 8만4천 보살들과 함께 떠나서 왔다.
지나오는 국토들이 여섯 가지로 진동하고, 모두 7보 연꽃을 비 내리며, 백천 가지 하늘 풍류가 잡히는 이 없이 저절로 울리었다.
이 보살의 눈은 넓고 큰 청련화와 같으며, 그 얼굴의 단정하기는 백천만 개의 달을 화합한 것보다도 더 훌륭하며, 몸은 황금빛인데 한량없는 백천 공덕으로 장엄하였고, 위덕이 훌륭하고 광명이 찬란하여 여러 가지 모습을 구족한 것이 나라연의 견고한 몸과 같았다.
묘음보살은 7보로 된 대에 들어가 허공으로 올라가 일곱 다라수쯤 떠서 보살 대중의 공경을 받으며 둘러싸여 오더니, 그런 모습으로 이 사바세계의 기사굴산에 이르러서는 7보로 된 대에서 내려와 값이 백천만금이나 가는 영락을 가지고 석가모니 부처님 계신 데 이르러 머리를 조아려 발에 예배하고 영락을 받들어 올리면서 부처님께 사뢰었다.

강설

문수보살이 보기에도 기사굴산 공간 안에 새로운 공간이 창조되는 것이 희유한 일이었다. 때문에 석가모니 부처님께 그 연유를 여쭙는 것이다.
'도대체 이런 신통을 갖고 있는 존재는 누구일까? 어떤 삼매의 힘으로 이와 같은 상서로움을 보일 수가 있을까?' 아마도 이런 생각을 했을 것이다.

그와 같이 대단한 신통을 갖고 있는 묘음보살도 부처님의 초대가 없으면 불세계로 들어오지 못한다.
다보 부처님이 묘음보살을 부르시는 것은 다보 부처님과 묘음보살 간에 일대사인연이 있기 때문이다.

석가모니 부처님이 묘음보살을 직접 부르시지 않은 것은 그런 연유 때문이다.

지금 이 장면은 등각보살이 묘각을 이루는 과정과 똑같은 절차이다. 이 절차가 끝나게 되면 묘음보살은 묘각을 성취하게 된다.

이쪽 세계에서 두 분의 부처님이 증명을 서시고 저쪽 세계에서 한 분의 부처님이 법사가 되어서 묘음보살이 묘각 절차를 밟게 되는 것이다. 참으로 흥미로운 광경이다.

이 대목에서는 생각해 봐야 할 것이 있다.

묘음보살은 석가모니불을 억불했는데 불세계로의 초대는 다보여래께서 하신 것이다.

본래는 수기불과 억불의 대상이 같아야 하는데 이 경우에는 그 법칙이 적용되지 않았다.

그런 예외의 경우가 어떻게 해서 생겨나는지 그 이유에 대해 생각해 봐야 한다.

이때 다보여래가 그 보살에게 말씀하셨다.
"선남자여, 오너라. 문수사리법왕자는 그대의 몸을 보고자 하노라."
이때 묘음보살은 그 국토에서 없어져서 8만 4천 보살들과 함께 떠나서 왔다.

등각보살이 억불을 하고 있으면 수기불은 동법계 다라니를 내려주어서 등각보살을 불세계로 초대한다.

다보여래가 묘음보살에게 내려주신 동법계 다라니가 **"선남자여, 오너라. 문수사리법왕자는 그대의 몸을 보고자 하노라."**이다.

본문

世尊。 淨華宿王智佛。 問訊世尊。 少病少惱起居輕利安樂
세존. 정화수왕지불. 문신세존. 소병소뇌기거경리안락
行不。 四大調和不。 世事可忍不。 眾生易度不。 無多貪欲
행부. 사대조화부. 세사가인부. 중생이도부. 무다탐욕
瞋恚愚癡嫉妬慳慢不。 無不孝父母不敬沙門邪見不善心不
진에우치질투간만부. 무불효부모불경사문사견불선심부
攝五情不。 世尊。 眾生能降伏諸魔怨不。 久滅度多寶如來。
섭오정부. 세존. 중생능항복제마원부. 구멸도다보여래.
在七寶塔中來聽法不。 又問訊多寶如來。 安隱少惱堪忍久
재칠보탑중래청법부. 우문신다보여래. 안은소뇌감인구
住不。 世尊。 我今欲見多寶佛身。 唯願世尊。 示我令見。
주부. 세존. 아금욕견다보불신. 유원세존. 시아영견.
爾時釋迦牟尼佛語多寶佛。 是妙音菩薩欲得相見。 時多寶
이시석가모니불어다보불. 시묘음보살욕득상견. 시다보
佛告妙音言。 善哉善哉。 汝能為供養釋迦牟尼佛。 及聽法

**불고묘음언. 선재선재. 여능위공양석가모니불. 급청법
華經. 并見文殊師利等. 故來至此. 爾時華德菩薩白佛言.
화경. 병견문수사리등. 고래지차. 이시화덕보살백불언.**
世尊. 是妙音菩薩. 種何善根修何功德. 有是神力. 佛告
세존. 시묘음보살. 종하선근수하공덕. 유시신력. 불고
華德菩薩. 過去有佛. 名雲雷音王多陀阿伽度阿羅訶三藐
화덕보살. 과거유불. 명운뢰음왕다타아가도아라하삼먁
三佛陀. 國名現一切世間. 劫名憙見. 妙音菩薩. 於萬二
삼불타. 국명현일체세간. 겁명희견. 묘음보살. 어만이
千歲. 以十萬種伎樂. 供養雲雷音王佛. 并奉上八萬四千
천세. 이십만종기악. 공양운뢰음왕불. 병봉상팔만사천
七寶鉢. 以是因緣果報. 今生淨華宿王智佛國有是神力.
칠보발. 이시인연과보. 금생정화수왕지불국유시신력.

"세존이시여 정화수왕지 부처님이 세존께 문안하시더이다.
병이 없으시고 번거로움이 없나이까.
기거하시기 편안하시고 안락하게 행하나이까.
4대가 고르고 화평하나이까.
세상일이 견딜만 하나이까.
중생들은 제도하기 쉬우나이까.
탐욕과 성냄과 어리석음과 질투하고 간탐하고 교만이 많은 이는 없나이까.
부모에게 불효하고 사문을 공경하지 않고, 삿된 소견과 착하

지 않은 마음을 가진 이가 다섯 가지 욕정을 거둬들이지 못하는 이는 없나이까.
세존이시여 중생들이 마군의 원수를 잘 항복받나이까.
오래전에 열반하신 다보여래께서 7보탑 속에 계시며 와서 법을 듣나이까."
또 다보여래께 문안하기를 "안녕하시고 번거로움이 없으시며, 견디시며 오래 머무시나이까.
세존이시여 제가 지금 다보 부처님 몸을 뵈오려 하오니, 원컨대 세존께서 저로 하여금 뵈옵게 하옵소서."
이때 석가모니불이 다보 부처님께 말씀하시었다.
"이 묘음보살이 뵈옵고자 하나이다."
이때 다보 부처님이 묘음보살에게 말씀하셨다.
"착하여라, 착하여라. 그대는 석가모니불께 공경하고 법화경을 듣고 문수사리를 보기 위하여 여기 왔구나."
그때 화덕보살이 부처님께 사뢰었다.
"세존이시여 이 묘음보살이 무슨 선근을 심고 무슨 공덕을 닦았기에, 이런 신통의 힘이 있나이까."
부처님이 화덕보살에게 말씀하셨다.
"지난 세상에 부처님이 계시었으니 이름이 운뢰음왕 다타아가도, 아라하, 삼먁삼불타이시고, 국토의 이름은 현일체세간이며, 겁의 이름은 희견이었느니라.
묘음보살은 1만2천년 동안을 10만 가지 풍류로 운뢰음왕불께 공양하고, 8만4천7보 바리때를 받들어 이와 같은 인과응보로 지금 정화수왕지 부처님 국토에 나서 이런 신통의 힘이 있느니라.

강설

불세계에 들어와서 첫 번째 하는 일이 문안인사이다. 부처님께 여쭙는 인사말 속에 여러 가지 의미가 내포되어 있다. 마치 그런 중생들이 있으면 혼내주겠다는 말처럼 들리기도 하고 스스로가 걸어온 길을 되짚어서 말하는 것 같기도 하다.

"병이 없으시고 번거로움이 없나이까."

생로병사의 일을 여쭙는 것이다.

"기거하시기 편안하시고 안락하게 행하나이까."

안락행을 여쭙는 것이다.

"4대가 고르고 화평하나이까."

4대의 제도를 여쭙는 것이다.

"세상일이 견딜만 하나이까."

세간의 일을 여쭙는 것이다.

"중생들은 제도하기 쉬우나이까."

정토불사를 여쭙는 것이다.

"탐욕과 성냄과 어리석음과 질투하고 간탐하고 교만이 많은 이는 없나이까."

생멸심의 제도에 대해서 여쭙는 것이다.

"부모에게 불효하고 사문을 공경하지 않고, 삿된 소견과 착하지 않은 마음을 가진 이가 다섯 가지 욕정을 거둬들이지 못하는 이는 없나이까."

선근 공덕과 오욕칠정의 제도에 대해 여쭙는 것이다.

"세존이시여 중생들이 마군의 원수를 잘 항복받나이까."

마왕천의 제도에 대해서 여쭙는 것이다.

"또 다보여래께 문안하기를 "안녕하시고 번거로움이 없으시며, 견디시며 오래 머무시나이까."

다보여래께는 일상의 문안을 드리고 있다.
불세계로의 초대는 다보여래가 하셨는데 법을 여쭙는 것은 석가모니 부처님께 하고, 다보여래께는 일상의 문안만 드리는 것이다.
이 대목을 놓고서도 두 분 부처님의 서로 다른 역할을 볼 수가 있다. 묘음보살은 묘각도 이후의 가르침에 대해서는 석가모니 부처님께 배우고자 한다.

"세존이시여 제가 지금 다보 부처님 몸을 뵈오려 하오니, 원컨대 세존께서 저로 하여금 뵈옵게 하옵소서."

다보여래의 초대를 받아서 왔지만 막상 직접적인 소통은 못하고 있다. 이 또한 묘한 관계이다.
불세계에서 일어나는 부처님들 간의 관계와 불이 주재하고 있는 공간의 일에 대해서 조금이나마 엿볼 수 있는 장면이다. 불세계에서의 소통은 억불의 대상하고만 이루어지는 것 같다.

이때 석가모니불이 다보 부처님께 말씀하시었다.
"이 묘음보살이 뵈옵고자 하나이다."

다보탑은 그 자체가 독립된 여래장 공간이다.
석가모니 부처님이 다보탑 안에서 다보여래와 반분좌를 하신 것은 두 개의 여래장이 중첩된 것이다.
공간의 관점에서 보면 이 또한 희유한 일이다.
그런 상태의 공간에서도 다보여래와 소통하는 것은 아무나 할 수가 없다. 비록 묘음보살이 등각보살이라 할지라도 다보 부처님의 승낙이 있어야 소통할 수가 있다.

이때 다보 부처님이 묘음보살에게 말씀하셨다.
"착하여라, 착하여라. 그대는 석가모니불께 공경하고 법화경을 듣고 문수사리를 보기 위하여 여기 왔구나."

이 대목을 보면 다보 부처님은 묘음보살을 초청하는 역할만 하신 것이다. 묘음보살에게 묘각도를 설해주는 것은 처음부터 석가모니 부처님의 역할이셨다.

등각보살이 묘각도에 들어가려면 일대사인연으로 맺어진 수기불과 동법계를 이루어야 한다.
이때 필요한 것이 억불심(憶佛心)과 동법계를 이룰 수 있는 다라니이다.
억불심은 등각보살이 일으키는 것이고 동법계를 이루는 다라니는 수기불로부터 받는 것이다.
만약 등각보살이 동법계를 이룰 수 있는 다라니를 받지

못하면 아무리 오랜 시간 동안 억불을 해도 불세계로 들어올 수가 없다.
대통지승여래는 10소겁을 기다려서 동법계 다라니를 받았고 석가모니 부처님은 성도시에 두 가지 다라니를 통해서 본원본제와 동법계를 이루셨다.

석가모니 부처님에게 동법계 다라니를 전해준 것은 당대의 제석천왕이었다. 처음에는 "라"자 발성으로 본원본제와 동법계를 이루고자 했으나 잘 되지 않았다.
그때 제석천왕이 나타나서 "람"자 발성을 권해드렸다.
석가모니 부처님은 람자 발성과 억념을 통해서 본원본제와 동법계를 이루셨다. 이것이 '인견명성운오도'의 일이다.
동법계 다라니를 전해주는 대표적인 존재가 보현보살이다. 대부분의 등각보살들은 보현보살로부터 동법계 진언을 전해 받는다.
묘음보살의 경우는 다보여래께서 동법계 진언을 전해주셨다.

본문

華德。於汝意云何。爾時雲雷音王佛所妙音菩薩伎樂供養
화덕. 어여의운하. 이시운뢰음왕불소묘음보살기악공양
奉上寶器者。豈異人乎。今此妙音菩薩摩訶薩是。
봉상보기자. 기이인호. 금차묘음보살마하살시.

華德。是妙音菩薩。已曾供養親近無量諸佛久殖德本。又
화덕. 시묘음보살. 이증공양친근무량제불구식덕본. 우
值恒河沙等百千萬億那由他佛。華德。汝但見妙音菩薩其
치항하사등백천만억나유타불. 화덕. 여단견묘음보살기
身在此。而是菩薩現種種身。處處為諸眾生說是經典。
신재차. 이시보살현종종신. 처처위제중생설시경전.

화덕이여 어떻게 생각하느냐. 그때 운뢰음왕 부처님 계신데서
묘음보살로서 풍류로 공양하고 바리때를 받든 이가 어찌 다른
사람이랴. 지금의 묘음보살마하살이니라.
화덕이여 이 묘음보살은 이미 한량없는 부처님들께 공양하고
친근하여 오래도록 덕의 근본을 심었고, 또 항하사 등의 백천
만억 나유타 부처님을 만났느니라.
화덕이여 그대는 묘음보살의 몸이 여기 있는 줄로만 보지만,
이 보살은 갖가지 몸을 나타내어 여러 곳에서 모든 중생들을
위하여 이 경전을 해설하느니라.

강설

묘음보살이 수능엄삼매의 권능을 지녔음을 말씀하시는 것
이다.

본문

或現梵王身。或現帝釋身。或現自在天身。或現大自在天
혹현범왕신. 혹현제석신. 혹현자재천신. 혹현대자재천
身。或現天大將軍身。或現毘沙門天王身。或現轉輪聖王
신. 혹현천대장군신. 혹현비사문천왕신. 혹현전륜성왕
身。或現諸小王身。或現長者身。或現居士身。或現宰官
신. 혹현제소왕신. 혹현장자신. 혹현거사신. 혹현재관
身。或現婆羅門身。或現比丘比丘尼優婆塞優婆夷身。
신. 혹현바라문신. 혹현비구비구니우바새우바이신.
或現長者居士婦女身。或現宰官婦女身。或現婆羅門婦女
혹현장자거사부녀신. 혹현재관부녀신. 혹현바라문부녀
身。或現童男童女身。或現天龍夜叉乾闥婆阿修羅迦樓羅
신. 혹현동남동녀신. 혹현천용야차건달바아수라가루라
緊那羅摩睺羅伽人非人等身。而說是經。諸有地獄餓鬼畜
긴나라마후라가인비인등신. 이설시경. 제유지옥아귀축
生。及衆難處皆能救濟。乃至於王後宮。變爲女身而說是
생. 급중난처개능구제. 내지어왕후궁. 변위여신이설시
經。華德。是妙音菩薩。能救護娑婆世界諸衆生者。
경. 화덕. 시묘음보살. 능구호사바세계제중생자.
是妙音菩薩。如是種種變化現身。在此娑婆國土。爲諸衆
시묘음보살. 여시종종변화현신. 재차사바국토. 위제중
生說是經典。於神通變化智慧無所損減。是菩薩。以若干
생설시경전. 어신통변화지혜무소손감. 시보살. 이약간
智慧。明照娑婆世界。令一切衆生各得所知。於十方恒河

지혜. 명조사바세계. 영일체중생각득소지. 어십방항하
沙世界中亦復如是。若應以聲聞形得度者。現聲聞形而為
사세계중역부여시. 약응이성문형득도자. 현성문형이위
說法。應以辟支佛形得度者。現辟支佛形而為說法。應以
설법. 응이벽지불형득도자. 현벽지불형이위설법. 응이
菩薩形得度者。現菩薩形而為說法。應以佛形得度者。即
보살형득도자. 현보살형이위설법. 응이불형득도자. 즉
現佛形而為說法。如是種種隨所應度。而為現形。乃至應
현불형이위설법. 여시종종수소응도. 이위현형. 내지응
以滅度而得度者。示現滅度。華德。妙音菩薩摩訶薩。成
이멸도이득도자. 시현멸도. 화덕. 묘음보살마하살. 성
就大神通智慧之力。其事如是。
취대신통지혜지력. 기사여시.

범천왕의 몸도 나투고, 제석천왕의 몸도 나투고, 자재천의 몸도 나투고, 대자재천의 몸도 나투고, 하늘의 대장군의 몸도 나투고, 비사문천왕의 몸도 나투며, 혹은 전륜성왕의 몸도 나투고, 작은 왕의 몸도 나투고, 장자의 몸도 나투고, 거사의 몸도 나투고, 재상의 몸도 나투고, 바라문의 몸도 나투고, 혹 비구, 비구니, 우바새, 우바이의 몸도 나투며, 혹은 장자와 거사 부인의 몸도 나투고, 공무원의 부인의 몸도 바라문의 부인의 몸도 나투고, 혹 동남동녀의 몸도 나투며, 혹 하늘, 용, 야차, 건달바, 아수라, 가루라, 긴나라, 마후라가, 사람, 사람 아닌 이들의 몸도 나투어서 이 경을 설하며, 모든 지옥과 아귀와 축생과 여러 어려운 곳에서도 모두 능히 구제하며, 내지 임금의 후궁에서는 여자의 몸으로 변화하여 이 경을 설하느니라.

화덕이여 이 묘음보살은 사바세계의 모든 중생들을 구호하는 이이니라.

이 묘음보살은 이와 같은 가지가지로 변화하는 몸을 나타내어 이 사바세계에 있어 중생들에게 이 경전을 설하지마는, 그 신통과 변화와 지혜는 조금도 손해지고 감하는 게 없느니라.

이 보살이 아주 많은 지혜로써 사바세계를 밝게 비추어 모든 중생들로 하여금 각각 알만한 것을 알게 하며, 십방의 항하사 세계에서도 역시 그렇게 하느니라.

만일 성문의 몸으로 제도할 이에게는 성문의 몸을 나타내어 법을 설하고, 벽지불의 몸으로 제도할 이에게는 벽지불의 몸을 나타내어 법을 설하고, 보살의 몸으로 제도할 이에게는 보살의 몸을 나타내어 법을 설하고, 부처의 몸으로 제도할 이에게는 부처의 몸을 나타내어 법을 설하느니라.

이렇게 여러 가지로 제도할 바를 따라서 몸을 나타내어 설하며, 그리고 열반함으로써 제도할 이에게는 열반함을 나타내느니라.

화덕이여, 묘음보살마하살이 큰 신통력과 지혜의 힘을 성취한 일이 이와 같느니라."

강설

묘음보살도 사바세계에서 정토불사를 하고 있다고 말씀하신다. 이미 등각도를 성취하고 수능엄삼매가 구족되어서 어떤 중생이든지 간에 근기에 따라서 제도할 수 있는 능력을 갖추었다고 말씀하신다.

본문

爾時華德菩薩白佛言。世尊。是妙音菩薩深種善根。世尊。
이시화덕보살백불언. 세존. 시묘음보살심종선근. 세존.
是菩薩住何三昧。而能如是在所變現度脫眾生。佛告華德
시보살주하삼매. 이능여시재소변현도탈중생. 불고화덕
菩薩。善男子。其三昧名現一切色身。妙音菩薩住是三昧
보살. 선남자. 기삼매명현일체색신. 묘음보살주시삼매
中。能如是饒益無量眾生。說是妙音菩薩品時。與妙音菩
중. 능여시요익무량중생. 설시묘음보살품시. 여묘음보
薩俱來者八萬四千人。皆得現一切色身三昧。此娑婆世界
살구래자팔만사천인. 개득현일체색신삼매. 차사바세계
無量菩薩。亦得是三昧及陀羅尼。爾時妙音菩薩摩訶薩。
무량보살. 역득시삼매급다라니. 이시묘음보살마하살.
供養釋迦牟尼佛及多寶佛塔已。還歸本土。所經諸國六種
공양석가모니불급다보불탑이. 환귀본토. 소경제국육종
震動。雨寶蓮華。作百千萬億種種伎樂。既到本國。與八
진동. 우보연화. 작백천만억종종기악. 기도본국. 여팔

萬四千菩薩圍繞。至淨華宿王智佛所。白佛言。世尊。
만사천보살위요. 지정화수왕지불소. 백불언. 세존.
我到娑婆世界饒益眾生。見釋迦牟尼佛。及見多寶佛塔禮
아도사바세계요익중생. 견석가모니불. 급견다보불탑예
拜供養。又見文殊師利法王子菩薩。及見藥王菩薩。
배공양. 우견문수사리법왕자보살. 급견약왕보살.
得勤精進力菩薩。勇施菩薩等。亦令是八萬四千菩薩得現
득근정진력보살. 용시보살등. 역영시팔만사천보살득현
一切色身三昧。說是妙音菩薩來往品時。四萬二千天子得
일체색신삼매. 설시묘음보살래왕품시. 사만이천천자득
無生法忍。華德菩薩得法華三昧。
무생법인. 화덕보살득법화삼매.

이때 화덕보살은 부처님께 사뢰었다.
"세존이시여, 이 묘음보살은 선근을 깊이 심었나이다.
세존이시여, 이 보살이 무슨 삼매에 머물렀기에, 이렇게 모든 곳에 따라 변화하여 나타나서 중생을 제도하나이까."
부처님이 화덕보살에게 말씀하셨다.
"선남자여 그 삼매의 이름은 온갖 색신을 나타내는 삼매라 하나니, 묘음보살은 이 삼매에 머물러서 이렇게 한량없는 중생을 이익되게 하였느니라."
이 묘음보살품을 설할 때에, 묘음보살과 함께 왔던 8만4천 사람들은 모두 온갖 색신을 나타내는 삼매를 얻었고, 이 사바세계의 한량없는 보살들도 역시 이 삼매와 다라니를 얻었다.
그때 묘음보살마하살은 석가모니불과 다보불탑에 공양함을 마치고 본국으로 돌아갔는데, 지나가는 국토들이 여섯 가지로 진동하였고, 보배 연꽃을 비 내렸으며, 백천만억의 온갖 풍류가 울렸다.
본국에 돌아가서는 8만4천 보살에게 둘러싸여 정화수왕지 부처님 계신데 이르러 부처님께 사뢰었다.
"세존이시여 제가 사바세계에 가서 중생을 이익되게 하고, 석가모니 부처님과 다보불탑을 뵈옵고 예배하고 공양하였으며, 또 문수사리법왕보살을 보았사오며, 겸하여 약왕보살과 득근정진력보살과 용시보살들을 보았고, 이 8만4천 보살들로 하여금 온갖 색신을 나타내는 삼매를 얻게 하였나이다."
이 묘음보살내왕품을 설할 때, 4만2천의 천자가 무생법인을 얻었고, 화덕보살은 법화삼매를 얻었다.

강설

묘음보살이 성취한 삼매의 이름이 현일체색신삼매(現一切色身三昧)이다. 수능엄삼매의 다른 명칭이다.
약왕보살은 범부 수행을 통해서 구족색신삼매를 얻고 수능엄삼매를 성취했다.
묘음보살은 향음 수행을 통해서 열여섯 가지 삼매를 얻고 수능엄삼매를 성취했다.

약왕보살도 등각보살이고 묘음보살도 등각보살이다.
이 보살님들을 출현시킨 것은 등각을 이루려면 반드시 수능엄삼매를 이루어야 한다는 의미가 내포되어 있다.
법화경을 마무리하면서 수능엄삼매에 대해 말씀을 하시는 이유가 등각을 이루는 방법에 대해서 다시 한번 강조하기 위해서이다.

수능엄삼매를 이루려면 먼저 색신을 여의는 구족색신삼매를 성취해야 한다.
그런 다음에 밝은성품의 자연적 성향을 제도해서 천백억화신을 나투어야 한다.
구족색신삼매와 수능엄삼매 사이에는 네 단계의 절차가 있다. 범부 수행 이후에 향음 수행이 있고 그 다음에는 부동지와 6바라밀 수행이 있다.
범부 수행의 예시는 약왕보살로 삼았고, 향음 수행의 예시는 묘음보살로 삼았는데 나머지 두 가지 절차에 대한 예시를 누구로 삼으실지 뒷 대목이 궁금해진다.

부동지는 보살도 8지를 말한다. 이 과정에서 6근원통이 대두된다. 부동지를 성취하는 것은 6근원통을 이루기 위한 근기를 갖추는 것이다.
6바라밀 수행은 10지 법운지에서 행해진다. 이때에는 생멸문 전체를 놓고 6바라밀을 행한다.

6바라밀을 통해서 생멸문 전체가 제도되면 불공여래장이 갖추어진다. 공여래장과 불공여래장이 불이문을 이루게 되면 그 사이에서 천백억화신이 나투어진다.

"이 묘음보살품을 설할 때에, 묘음보살과 함께 왔던 8만4천 사람들은 모두 온갖 색신을 나타내는 삼매를 얻었고, 이 사바세계의 한량없는 보살들도 역시 이 삼매와 다라니를 얻었다."

묘음보살이 석가모니 부처님과 다보여래를 친견한 공덕으로 함께 데리고 왔던 8만4천 권속들이 **수능엄삼매를** 얻었고 사바세계의 수많은 보살들도 같은 성취를 이루었다.
묘음보살과 문수보살, 약왕보살과 수왕화보살은 어떤 얘기를 나누었을까?

"화덕보살은 법화삼매를 얻었다."

화덕보살이 법화삼매를 얻었다는 것은 식의 바탕을 6단시(六段示)하고 5회(五悔) 참회문과 6념처관(六念處觀)을 통해서 육근청정을 이룬 것이다.
5회 참회문은 참회, 권청, 수희, 회향, 발원의 절차로 이루어져 있다.

《묘법연화경 관세음보살품 觀世音菩薩品 第二十五》

본문

爾時無盡意菩薩即從座起。偏袒右肩合掌向佛而作是言。
이시무진의보살즉종좌기. 편단우견합장향불이작시언.
世尊。觀世音菩薩。以何因緣名觀世音。佛告無盡意菩薩。
세존. 관세음보살. 이하인연명관세음. 불고무진의보살.
善男子若有無量百千萬億眾生受諸苦惱。聞是觀世音菩薩。
선남자약유무량백천만억중생수제고뇌. 문시관세음보살.
一心稱名。觀世音菩薩即時觀其音聲皆得解脫。
일심칭명. 관세음보살즉시관기음성개득해탈.
若有持是觀世音菩薩名者。設入大火火不能燒。由是菩薩
약유지시관세음보살명자. 설입대화화불능소. 유시보살
威神力故。若為大水所漂。稱其名號即得淺處。若有百千
위신력고. 약위대수소표. 칭기명호즉득천처. 약유백천
萬億眾生。為求金銀琉璃車磲馬瑙珊瑚虎珀真珠等寶。
만억중생. 위구금은유리자거마노산호호박진주등보.
入於大海。假使黑風吹其船舫。飄墮羅剎鬼國。其中若有
입어대해. 가사흑풍취기선방. 표타나찰귀국. 기중약유
乃至一人。稱觀世音菩薩名者。是諸人等。皆得解脫羅剎
내지일인. 칭관세음보살명자. 시제인등. 개득해탈나찰
之難。以是因緣名觀世音。若復有人。臨當被害。稱觀世

지난. 이시인연명관세음. 약부유인. 임당피해. 칭관세
音菩薩名者。彼所執刀杖。尋段段壞。而得解脫。
음보살명자. 피소집도장. 심단단괴. 이득해탈.
若三千大千國土滿中夜叉羅刹。欲來惱人。聞其稱觀世音
약삼천대천국토만중야차나찰. 욕래뇌인. 문기칭관세음
菩薩名者。是諸惡鬼。尚不能以惡眼視之。況復加害。
보살명자. 시제악귀. 상불능이악안시지. 황부가해.

그때 무진의보살이 자리에서 일어나 오른쪽 어깨를 드러내고 합장하고 부처님을 향하여 이렇게 말하였다.
"세존이시여, 관세음보살은 무슨 인연으로 관세음이라 이름하나이까."
부처님이 무진의보살에게 말씀하셨다.
"선남자여 만일 한량없는 백천만억 중생이 모든 괴로움을 받을 적에, 이 관세음보살의 이름을 듣고 일심으로 관세음보살을 일컬으면, 관세음보살은 곧 그 음성을 관하고 다 해탈하게 하느니라.
이 관세음보살의 이름을 지니는 이는 설사 큰 불에 들어가도 불이 능히 태우지 못하나니, 이 보살의 위엄과 신력을 말미암음이니라.
그리고 큰물에 떠내려가더라도 그 이름을 일컬으면 곧 얕은 곳을 얻게 되며, 만일 백천만억 중생이 금, 은, 유리, 자거, 마노, 산호, 호박, 진주 등의 보배를 구하려고 큰 바다에 들어

갔다가 폭풍을 만나 그 배가 나찰들의 나라에 표착하였을 적에, 그 가운데 한 사람이라도 관세음보살의 이름을 일컫는 이가 있으면 여러 사람들이 모두 나찰의 난을 벗어나게 되나니 이런 인연으로 관세음보살이라 이름하나니라.

만약 어떤 사람이 악한에게 피해를 당하게 되었더라도 '관세음보살'의 명호를 부른다면 저들이 가졌던 칼과 몽둥이가 곧 조각조각 끊어져서 해탈함을 얻을 것이며, 만일 삼천대천세계에 가득한 야차와 나찰들이 와서 사람을 괴롭히려 하다가도, 그 사람이 관세음보살의 이름을 일컬음을 들으면 이 악귀들은 흉악한 눈으로 보지도 못하겠거늘 하물며 해할 수 있을까 보냐.

강설

수능엄삼매의 세 번째 과정인 부동지에서의 6근원통과 네 번째 과정인 법운지에서 행해지는 6바라밀을 말씀해 주시기 위해서 관세음보살을 등장시켰다.

관세음보살은 이근원통(耳根圓通)의 수행으로 깨달음을 성취한 보살이시다. 때문에 관세음보살을 출현시켜서 부동지 이후에 성취되는 육근원통법을 말씀하시려는 것이다.

무진의(無盡意)보살은 아직까지 선혜지를 얻지 못한 보살이다. 무진의(無盡意)란 '뜻이 다함도 없다'라는 말이다.

뜻이란 식의 바탕에 내재되어 있는 업식을 말한다.

6지, 7지, 8지를 성취한 진여보살이 갖추고 있는 식은 암마라식이다. 암마라식의 바탕에는 제도된 생멸심이 불공여래장으로 전환되어 있다. 암마라식을 원통식으로 전환시켜서 불식(佛識)을 갖추는 것이 무진의(無盡意)행의 목적이다. 의(意)에 머물러서 지(止)와 관(觀)을 행하는 것을 무진의(無盡意)행이라 한다.
부동지에서 육근원통을 이루는 첫 번째 과지법이다.
육념처관법(六念處觀法)으로는 업식을 놓고 불념(佛念)과 법념(法念)을 행하는 것이다.

본문

設復有人。若有罪若無罪。杻械枷鎖檢繫其身。稱觀世音
설부유인. 약유죄약무죄. 추계가쇄검계기신. 칭관세음
菩薩名者。皆悉斷壞即得解脫。若三千大千國土滿中怨賊。
보살명자. 개실단괴즉득해탈. 약삼천대천국토만중원적.
有一商主將諸商人。齎持重寶經過嶮路。其中一人作是唱
유일상주장제상인. 재지중보경과험로. 기중일인작시창
言。諸善男子勿得恐怖。汝等。應當一心稱觀世音菩薩名
언. 제선남자물득공포. 여등. 응당일심칭관세음보살명
號。是菩薩能以無畏施於眾生。汝等。若稱名者。於此怨
호. 시보살능이무외시어중생. 여등. 약칭명자. 어차원
賊當得解脫。眾商人聞俱發聲言南無觀世音菩薩。稱其名
적당득해탈. 중상인문구발성언나무관세음보살. 칭기명

故卽得解脫. 無盡意. 觀世音菩薩摩訶薩. 威神之力巍巍
고즉득해탈. 무진의. 관세음보살마하살. 위신지력외외
如是.
여시.

또 어떤 사람이 죄가 있거나 죄가 없거나 간에 수갑과 고랑과 사슬이 그 몸을 속박하였을 적에 관세음보살의 이름을 일컬으면, 모두 부서지고 끊어져서 벗어나게 되느니라.
만일 삼천대천세계에 도적이 가득 찼을 적에, 어떤 장사꾼 두목이 귀중한 보물을 가진 장사꾼들을 데리고 험난한 길을 지나갈 적에, 그중에 한 사람이 말하기를 '선남자들아 무서워하지 말고, 그대들은 일심으로 관세음보살의 이름을 일컬으라. 이 보살은 능히 중생들의 두려움을 없애주나니, 그대들이 그 이름을 일컬으면 이 원수인 도적들의 난을 벗어나게 되리라.'
여러 장사꾼들이 듣고 함께 소리를 내어 '나무 관세음보살'을 부르면, 그 이름을 일컬은 연고로 곧 벗어나게 되느니라.
무진의여, 관세음보살마하살의 위엄과 신력이 어마어마함이 이와 같으니라.

강설

이근원통을 수행하고자 하면 먼저 두려움을 굴복시켜야 한다는 말씀이시다. 관세음보살에 대한 믿음으로 두려움을 굴복시키라는 말씀이시다.

육념처관을 하다 보면 내재되었던 식업이 발현되면서 7식이 깨어난다. 그때 두려운 마음이 함께 드러난다.

두려운 마음은 부정적인 업식이 발현되면서 함께 깨어난다. 관세음보살에 대한 믿음과 억념(憶念)으로 부정적인 업식을 제도하고 두려움에서 벗어난다.

오회문(五悔門)에서 참회문의 과정을 말씀하시는 것이다.

본문

若有眾生多於婬欲。常念恭敬觀世音菩薩。便得離欲。若
약유중생다어음욕. 상념공경관세음보살. 변득이욕. 약
多瞋恚。常念恭敬觀世音菩薩。便得離瞋。若多愚癡。常
다진에. 상념공경관세음보살. 변득이진. 약다우치. 상
念恭敬觀世音菩薩。便得離癡。無盡意。觀世音菩薩。有
념공경관세음보살. 변득이치. 무진의. 관세음보살. 유
如是等大威神力多所饒益。是故眾生常應心念。若有女人
여시등대위신력다소요익. 시고중생상응심념. 약유여인
設欲求男。禮拜供養觀世音菩薩。便生福德智慧之男。
설욕구남. 예배공양관세음보살. 변생복덕지혜지남.
設欲求女。便生端正有相之女。宿殖德本眾人愛敬。無盡
설욕구녀. 변생단정유상지녀. 숙식덕본중인애경. 무진
意。觀世音菩薩。有如是力。若有眾生。恭敬禮拜觀世音

의. 관세음보살. 유여시력. 약유중생. 공경예배관세음
菩薩。福不唐捐。是故衆生。皆應受持觀世音菩薩名號。
보살. 복불당연. 시고중생. 개응수지관세음보살명호.
無盡意。若有人受持六十二億恒河沙菩薩名字。復盡形供
무진의. 약유인수지육십이억항하사보살명자. 부진형공
養飮食衣服臥具醫藥。於汝意云何。是善男子善女人功德
양음식의복와구의약. 어여의운하. 시선남자선녀인공덕
多不。無盡意言。甚多世尊。佛言。若復有人受持觀世音
다부. 무진의언. 심다세존. 불언. 약부유인수지관세음
菩薩名號。乃至一時禮拜供養。是二人福正等無異。於百
보살명호. 내지일시예배공양. 시이인복정등무이. 어백
千萬億劫不可窮盡。無盡意。受持觀世音菩薩名號。得如
천만억겁불가궁진. 무진의. 수지관세음보살명호. 득여
是無量無邊福德之利。
시무량무변복덕지리.

어떤 중생이 음욕이 많더라도, 항상 관세음보살을 생각하고 공경하면 문득 음욕을 여의게 되느니라.
만일 성내는 마음이 많더라도, 항상 관세음보살을 생각하고 공경하면, 문득 성내는 마음을 여의게 되느니라.
만일 어리석은 마음이 많더라도, 항상 관세음보살을 생각하고 공경하면, 문득 어리석음을 여의게 되느니라.
무진의여 관세음보살은 이러한 큰 위엄과 신력이 있어 이익되게 하는 바 많으니라.
그러므로 중생들은 항상 마음으로 생각할 것이니라.
어떤 여인이 아들을 낳기 위하여 관세음보살께 예배하고 공양하면, 문득 복덕 많고 지혜 있는 아들을 낳게 되리라.
딸을 낳기를 원하면, 문득 단정하고 잘생긴, 그리고 전세에 덕의 근본을 심었으므로 모든 사람이 사랑하고 공경하는 딸을 낳으리라.
무진의여 관세음보살은 이와 같은 힘이 있으므로, 만일 중생이 관세음보살을 공경하고 예배하면 복이 헛되지 않으리라.
그러므로 중생들은 모두 관세음보살의 이름을 받아 지닐 것이니라.
무진의여 어떤 사람이 62억 항하사 보살의 이름을 받아지니고, 또 몸이 마치도록 음식과 의복과 침구와 의약으로 공양한다면, 그대는 어떻게 생각하느냐. 이 선남자 선여인의 공덕이 많겠느냐 많지 아니하겠느냐."
무진의 보살이 말하였다.
"매우 많겠나이다. 세존이시여."
부처님이 말씀하셨다.
"만일 어떤 사람이 관세음보살의 이름을 받아지니고 한때만이라도 예배하고 공경한다면, 이 두 사람의 복이 똑같고 다름이 없어서 백천만억 겁에 이르러도 다하지 아니하리라.
무진의여 관세음보살의 이름을 받아 지니면, 이와 같이 한량없고 그지없는 복덕의 이익을 얻느니라."

강설

"어떤 중생이 음욕이 많더라도, 항상 관세음보살을 생각하고 공경하면 문득 음욕을 여의게 되느니라."

두려움을 극복하고 나면 음욕을 극복하라는 말씀이시다. 육념처관으로 육근청정을 이루기 위한 두 번째 마음이다.

"만일 성내는 마음이 많더라도, 항상 관세음보살을 생각하고 공경하면, 문득 성내는 마음을 여의게 되느니라."

육념처관으로 육근청정을 이루기 위한 세 번째 마음이 성내는 마음을 제도하는 것이다.

"만일 어리석은 마음이 많더라도, 항상 관세음보살을 생각하고 공경하면, 문득 어리석음을 여의게 되느니라."

육념처관으로 육근청정을 이루는 네 번째 마음이 어리석음을 제도하는 것이다. 어리석음이란 스스로를 망각하는 것이다.

[의식으로 욕념에 빠지고,
감정으로 성내는 마음을 갖추게 되고,

의지로써 어리석음에 빠졌으니 이 마음을 참회합니다.
다시는 의식·감정·의지로 살지 않겠습니다.
관세음보살님이시여, 저로 하여금 의식으로 살지 않고 무념으로 살게 하여 주십시오.
감정으로 살지 않고 무심으로 살게하여 주십시오.
의지로 살지 않고 각성으로 깨어있는 삶을 살아갈 수 있도록 보호해 주십시오.]
이것이 관세음보살에게 올리는 참회문이다.

본문

無盡意菩薩白佛言。世尊。觀世音菩薩。云何遊此娑婆世
무진의보살백불언. 세존. 관세음보살. 운하유차사바세
界。云何而爲衆生說法。方便之力。其事云何。佛告無盡
계. 운하이위중생설법. 방편지력. 기사운하. 불고무진
意菩薩。善男子。若有國土衆生應以佛身得度者。觀世音
의보살. 선남자. 약유국토중생응이불신득도자. 관세음
菩薩。即現佛身而爲說法。應以辟支佛身得度者。即現辟
보살. 즉현불신이위설법. 응이벽지불신득도자. 즉현벽
支佛身而爲說法。應以聲聞身得度者。即現聲聞身而爲說
지불신이위설법. 응이성문신득도자. 즉현성문신이위설
法。應以梵王身得度者。即現梵王身而爲說法。應以帝釋
법. 응이범왕신득도자. 즉현범왕신이위설법. 응이제석

身得度者。即現帝釋身而為說法。應以自在天身得度者。
신득도자. 즉현제석신이위설법. 응이자재천신득도자.
即現自在天身而為說法。應以大自在天身得度者。即現大
즉현자재천신이위설법. 응이대자재천신득도자. 즉현대
自在天身而為說法。應以天大將軍身得度者。即現天大將
자재천신이위설법. 응이천대장군신득도자. 즉현천대장
軍身而為說法。應以毘沙門身得度者。即現毘沙門身而為
군신이위설법. 응이비사문신득도자. 즉현비사문신이위
說法。應以小王身得度者。即現小王身而為說法。應以長
설법. 응이소왕신득도자. 즉현소왕신이위설법. 응이장
者身得度者。即現長者身而為說法。應以居士身得度者。
자신득도자. 즉현장자신이위설법. 응이거사신득도자.
即現居士身而為說法。應以宰官身得度者。即現宰官身而
즉현거사신이위설법. 응이재관신득도자. 즉현재관신이
為說法。應以婆羅門身得度者。即現婆羅門身而為說法。
위설법. 응이바라문신득도자. 즉현바라문신이위설법.
應以比丘比丘尼優婆塞優婆夷身得度者。即現比丘比丘尼
응이비구비구니우바새우바이신득도자. 즉현비구비구니
優婆塞優婆夷身而為說法。應以長者居士宰官婆羅門婦女
우바새우바이신이위설법. 응이장자거사재관바라문부녀
身得度者。即現婦女身而為說法。應以童男童女身得度者。
신득도자. 즉현부녀신이위설법. 응이동남동녀신득도자.
即現童男童女身而為說法。應以天龍夜叉乾闥婆阿修羅迦

즉현동남동녀신이위설법. 응이천룡야차건달바아수라가
樓羅緊那羅摩睺羅伽人非人等身得度者。即皆現之而為說
루라긴나라마후라가인비인등신득도자. 즉개현지이위설
法。應以執金剛身得度者。即現執金剛身而為說法。
법. 응이집금강신득도자. 즉현집금강신이위설법.

무진의보살이 부처님께 사뢰었다.
"세존이시여, 관세음보살은 어떻게 이 사바세계에 다니며, 어떻게 중생을 위하여 법을 말하며, 방편의 힘은 어떠하나이까."
부처님이 무진의 보살에게 말씀하셨다.
"선남자여, 어떤 국토의 중생으로 부처의 몸으로서 제도할 이에게는, 관세음보살은 부처 몸을 나타내어 법을 설하고, 벽지불의 몸으로 제도할 이에게는 벽지불의 몸을 나타내어 법을 설하고, 성문의 몸으로 제도할 이에게는 성문의 몸을 나타내어 법을 설하느니라.
범천왕의 몸으로 제도할 이에게는 범천왕의 몸을 나타내어 법을 설하고, 제석천왕의 몸으로 제도할 이에게는 제석천왕의 몸을 나타내어 법을 설하고, 자재천의 몸으로 제도할 이에게는 자재천의 몸을 나타내어 법을 설하고, 대자재천의 몸으로 제도할 이에게는 대자재천의 몸을 나타내어 법을 설하고, 하늘 대장군의 몸으로 제도할 이에게는 하늘 대장군의 몸을 나타내어 법을 설하고, 비사문의 몸으로 제도할 이에게는 비사문의 몸을 나타내어 법을 설하느니라.

작은 왕의 몸으로 제도할 이에게는 작은 왕의 몸을 나타내어 법을 설하고, 장자의 몸으로 제도할 이에게는 장자의 몸을 나타내어 법을 설하고, 거사의 몸으로 제도할 이에게는 거사의 몸을 나타내어 법을 설하고, 재상의 몸으로 제도할 이에게는 재상의 몸을 나타내어 법을 설하고, 바라문의 몸으로 제도할 이에게는 바라문의 몸을 나타내어 법을 설하느니라.

비구, 비구니, 우바새, 우바이의 몸으로 제도할 이에게는 비구, 비구니, 우바새, 우바이의 몸을 나타내어 법을 설하고, 장자, 거사, 재상, 바라문의 부인의 몸으로 제도할 이에게는 부인의 몸을 나타내어 법을 설하고, 동남동녀의 몸으로 제도할 이에게는 동남동녀의 몸을 나타내어 법을 설하느니라.

하늘, 용, 야차, 건달바, 아수라, 가루라, 긴나라, 마후라가, 사람, 사람 아닌 이들의 몸으로 제도할 이에게는 다 그 몸을 나타내어 법을 설하고, 집금강신으로 제도할 이에게는 집금강신을 나타내어 법을 설하느니라.

강설

관세음보살님도 현일체색신삼매를 이루었다는 말씀이시다. 수능엄삼매를 증득해서 이미 등각의 깨달음을 성취하셨다는 말씀이시다.

본문

無盡意。是觀世音菩薩。成就如是功德。以種種形遊諸國
무진의. 시관세음보살. 성취여시공덕. 이종종형유제국
土度脫眾生。是故汝等。應當一心供養觀世音菩薩。是觀
토도탈중생. 시고여등. 응당일심공양관세음보살. 시관
世音菩薩摩訶薩。於怖畏急難之中能施無畏。是故此娑婆
세음보살마하살. 어포외급난지중능시무외. 시고차사바
世界。皆號之為施無畏者。無盡意菩薩白佛言。世尊。我
세계. 개호지위시무외자. 무진의보살백불언. 세존. 아
今當供養觀世音菩薩。即解頸眾寶珠瓔珞。價直百千兩
금당공양관세음보살. 즉해경중보주영락. 가치백천양
金。而以與之。作是言。仁者。受此法施珍寶瓔珞。時觀
금. 이이여지. 작시언. 인자. 수차법시진보영락. 시관
世音菩薩不肯受之。無盡意復白觀世音菩薩言。仁者。愍
세음보살불긍수지. 무진의부백관세음보살언. 인자. 민
我等故受此瓔珞爾時佛告觀世音菩薩。當愍此無盡意菩薩
아등고수차영락이시불고관세음보살. 당민차무진의보살
及四眾天龍夜叉乾闥婆阿修羅迦樓羅緊那羅摩睺羅伽人非
급사중천룡야차건달바아수라가루라긴나라마후라가인비
人等故。受是瓔珞。即時觀世音菩薩愍諸四眾及於天龍人
인등고. 수시영락. 즉시관세음보살민제사중급어천룡인
非人等。受其瓔珞。分作二分。一分奉釋迦牟尼佛。一分
비인등. 수기영락. 분작이분. 일분봉석가모니불. 일분
奉多寶佛塔。無盡意。觀世音菩薩。有如是自在神力。遊

봉다보불탑. 무진의. 관세음보살. 유여시자재신력. 유
於娑婆世界。爾時無盡意菩薩。以偈問曰。
어사바세계. 이시무진의보살. 이게문왈.

무진의여 이 관세음보살은 이와 같은 공덕을 성취하고, 가지가지 형상으로 여러 국토에 다니면서 중생을 제도하여 해탈하게 하나니, 그러므로 그대들은 마땅히 한결같은 마음으로 관세음보살께 공양해야 하느니라.

이 관세음보살마하살은 무섭고 급한 환난 중에서 두려움이 없게 하나니, 그러므로 이 사바세계에서 모두 그를 이름하여 두려움이 없음을 시주하는 이라 하느니라."

무진의보살이 부처님께 사뢰었다.

"세존이시여 제가 지금 관세음보살께 공양하겠나이다."

그리고 곧 목에 장식하였던, 영락의 값이 백천금이나 되는 것을 풀어서 드리면서 이렇게 말하였다.

"관세음보살이시여, 이 법에 의하여 보시하는 보배 영락을 받으옵소서"

이때 관세음보살은 굳이 이것을 받지 않으려 하거늘, 무진의가 다시 관세음보살께 말하였다.

"관세음보살이시여, 우리를 어여삐 여기시어 드리는 이 영락을 받으소서."

이때 부처님이 관세음보살에게 말씀하셨다.

"마땅히 이 무진의보살과 4부 대중과 하늘, 용, 야차, 건달바,

아수라, 가루라, 긴나라, 마후라가, 사람, 사람 아닌 이들을 어여삐 여겨서 이 영락을 받으라."
곧 그때 관세음보살이 4부 대중과 하늘, 용, 사람, 사람 아닌 이들을 어여삐 여겨서 그 영락을 받아 두 몫으로 나누어, 한 몫은 석가모니불께 받들어 올리고, 한 몫은 다보불탑에 받들어 올렸다.
"무진의여 관세음보살에게는 이렇게 자유자재한 신통의 힘이 있어 사바세계에 다니느니라."
이때 무진의보살이 게송을 읊어 여쭈었다.

강설

육근청정행을 하기 위해 갖추어야 하는 다섯 번째 마음은 보시 공양이다.
무진의 보살이 관세음보살에게 영락을 바치는 것은 보시 공양을 실천하는 것이다.
무진의보살은 아직까지 선혜지를 갖추지 못한 8지 이하의 보살이다. 그가 보시 공양을 올리는 것은 육근청정을 이루어서 선혜지를 얻기 위함이다.
그런데 그 보시를 받은 관세음보살님이 또다시 석가모니 부처님과 다보 부처님께 공양을 올린다.
여기에서 의미하는 것이 향상문(向上門)의 6바라밀이다.
관세음보살님은 두 분 부처님에게 보시바라밀을 행함으로

써 묘각이라는 향상문을 이루고자 하는 것이다.

이 보시바라밀 속에는 지계, 인욕, 정진, 선정, 지혜바라밀의 의미가 함께 내포되어 있다.

이 대목을 통에서 육근청정을 이루기 위한 6바라밀과 묘각을 이루기 위한 6바라밀이 다른 관점에서 이루어진다는 것을 알 수 있다.

본문

世尊妙相具
세존묘상구
具足妙相尊
구족묘상존
弘誓深如海
홍서심여해
我爲汝略說
아위여약설
假使興害意
가사흥해의
或漂流巨海
혹표류거해
或在須彌峰
혹재수미봉

我今重問彼
아금중문피
偈答無盡意
게답무진의
歷劫不思議
역겁불사의
聞名及見身
문명급견신
推落大火坑
추락대화갱
龍魚諸鬼難
용어제귀난
爲人所推墮
위인소추타

佛子何因緣
불자하인연
汝聽觀音行
여청관음행
侍多千億佛
시다천억불
心念不空過
심념불공과
念彼觀音力
염피관음력
念彼觀音力
염피관음력
念彼觀音力
염피관음력

名爲觀世音
명위관세음
善應諸方所
선응제방소
發大淸淨願
발대청정원
能滅諸有苦
능멸제유고
火坑變成池
화갱변성지
波浪不能沒
파랑불능몰
如日虛空住
여일허공주

或被惡人逐	墮落金剛山	念彼觀音力	不能損一毛
혹피악인축	**타락금강산**	**염피관음력**	**불능손일모**
或值怨賊擾	各執刀加害	念彼觀音力	咸卽起慈心
혹치원적요	**각집도가해**	**염피관음력**	**함즉기자심**
或遭王難苦	臨刑欲壽終	念彼觀音力	刀尋段段壞
혹조왕난고	**임형욕수종**	**염피관음력**	**도심단단괴**
或囚禁枷鎖	手足被杻械	念彼觀音力	釋然得解脫
혹수금가쇄	**수족피뉴계**	**염피관음력**	**석연득해탈**
呪詛諸毒藥	所欲害身者	念彼觀音力	還著於本人
주저제독약	**소욕해신자**	**염피관음력**	**환착어본인**
或遇惡羅刹	毒龍諸鬼等	念彼觀音力	時悉不敢害
혹우악나찰	**독용제귀등**	**염피관음력**	**시실불감해**
若惡獸圍繞	利牙爪可怖	念彼觀音力	疾走無邊方
약악수위요	**이아조가포**	**염피관음력**	**질주무변방**
蚖蛇及蝮蠍	氣毒烟華燃	念彼觀音力	尋聲自廻去
원사급복갈	**기독연화연**	**염피관음력**	**심성자회거**
雲雷鼓掣電	降雹澍大雨	念彼觀音力	應時得消散
운뢰고철전	**강박주대우**	**염피관음력**	**응시득소산**
衆生被困厄	無量苦逼身	觀音妙智力	能救世間苦
중생피곤액	**무량고핍신**	**관음묘지력**	**능구세간고**
具足神通力	廣修智方便	十方諸國土	無刹不現身
구족신통력	**광수지방편**	**시방제국토**	**무찰불현신**
種種諸惡趣	地獄鬼畜生	生老病死苦	以漸悉令滅

종종제악취	지옥귀축생	생노병사고	이점실영멸
眞觀淸淨觀	廣大智慧觀	悲觀及慈觀	常願常瞻仰
진관청정관	광대지혜관	비관급자관	상원상첨앙
無垢淸淨光	慧日破諸闇	能伏災風火	普明照世間
무구청정광	혜일파제암	능복재풍화	보명조세간
悲體戒雷震	慈意妙大雲	澍甘露法雨	滅除煩惱焰
비체계뇌진	자의묘대운	주감로법우	멸제번뇌염
諍訟經官處	怖畏軍陣中	念彼觀音力	衆怨悉退散
쟁송경관처	포외군진중	염피관음력	중원실퇴산
妙音觀世音	梵音海潮音	勝彼世間音	是故須常念
묘음관세음	범음해조음	승피세간음	시고수상념
念念勿生疑	觀世音淨聖	於苦惱死厄	能爲作依怙
념념물생의	관세음정성	어고뇌사액	능위작의호
具一切功德	慈眼示衆生	福聚海無量	是故應頂禮
구일체공덕	자안시중생	복취해무량	시고응정례

미묘한상	두루갖춘	구족하신	세존이여
제가다시	여쭙나니	그어떠한	인연으로
저불자를	관세음	보살이라	이르나이까
미묘한상	두루갖춘	구족하신	세존께서
게송으로	무진의	보살에게	답하시길
곳곳마다	알맞게	응하여서	나타나는
관음의	미묘한행	너는이제	잘들으라

그보살의 큰서원이 깊고넓은 바다같아
헤아리지 못할만큼 길고도긴 오랜세월
여러천억 부처님을 모시고 받들면서
청정하고 큰서원을 받들어 세웠노라
내가이제 그대위해 간략하게 말하리니
그이름을 듣거나 그모습을 보거나
마음으로 생각함이 헛되지 아니하면
이세상의 모든고통 능히멸할 것이니라
가령어떤 사람있어 해치려는 생각품어
활활타는 불구덩에 떠밀려서 떨어져도
관세음의 거룩한힘 진정으로 염한다면
불구덩이 변하여서 깨끗한 연못된다
만일넓은 바다에서 표류되어 흘러가다
용과귀신 물고기의 무서운 난만나도
관세음의 거룩한힘 진정으로 염한다면
성난파도 속에서도 죽지않고 무사하리
만일높은 수미산의 봉우리에 서있을때
어떤이가 밀어뜨려 산아래로 떨어진들
관세음의 거룩한힘 진정으로 염한다면
그힘으로 해와같이 허공중에 머무르며
만일어떤 흉악한 악인에게 쫓기어서
금강산 험한골짝 굴러떨어 지더라도
관세음의 거룩한힘 진정으로 염한다면

그힘으로 털끝하나 상하지 않으리라
만일어떤 원한품은 도적에게 둘러싸여
제각기 칼을들고 해치려 하더라도
관세음의 거룩한힘 진정으로 염한다면
도적들이 마음돌려 자비심을 일으키리
나라법에 잘못걸려 형벌받아 죽게돼도
관세음의 거룩한힘 진정으로 염한다면
칼날들이 조각조각 꺾이고 부서지리
감옥갇혀 형틀에 손과발이 묶였어도
관세음의 거룩한힘 진정으로 염한다면
저절로 풀어져서 벗어나게 될것이리
저주주문 독약으로 몸해치려 할때에도
관세음의 거룩한힘 진정으로 염한다면
도리어 본인에게 그화가 돌아가리
악한나찰 독룡들과 여러귀신 만났어도
관세음의 거룩한힘 진정으로 염한다면
감히모두 해치지 못하게 될것이며
사나운 짐승들이 떼를지어 몰려와서
날카로운 이빨과 험한발톱 위협해도
관세음의 거룩한힘 진정으로 염한다면
사방으로 뿔뿔이 달아나고 물러가며
독사와 살모사와 무서운 독충들이
독한기운 불꽃처럼 뿜어내며 위협해도

관세음의	거룩한힘	진정으로	염한다면
그소리에	스스로	피해서	달아나리
검은구름	모여들어	천둥일고	번개치며
우박과	큰비가	쏟아져	퍼부어도
관세음의	거룩한힘	진정으로	염한다면
삽시간에	먹구름이	걷히고	흩어지리
뭇중생들	어려운	곤경과	재앙만나
한량없는	괴로움과	핍박에	처하여도
관세음의	미묘하신	지혜의	그힘으로
세간의	온갖고통	능히구해	주느리라
신통한힘	구족하고	지혜방편	널리닦아
시방세계	모든국토	모두다	나투시니
가지가지	악한갈래	지옥아귀	축생들의
생로병사	모든고통	점차로	멸해주며
참된관찰	청정관찰	넓고크신	지혜관찰
가엾게	어여쁘게	인자하게	관하노니
너희들은	언제나	우러러	볼지어다
때없이	청정한빛	태양같은	지혜로써
어둠을	제하나니	풍재화재	능히이겨
모든세상	골고루	넓고밝게	비추리라
대비는	체가되고	계향은	우레되며
자애로운	마음은	미묘한	큰구름같아
감로의	법비내려	번뇌의	활활타는

뜨거운	불꽃들을	모두소멸	하느니라
나쁜일로	소송당해	관청에	나가거나
무섭고	겁이나는	전쟁터에	있다해도
관세음의	거룩한힘	진정으로	염한다면
원수들이	모두다	흩어지고	물러가리
묘음과	세음관해	범음과	해조음듣되
세간속된	음성과는	초월하여	수승하니
무릇항상	관세음을	생각하고	염불하되
잠깐사이	한순간도	의심하지	말지니라
관세음은	거룩하고	청정한	성인이니
온갖고뇌	죽음액운	당할처지	되더라도
능히믿고	따르며	의지할바	되느니라
일체공덕	다갖추고	자비로운	눈으로써
중생보는	그복이	바다처럼	한량없나니
마땅히	관세음을	공경하고	정례하라

爾時持地菩薩即從座起。前白佛言。世尊。若有衆生。聞
이시지지보살즉종좌기. 전백불언. 세존. 약유중생. 문
是觀世音菩薩品自在之業普門示現神通力者。當知是人功
시관세음보살품자재지업보문시현신통력자. 당지시인공
德不少。佛說是普門品時。衆中八萬四千衆生。皆發無等
덕불소. 불설시보문품시. 중중팔만사천중생. 개발무등
等阿耨多羅三藐三菩提心。

등아뇩다라삼먁삼보리심.

그때에 지지보살이 자리에서 일어나 부처님 앞에 나아가 합장하고 사뢰었다.
"세존이시여 어떤 중생이나 이 관세음보살보문품의 자재한 업과 여러 방편으로 나투시는 신통력을 듣는다면 이 사람은 그 공덕이 적지 않겠나이다."
부처님께서 이 보문품을 말씀하실 때 대중 가운데 8만4천 중생이 무등등아뇩다라삼먁삼보리의 마음을 일으켰다.

강설

관세음보살품의 내용 속에는 수능엄삼매를 완성시키는 과지법이 함축되어 있다. 먼저 육념처관으로 육근청정을 이룰 때 참회문을 실천하는 방법에 대해서 말씀해 주셨고, 부동지의 과정에서 육근청정을 성취하는 절차와 등각도의 과정에서 행해지는 6바라밀에 대해서 말씀해 주셨다. 게송을 통해서는 관세음보살이 육근원통을 성취한 방법과 과정에 대해 말씀하고 계신다.

게송의 전반부에서는 구원의 능력을 갖추신 관세음보살에 대해서 말씀하신다.
구원이란 중생이 갖고 있는 세 가지 성향을 제도해 주는 것이다. 각성의 무명적 성향을 제도해 주고, 밝은성품의 자연적 성향을 제도해 주며, 생멸심에 천착되어 있는 업식을 제도해 주는 것이 구원이다.
구원이 성취되었을 때 나타나는 결과가 수능엄삼매이다.

"곳곳마다 알맞게 응하여 나타나는
관음의 미묘한행 너는이제 잘들으라"

관세음보살이 '현일체색신삼매'를 갖추어서 응신(應身)과 화신(化身)을 임의롭게 나투신다는 말씀이시다.

"참된관찰 청정관찰 넓고크신 지혜관찰
가엾게 어여쁘게 인자하게 관하노니
너희들은 언제나 우러러 볼지어다"

"참된 관찰(眞觀)"
진(眞)이란 본성을 말한다.
중생의 본성은 진(眞)이 아니고 환(幻)이다.
중생이 환(幻)에서 벗어나서 진(眞)이 되려면 본각(本覺)을 갖추어야 한다. 진관(眞觀)이란 본성의 간극을 관(觀)한다는 뜻이다.

"청정 관찰(淸淨觀)"

청정관이란 식의 바탕을 관하는 것이다.
진관과 청정관을 함께 하는 것은 본성과 식의 바탕을 승념(僧念)하는 것이다.

"넓고 크신 지혜 관찰(廣大智慧觀)"
반야바라밀의 성취를 말한다.
등각도에서 성취하는 반야바라밀로 일체종지와 무사지, 자연지를 얻는다.
대자비문과 대적정문이 한자리를 이루어서 일체종지를 얻는다.
천지만물의 호응으로 무사지를 갖춘다.
여래장연기의 이치를 앎으로써 자연지를 갖춘다.

"가엾게 어여쁘게 인자하게 관하노니(悲觀極慈觀)"
자비관으로써 대자비문을 성취하는 것이다.
대적정문과 대자비문과 대지혜의 성취를 이루었다는 말씀이다. 이 세 가지 성취를 통해서 수능엄삼매를 이루고 등각도에 들어간다.

"어둠을 제하나니 풍재화재 능히이겨"
풍재화재는 풍재겁과 화재겁을 말한다.
육도윤회계를 벗어나게 해준다는 말씀이시다.

"대비는 체가되고 계향은 우레되며
자애로운 마음은 미묘한 큰구름같아
감로의 법비내려 번뇌의 활활타는
뜨거운 불꽃들을 모두소멸 하느니라"

'대비가 체(體)가 되었다'는 것은 불공여래장이 완성되었다는 말씀이다.
'계향(戒響)이 우레가 되었다'는 것은 이근원통을 이루어서 불이문(不二門)의 이(耳)식이 갖추어졌다는 말씀이시다.
'자애로운 마음이 미묘한 큰 구름 같다'는 것은 법운지의 상태를 성취했다는 말씀이시다.
'활활 타는 뜨거운 불꽃들을 모두 소멸한다'라는 것은 번뇌의 불길로부터 중생들을 건져낸다는 말씀이시다.

"묘음과 세음을 관(묘음관세음) 하고"

묘음은 향음 수행을 할 때 활용하는 발성의 소리이다.
세음은 이근원통을 수행할 때 세간에서 울려 나오는 진동을 말한다.
그 두 가지 소리를 관하라는 말씀이시다.

"범음과 해조음(범음해조음)을 듣되"

범음은 범천의 소리를 말한다.
범음을 듣는다는 것은 흉수 5번에 머물러서 척수막관을 하고 그 자리에 듣는 식의 청정함을 천념(天念)하라는 말씀이시다. 이근원통의 천념법이다.

해조음은 물의 원신이 내는 소리이다.
해조음을 들으라는 것은 물의 원신과 교류하라는 말씀이시다. 사대를 제도하고 사대의 원신과 교류할 수 있어야 구족색신삼매를 성취할 수가 있다. 수능엄삼매를 이루기 위한 준비단계이다.

"세간속된 음성을 초월하여 (승피세간음)"

'세간의 속된 음성을 초월한다'라는 것은 이근원통을 익힐 때는 그 음성을 듣는 것이 아니라는 말씀이다.

이근원통을 수행할 때는 귀속에서 일어나는 뼈의 진동과 몸 안에 세워지는 12개의 기점을 함께 활용한다. 이때 12개의 기점들을 세개씩 연결해서 운용하는 것을 세간이라 한다. 우리 몸에 세워지는 12개의 기점들을 세 기점씩 연결해서 삼각형을 만들고 그 삼각형 안에서 일어나는 진동을 관찰하는 것이 관세음이다.
묘음이란 발성의 진동으로 열 두개의 기점을 자극하는 소리이고 세음이란 세 기점을 삼각형 형태로 연결했을 때 삼각형의 내면에서 일어나는 진동을 말한다.

묘음과 세음을 관하려면 척수막관과 32진로 수행이 병행되어야 한다.
관세음보살은 묘음과 세음을 관해서 이근원통을 이루셨다.

"그때에 지지(持地)보살이 자리에서 일어나"

지지보살의 명호는 두 가지 의미를 내포하고 있다.
한 가지 의미는 과위를 성취했다는 의미이다.
또 한 가지 의미는 땅의 성품을 제도했다는 의미이다.

"부처님께서 이 보문품을 말씀하실 때 대중 가운데 8만4천 중생이 무등등아뇩다라삼먁삼보리의 마음을 일으켰다."

무등등아뇩다라삼먁삼보리는 등각의 아뇩다라삼먁삼보리를 말한다. 8만4천 중생들이 등각 서원을 하게 되었다는 말씀이시다.

《묘법연화경 다라니품 陀羅尼品 第二十六》

본문

爾時藥王菩薩即從座起。偏袒右肩合掌向佛。而白佛言。
이시약왕보살즉종좌기. 편단우견합장향불. 이백불언.
世尊。若善男子善女人。有能受持法華經者。
세존. 약선남자선녀인. 유능수지법화경자.
若讀誦通利。若書寫經卷。得幾所福。佛告藥王。若有善
약독송통리. 약서사경권. 득기소복. 불고약왕. 약유선
男子善女人。供養八百萬億那由他恒河沙等諸佛。於汝意
남자선녀인. 공양팔백만억나유타항하사등제불. 어여의
云何。其所得福寧為多不。甚多世尊。佛言。
운하. 기소득복영위다부. 심다세존. 불언.
若善男子善女人。能於是經。乃至受持一四句偈。讀誦解
약선남자선여인. 능어시경. 내지수지일사구게. 독송해
義如說修行。功德甚多。爾時藥王菩薩白佛言。世尊。我
의여설수행. 공덕심다. 이시약왕보살백불언. 세존. 아
今當與說法者。陀羅尼呪以守護之。即說呪曰。
금당여설법자. 다라니주이수호지. 즉설주왈.

그때 약왕보살이 자리에서 일어나 오른쪽 어깨를 드러내고 부처님을 향하여 사뢰었다.

"세존이시여, 만약 어떤 선남자 선여인으로서 법화경을 받아지니는 이가 읽어 외어서 통달하거나 경책을 베껴 쓴다면, 얼마나 많은 복을 받겠나이까."

부처님이 약왕보살에게 말씀하셨다.

"만일 선남자 선여인이 8백만억 나유타 항하사와 같이 많은 보살에게 공양하였다면 어떻겠느냐.

그의 얻는 복덕이 많다 하겠느냐, 그렇지 않다 하겠느냐."

"매우 많겠나이다, 세존이시여."

부처님이 말씀하셨다.

"만일 선남자 선여인이 이 경에서 네 구절로 된 한 게송만을 받아 지니고 있고, 외고 뜻을 해설하며 가르침대로 수행하면 그 공덕이 대단히 많느니라."

이때 약왕보살이 부처님께 사뢰었다.

"세존이시여 제가 이제 법을 설하는 이에게 다라니 주문을 주어 수호하게 하겠나이다."

곧 주문을 말하였다.

安爾(一)曼爾(二)摩禰(三)摩摩禰(四)旨隷(五)遮梨帝(六)
안니(1) 만니(2) 마네(3) 마마네(4) 지례(5) 자리제(6)
賒呮(七)賒履多瑋(八)羶帝(九)目帝(十)目多履(十一)
샤마(7) 샤리다위(8) 선뎨(9) 목뎨(10) 목다리(11)
娑履(十二)阿瑋娑履(十三)桑履(十四)娑履(十五)叉裔(十六)
사리(12) 아위사리(13) 상리(14) 사리(15) 사예(16)

阿叉裔(十七)阿耆膩(十八)羶帝(十九)賒履(二十)
아사예(17) 아기니(18) 션뎨(19) 샤리(20)
陀羅尼(二十一)阿盧伽婆娑簸蔗毘叉膩(二十二)
다라니(21)　　아로가바사파자비사니(22)
禰毗剃(二十三)阿便哆邏禰履剃(二十四)
네비뎨(23)　　아변다라네리데(24)
阿亶哆波隷輸地(二十五)　漚究隷(二十六)　牟究隷(二十七)
아단다바레수디(25)　　구구레(26)　　모구레(27)
阿羅隷(二十八)波羅隷(二十九)首迦差(三十)
아라레(28)　바라레(29)　　수가차(30)
阿三磨三履(三十一)佛陀毘吉利帝(三十二)
아삼마삼리(31)　　붓다비기리질뎨(32)
達磨波利差帝(三十三)僧伽涅瞿沙禰(三十四)
달마바리차뎨(33)　싱가널구사네(34)
婆舍婆舍輸地(三十五)曼哆邏(三十六)
바사바사수지(35)　　만다라(36)
曼哆邏叉夜多(三十七)郵樓哆(三十八)
만다라사야다(37)　　우루다 (38)
郵樓哆憍舍略(三十九)惡叉邏(四十)惡叉冶多冶(四十一)
우루다교사략 (39)　악사라(40)　악사야다야(41)
阿婆盧(四十二)阿摩若那多夜(四十三)
아바로(42)　　아마야나다야(43)

묘법연화경 다라니품 • 91

世尊。是陀羅尼神咒。六十二億恒河沙等諸佛所說。若有
세존. 시다라니신주. 육십이억항하사등제불소설. 약유
侵毀此法師者。則為侵毀是諸佛已。時釋迦牟尼佛讚藥王
침훼차법사자. 즉위침훼시제불이. 시석가모니불찬약왕
菩薩言。善哉善哉。藥王。汝愍念擁護此法師故。說是陀
보살언. 선재선재. 약왕. 여민염옹호차법사고. 설시다
羅尼。於諸眾生多所饒益。
라니. 어제중생다소요익.

"세존이시여 이 다라니 신주는 62억 항하사 부처님들이 말씀한 것이오니, 만일 이 법사를 침노하여 훼손하는 이가 있으면 그는 이 여러 부처님을 침노하여 훼손함이 되나이다."
이때 석가모니 부처님이 약왕보살을 찬탄하셨다.
"착하여라, 착하여라, 약왕이여. 그대가 이 법사를 어여삐 여기고 옹호하기 위하여 이 다라니를 설하니, 모든 중생을 이익되게 함이 많으리라."

강설

약왕보살 다라니는 두 가지 용처(用處)가 있다.
첫 번째 용처는 다라니의 뜻을 취하는 것이다.
두 번째 용처는 향음 수행의 방편으로 쓰는 것이다.
먼저 다라니의 뜻을 들여다보자.

1. 안니(奇異): 기이한 일이다.
2. 만니(所思): 무엇으로부터 생각이 일어나는가?
3. 마네(意念): 깨어서 지켜보세.
4. 마마네(無意念): 때로는 멈추고(止) 때로는 관(觀)하니
5. 지례(永遠): 그 일을 쉼 없이 계속하네.
6. 자리제(所行奉修): 각성이 주체가 되어 닦음을 행하니
7. 샤마(寂然): 본성은 적연하고
8. 샤리다위(澹泊): 식의 바탕은 담박하도다.
9. 선뎨(志默): 의식·감정·의지가 일어나지 않으니
10. 목뎨(解脫): 생멸심에서 벗어나도다.
11. 목다리(濟度): 밖의 중생을 제도함에도
12. 사리(平等): 평등한 마음을 져버리지 않나니
13. 아위사리(無邪): 일체의 삿됨에 빠지지 않는도다.
14. 상리(安和): 내처(內處)와 외처(外處)가 편안하게 화합하니
15. 사리(平等): 서로가 평등해서 승념(僧念)을 이루누나.
16. 사예(滅盡): 육근 육식이 본성으로 제도되니
17. 아사예(無盡): 더 이상 티끌에 물들지 않노매라.
18. 아기니(莫脫): 청정한 식의 바탕을 벗어나지 않나니
19. 선뎨(玄默): 어묵동정(語默動靜)이 쉬어진 자리로다.
20. 샤리(澹然): 담연한 그 자리는
21. 다라니(總持): 일체의 경계에 물들지 않느니
22. 아로가바사파자비사니(觀察): 그러한 식의 바탕을 세밀하게 살필지니라.

23. 네비데(光耀): 밝은성품이 밝음을 더하면
24. 아변다라네리데(恃護): 보호하고 지켜갈지니
25. 아단다바례수디(究竟淸淨): 그로써 구경청정을 이루도다.
26. 구구례(無有坑坎): 마음 안에 구덩이가 없고
27. 모구례(亦無高下): 또한 높고 낮음도 없도다.
28. 아라례(無有廻施): 일체의 드러남에 시념(施念)하노니 다시 돌아감이 없도다.
29. 바라례(所同施處): 시념(施念)으로 내처(內處)와 외처(外處)가 한자리를 이루니
30. 수가차(其目淸淨): 보는 바가 청정하구나.
31. 아삼마삼리(等無所等): 그러하더라도 본성과는 차별이 있느니
32. 붓다비기리질데(覺已超度): 각성으로 불념(佛念)하고
33. 달마바리차례(而察於法): 밝은성품으로 법념(法念)하며
34. 싱가널구사네(合衆無聲): 화합과 조화로써 승념(僧念)할지어다.
35. 바사바사수지(所說鮮明): 분명하게 설하노니
36. 만다라(具足): 구족하고
37. 만다라사야다(止足): 지족할지어다.
38. 우루다(盡除節限): 이 가르침을 이해만 하고 넘어가면 안 되느니
39. 우루다교사략(宣暢音響): 향음 수행의 방편으로써 널리 전할지니라.

40. 악사라(曉了衆聲): 소리의 모든 이치를 요달하고
41. 악사야다야(而了文子): 또한 문자의 이치를 요달하라.
42. 아바로(無有窮盡): 다함이 없는
43. 아마야나다야(無所思念): 생각의 일을 지켜보고 제도할 지어다.

약왕보살 다라니의 두 번째 용처는 향음 수행의 방편으로 활용하는 것이다.
'모든 소리의 이치를 깨닫고, 문자의 이치를 요달하고, 소리 수행의 방편으로 널리 펼치라'라고 하신 것이 이 다라니를 향음 수행의 방편으로 활용하라는 뜻이다.

약왕보살 다라니는 43개의 구절로 되어있다.
43개의 구절은 43개의 뇌척수막관을 하는 소리이다.
한 구절마다 한 마디씩 들어간다. 43개의 뇌척수막은 대뇌 1단 시상, 중뇌, 교뇌, 연수 11단, 경수 8단, 흉수 12단, 요수 5단, 천수 6단으로 이루어져 있다.
약왕보살 다라니와 뇌척수막의 43마디를 서로 연결해서 향음 수행을 한다.

약왕보살 다라니는 구족색신삼매를 체득하는 방법과 육근청정을 이루는 6념처관법의 요지를 함께 담고 있다.
하지만 이 다라니에서는 구체적인 과지법에 대해서는 논해

지지 않았다.

구족색신삼매를 성취하려면 몸을 이루고 있는 세포 구조물들을 제도해야 한다.

육근청정을 이루려면 식업이 내장된 장소를 살펴볼 줄 알아야 되고 천념이 행해지는 자리를 알아야 한다.

그러기 위해서는 열두 개의 단을 세우는 방법(壇法)과 뇌척수막관법, 32진로 수행법, 사대의 성향을 제도하는 방법을 익혀야 한다.

몸을 이루고 있는 12개의 기점을 밀교에서는 단(壇)이라 한다. 12개의 단을 몸 안에 만들어서 발성법과 인법으로 운용하는 것을 경단법(鏡壇法)이라 한다.

동법계 수행에 활용한다.

약왕보살 다라니 중 '안니'는 눈의 경로를 제도하는 다라니이다. 눈에 작용하는 시각신경, 동안신경, 도르래신경, 외전신경을 제도하는 발성법이다.

안니의 발성은 1. 이자 발성, 2. 아자 발성, 3. 니은 발성, 4. 니은 발성, 5. 이자 발성으로 이루어져 있다.

1. 이자 발성은 "이~~~!"(무념·무심·망망) "이~~~히~~~!"(무념·무심·망망) "히!이~~~!"(무념·무심·망망), "이~~~!"(무념·무심·망망) 발성으로 이루어져 있다.
2. 아자 발성은 "이~~~!"(무념·무심·망망), "이~~~!히~~~!"

(무념·무심·망망), "히!이~~~!"(무념·무심·망망), "아~~~!"(무 무념·무심·망망) 발성으로 이루어져 있다.
3. 니은 발성은 "니~~~!"(무념·무심·망망), "니~~~!히~~~!"(무념·무심·망망), "히!이~~~!"(무념·무심·망망), "이~~~!"(무념·무심·망망) 발성으로 이루어져 있다.
4. 니은 발성은 "니~~~!"(무념·무심·망망), "니~~~!히~~~!"(무념·무심·망망), "히!이~~~!"(무념·무심·망망), "이~~~!"(무념·무심·망망) 발성으로 이루어져 있다.
5. 이 발성은 "이~~~!"(무념·무심·망망), "이~~~히~~~!"(무념·무심·망망), "히!이~~~!"(무념·무심·망망), "이~~~!"(무념·무심·망망) 발성으로 이루어져 있다.

발성의 분절에서 이루어지는 무념·무심·망망으로 불념처관(佛念處觀)을 행한다.

발성으로 시각을 이루는 네 개의 막단을 따로따로 자극해 주고 그 자리에서 불념처를 관한다.

불념처가 세워지면 불념처와 보는 식의 경로를 서로 연결한다. 뇌의 영역에서 시각경로와 연관된 부위가 시상과 중뇌, 시각피질이다.

그중에서 눈의 불념처가 세워지는 자리가 중황단(中黃壇), 미심단, 옥침단이다.

중황단은 시상에서 세워진다.

미심단은 미심 자리에 세워진다.

옥침단은 시각피질의 중심점에 세워진다.

중황단을 중심으로 미심단과 옥침단을 앞뒤로 연결시킨다. 그런 다음에 뒤통수에서 눈으로 연결되는 시각경로를 주시한다. 시각경로에서 보는 형질을 인식해본다.
보는 생명 작용을 눈의 망막에서 느껴본다.
맑고 투명하게 인식되면 그 상태에 머무른다.
맑고 투명한 식의 바탕과 불념처를 함께 지켜본다.
이것을 승념(僧念)이라 한다.
업식이 깨어나면 자비심(慈悲心)으로 시념(施念)하고 식의 바탕과 불념처로 계념(戒念)한다.
뿌듯하게 기쁨이 차오르면 그 상태를 주시하면서(法念) 흉수 1번에 천념(天念) 한다.

"만니"는 눈과 연결된 귀의 전정 경로를 제도하는 소리이다.
"마네"와 "마마네"는 귀를 이루고 있는 청각 경로와 전정 경로를 함께 제도하는 소리이다.
"지레"와 "자리제"는 코를 이루는 냄새 경로와 호흡 경로를 제도하는 소리이다.
"샤마"와 "샤리다위", "선예"는 맛 경로와 언어 경로를 제도하는 소리이다.
"목예"와 "목다리"는 몸의 체감각 경로를 제도하는 소리이다.
"사리", "아위사리", "상리", "사리", "사예", "아사예", "아기니", "선예", "샤리"는 생각 경로를 제도하는 소리이다.

발성 수행의 방편으로 다라니를 활용할 때는 자음과 모음을 분리시켜서 발성한다. 이렇게 하는 것을 문자관이라 한다.

본문

爾時勇施菩薩白佛言。世尊。我亦為擁護讀誦受持法華經
이시용시보살백불언. 세존. 아역위옹호독송수지법화경
者。說陀羅尼。若此法師得是陀羅尼。若夜叉。若羅剎。
자. 설다라니. 약차법사득시다라니. 약야차. 약나찰.
若富單那。若吉遮。若鳩槃茶。若餓鬼等。伺求其短無能
약부단나. 약길자. 약구반다. 약아귀등. 사구기단무능
得便。即於佛前。而說呪曰。
득편. 즉어불전. 이설주왈.

이때 용시보살이 부처님께 사뢰었다.
"세존이시여 저도 법화경을 읽고 외고 받아지니는 이를 옹호하기 위하여 다라니를 설하겠나이다.
이 법사가 이 다라니를 얻으면 야차나 나찰이나 부단나나 길자나 구반다나 아귀 등이 그의 부족한 짬을 엿보아도 얻지 못하리이다."
곧 부처님 앞에서 주문을 설하였다.

痤隷(一)摩訶痤隷(二)郁枳(三)目枳(四)阿隷(五)

자례(1)마하자례(2)우지(3)목지(4)아례(5)
阿羅婆第(六)涅隸第(七)涅隸多婆第(八)伊緻柅(九)
아라바제(6)널례제(7)널례다바제(8)이디니(9)
韋緻柅(十)旨緻柅(十一)涅隸墀柅(十二)涅犂墀婆底(十三)
위디니(10)지디니(11)널례지니(12)널리지바디(13)

世尊。是陀羅尼神呪。恒河沙等諸佛所說。亦皆隨喜。若
세존. 시다라니신주. 항하사등제불소설. 역개수희. 약
有侵毁此法師者。則爲侵毁是諸佛已。
유침훼차법사자. 즉위침훼시제불이.

"세존이시여 이 다라니 신주는 항하사수와 같은 부처님들의 설하신 바이며, 모두 따라서 기뻐하는 것이니, 만일 이 법사를 침노하여 훼손하는 이는 곧 여러 부처님을 침노하여 훼손함이 되나이다."

강설

1. 자례(晃耀): 밝게 빛나도다.
2. 마하자례(大明): 세간의 어둠을 몰아내는 큰 밝음이로다.
3. 우지(炎光): 타오르는 불꽃처럼
4. 목지(演暉): 그 광채가 멀리 퍼져나가네.
5. 아례(順來): 일대사인연 따라 수순하여 오시고

6. 아라바제(富章): 넘치는 가르침으로
7. 널례제(悅喜): 큰 기쁨을 주시는 도다.
8. 널례다바제(欣然): 저절로 기쁨이 일어나니
9. 이디니(住止): 불념처에 머무르고
10. 위디니(立制): 법념하고, 계념하고, 시념하고, 승념해서
11. 지디니(永住): 천념(天念)하겠습니다.
12. 널례지니(無合): 오욕칠정, 탐·진·치와 합하지 아니하고
13. 널리지바디(無集): 일체의 생멸심에 머물지 않겠습니다.

용시보살은 용맹 정진의 상징이다.
용시보살 다라니는 부처님을 공덕을 찬탄하고 육념처관을 철저하게 행하겠다는 다짐을 담고 있다.

본문

世尊。是陀羅尼神呪。恒河沙等諸佛所說。亦皆隨喜。若
세존. 시다라니신주. 항하사등제불소설. 역개수희. 약
有侵毀此法師者。則爲侵毀是諸佛已。
유침훼차법사자. 즉위침훼시제불이.
爾時毘沙門天王護世者白佛言。世尊。我亦爲愍念眾生擁
이시비사문천왕호세자백불언. 세존. 아역위민념중생옹
護此法師故。說是陀羅尼。即說呪曰。
호차법사고. 설시다라니. 즉설주왈.

이때 세상을 보호하는 비사문천왕이 부처님께 사뢰었다.
"세존이시여 저도 중생을 어여삐 여기며 이 법사를 옹호하기 위하여 다라니를 설하겠나이다."
곧 주문을 설하였다.

阿梨(一)那梨(二)노那梨(三)阿那盧(四)那履(五)拘那履(六)
아리(1) 나리(2) 노나리(3) 아나로(4) 나리(5) 구나리(6)

世尊。 以是神呪擁護法師。 我亦自當擁護持是經者。 令百
세존. 이시신주옹호법사. 아역자당옹호지시경자. 영백
由旬內無諸衰患。
유순내무제쇠환.

"세존이시여 이 신주로써 법사를 옹호하고, 저도 이 경전을 지니는 이를 옹호하여 그 백유순 안에는 궂은 걱정이 없게 하겠나이다."

강설

비사문천왕은 사대천왕의 일원이다.
사왕천의 북쪽하늘을 담당한다.
다문천왕이라고도 한다.

1. 아리(富有): 풍요로움을 추구하고
2. 나리(調戲): 의식·감정·의지에 천착되어 있는 삶에서
3. 노나리(無戲): 벗어나리
4. 아나로(無量): 무량한 깨달음의 길에 들어서나니
5. 나리(無富): 다시는 탐·진·치에 빠지지 않으리
6. 구나리(何富): 어찌 거짓된 풍요로움에 얽매여 있으리오.

비사문천왕의 다라니는 출가 서원을 담고 있다.
부귀공명을 탐하는 마음에서 벗어나라고 한다.

본문

爾時持國天王在此會中。與千萬億那由他乾闥婆眾恭敬圍
이시지국천왕재차회중. 여천만억나유타건달바중공경위
繞。前詣佛所合掌白佛言。世尊。我亦以陀羅尼神呪。擁
요. 전예불소합장백불언. 세존. 아역이다라니신주. 옹
護持法華經者。即說呪曰。
호지법화경자. 즉설주왈.

이때 지국천왕이 이 모임 가운데 있다가, 천만억 나유타 건달
바 무리에게 공양을 받으며 둘러싸여 부처님 처소에 앞으로
나아가서 합장하고 부처님께 고해 말하되
"세존이시여 저도 다라니 신주로써 법화경을 지니는 이를 옹

호하겠나이다."
곧 주문을 설하였다.

阿伽禰(一)伽禰(二)瞿利(三)乾陀利(四)栴陀利(五)
아가네(1) 가네(2) 구리(3) 건다리(4) 전타리(5)
摩蹬耆(六)常求利(七)浮樓莎柅(八)頞底(九)
마등기(6) 상구리(7) 부루사니(8) 아디(9)

강설

사대천왕은 권속에 대한 은혜로움과 지대(地大)를 제도한 공덕을 갖고 있는 존재들이다. 불법을 수호하고 욕계를 보호하는 수호신이다.
지국천황은 사왕천의 동쪽을 관장한다.

1. 아가네(無數): 헤아릴 수 없는 수많은 몸으로 나투시는 부처님.
2. 가네(有數): 때로는 큰 몸으로 나투시는 부처님.
3. 구리(暴惡): 중생들의 마음에서 일체의 어둠을 걷어 주소서.
4. 건다리(持香): 지혜의 향기와 덕행의 향기를 갖추게 해 주시고
5. 전타리(曜黑): 다시는 미망에

6. 마등기(凶祝): 빠지지 않게 하소서.
7. 상구리(大體): 크고 무수한 몸으로 여래장계를 덮으셔서 일체의 중생들을 제도해 주십시오.
8. 부루사니(順述): 모든 가르침에 수순하오며
9. 아디(至有): 항상 지극한 마음을 잃어버리지 않겠습니다.

동방지국천왕의 다라니는 권청문이면서 불신(佛身)의 공덕을 찬양하고 있다.

본문

世尊。 是陀羅尼神呪。 四十二億諸佛所說。 若有侵毀此法
세존. 시다라니신주. 사십이억제불소설. 약유침훼차법
師者。 則爲侵毀是諸佛已。 爾時有羅刹女等。 一名藍婆。
사자. 즉위침훼시제불이. 이시유나찰녀등. 일명남바.
二名毘藍婆。 三名曲齒。 四名華齒。 五名黑齒。 六名多髮。
이명비남바. 삼명곡치. 사명화치. 오명흑치. 육명다발.
七名無厭足。 八名持瓔珞。 九名睪帝。 十名奪一切衆生精
칠명무염족. 팔명지영락. 구명고제. 십명탈일체중생정
氣。 是十羅刹女。 與鬼子母并其子及眷屬。 俱詣佛所同聲
기. 시십나찰녀. 여귀자모병기자급권속. 구예불소동성
白佛言。 世尊。 我等亦欲擁護讀誦受持法華經者。 除其衰
백불언. 세존. 아등역욕옹호독송수지법화경자. 제기쇠

患。若有伺求法師短者。令不得便。即於佛前。而說呪曰。
환. 약유사구법사단자. 영부득편. 즉어불전. 이설주왈.

"세존이시여, 이 다라니 신주는 사십이억 모든 부처님이 설하신 바, 만약에 어떤 이가 이 법사를 침훼하는 사람이 있을 것 같으면 곧 모든 부처님을 침훼하는 것이 되나이다."

그때 나찰녀가 있어, 첫 번째는 남바, 두 번째 이름은 비남바, 세 번째 이름은 곡치, 네 번째 이름은 화치요, 다섯 번째는 흑치요, 여섯 번째는 다발이요, 일곱 번째는 무염족이요, 여덟 번째는 지영락이요, 아홉 번째는 고제요, 열 번째는 탈일체중생정기라.

이 10 나찰녀가 귀신 어머니로 더불어 그 아들과 권속과 함께 부처님 처소에 나아가서 같이 이제 합창하고 부처님께 고했다.

"세존이시여, 우리들도 또한 법화경을 수지하고 독송하고 수지하는 사람을 옹호해 가져가서 쇠퇴하고, 그러한 것을 제거하겠습니다.

법사의 단점을 엿봐서 구하는 이가 있으면, 그 기회를 얻지 못하도록 하겠습니다."

곧 부처님 앞에서 주문을 설해 가로되

伊提履(一)伊提泯(二)伊提履(三)阿提履(四)伊提履(五)
이제리(1) 이제민(2) 이제리(3) 아제리(六) 이제리(5)

泥履(六)泥履(七)泥履(八)泥履(九)泥履(十)樓醯(十一)
니리(6) 니리(7) 니리(8) 니리(9) 니리(10) 루혜(11)
樓醯(十二)樓醯(十三)樓醯(十四)多醯(十五)多醯(十六)
루혜(12) 루혜(13) 루혜(14) 다혜(15) 다혜(16)
多醯(十七)兜醯(十八) 로醯(十九)
다혜(17) 도혜(18) 로혜(19)

강설

1. 이제리(於是): 지금 이곳에서
2. 이제민(於斯): 이들에게
3. 이제리(於爾): 그대에게
4. 아제리(於氏): 모든 씨족에게
5. 이제리(極甚): 지극하게 이르노니
6. 니리(無我): 의식·감정·의지는 나가 아니다.
7. 니리(無吾): 나는 없다.
8. 니리(無身): 몸 또한 없고
9. 니리(無所): 응당 머무는 곳이 없다.
10. 니리(無着): 그러하니 일체의 집착함에서 떠나야 한다.
11. 루혜(己同): 이렇게 함께하고
12. 루혜(己興): 이렇게 흥하고
13. 루혜(己生): 이렇게 생하고
14. 루혜(己成)): 이렇게 성하니

15. 다혜(而住): 머물고
16. 다혜(而立): 세우고
17. 다혜(亦住): 또한 살아갈지니라.
18. 도혜(消頭大疾): 능히 큰 질병을 없애고
19. 로혜(無得加害): 가해를 받지 않으리라.

나찰들은 다른 생명들을 잡아먹고 그 정기를 흡수한다. 그 과정에서 유전적 형질을 함께 흡수한다.
나찰들은 다른 생명의 유전적 형질을 복사할 수 있다.
나찰의 다라니는 유전적 형질을 제도하는 효과가 있다.
사천왕의 다라니와 함께 세포 순화에 활용할 수 있다.

본문

寧上我頭上。莫惱於法師。若夜叉。若羅刹。若餓鬼。若
영상아두상. 막뇌어법사. 약야차. 약나찰. 약아귀. 약
富單那。若吉遮。若毘陀羅。若犍馱。若烏摩勒伽。若阿
부단나. 약길자. 약비타라. 약건타. 약오마륵가. 약아
跋摩羅。若夜叉吉遮。若人吉遮。若熱病。若一日若二日
발마라. 약야차길자. 약인길자. 약열병. 약일일약이일
若三日若四日乃至七日。若常熱病。若男形若女形。若童
약삼일약사일내지칠일. 약상열병. 약남형약여형. 약동
男形若童女形。乃至夢中亦復莫惱。即於佛前。而說偈言

남형약동녀형. 내지몽중역부막뇌. 즉어불전. 이설게언.

"차라리 내 머리 위에 올라앉을지언정 법사를 괴롭히지 말아야 하나니, 야차나 나찰이나 아귀나 부단나나 길자나 비다라나 건타나 오마륵가나 아발마라나 야차길자나 사람길자나, 열병귀로서 하루 열병귀, 이틀 열병귀, 사흘 열병귀, 나흘 열병귀 내지 이레 열병귀나 늘 열병귀나, 사내 형상이나 여자 형상이나 동남의 형상이나 동녀의 형상들이 꿈속에서라도 괴롭히지 못하게 하겠나이다."
곧 부처님 앞에서 게송을 읊었다.

若不順我呪　惱亂說法者　頭破作七分　如阿梨樹枝
약불순아주　뇌란설법자　두파작칠분　여아리수지
如殺父母罪　亦如壓油殃　斗秤欺誑人　調達破僧罪
여살부모죄　역여압유앙　두칭기광인　조달파승죄
犯此法師者　當獲如是殃
범차법사자　당획여시앙

나의주문　순종않고　이법사를　괴롭히면
아리수의　가지처럼　머리통이　일곱으로
조각조각　쪼개지는　재앙을　　받으리라
부모죽인　죄와같고　기름짤때　속인죄와
저울과말　속인죄와　같은재앙　받으리라

승단화합	깨트렸던	제바달다	죄와같이
누구라도	이법사를	해치는이	있으면은
마땅히	그와같은	재앙을	받으리라

諸羅刹女。說此偈已白佛言。世尊。我等亦當身自擁護受
제나찰녀. 설차게이백불언. 세존. 아등역당신자옹호수
持讀誦修行是經者。令得安隱離諸衰患消衆毒藥。佛告諸
지독송수행시경자. 영득안은이제쇠환소중독약. 불고제
羅刹女。善哉善哉。汝等但能擁護受持法華名者。福不可
나찰녀. 선재선재. 여등단능옹호수지법화명자. 복불가
量。何況擁護具足受持供養經卷。華香瓔珞。末香塗香燒
량. 하황옹호구족수지공양경권. 화향영락. 말향도향소
香。幡蓋伎樂。燃種種燈。酥燈油燈。諸香油燈。蘇摩那
향. 번개기악. 연종종등. 소등유등. 제향유등. 소마나
華油燈。瞻蔔華油燈。婆師迦華油燈。優鉢羅華油燈。如
화유등. 담복화유등. 바가사화유등. 우발라화유등. 여
是等百千種供養者。睪帝。汝等及眷屬。應當擁護如是法
시등백천종공양자. 고제. 여등급권속. 응당옹호여시법
師。說是陀羅尼品時。六萬八千人。得無生法忍。
사. 설시다라니품시. 육만팔천인. 득무생법인.

모든 나찰 여자들이 이 게송을 읊고 부처님께 사뢰었다.
"세존이시여, 저희도 몸소 이 경을 받아지니고 읽고 외고 닦아 행하는 이를 옹호하여, 항상 편안하고, 모든 근심 걱정을 여의며, 모든 독약이 소멸되게 하겠나이다."
부처님이 여러 나찰의 여자에게 말씀하셨다.
"착하여라, 착하여라. 너희가 능히 법화경 이름만 받아지니는 이를 옹호하여도 복이 헤아릴 수 없겠거늘, 하물며 법화경을 구족하게 받아 지니며 경책에 공양하기를 꽃, 향, 영락, 가루향, 바르는 향, 사르는 향, 번기, 일산과 풍류로 하고, 갖가지 등을 켜는데, 우유등, 기름등, 향유등, 소마나꽃기름등, 첨복화기름등, 바사가꽃기름등, 우발라꽃기름등 이러한 백천가지로 공양하는 이를 옹호함일까 보냐.
고제여, 너희들과 권속들이 마땅히 이런 법사를 잘 옹호하라."
이 다라니품을 설하실 때, 6만6천 사람이 무생법인을 얻었다.

《묘법연화경 묘장엄왕본사품 妙莊嚴王本事品 第二十七》

본문

爾時佛告諸大眾。乃往古世。過無量無邊不可思議阿僧祇
이시불고제대중. 내왕고세. 과무량무변불가사의아승지
劫有佛。名雲雷音宿王華智多陀阿伽度阿羅訶三藐三佛
겁유불. 명운뢰음수왕화지다타아가도아라가삼먁삼불
陀。國名光明莊嚴。劫名憙見。彼佛法中有王。
타. 국명광명장엄. 겁명희견. 피불법중유왕.
名妙莊嚴。其王夫人。名曰淨德。有二子。一名淨藏。
명묘장엄. 기왕부인. 명왈정덕. 유이자. 일명정장.
二名淨眼。是二子。有大神力福德智慧。久修菩薩所行之
이명정안. 시이자. 유대신력복덕지혜. 구수보살소행지
道。所謂檀波羅蜜。尸羅波羅蜜。羼提波羅蜜。毘梨耶波
도. 소위단바라밀. 시라바라밀. 찬제바라밀. 비리야바
羅蜜。禪波羅蜜。般若波羅蜜。方便波羅蜜。慈悲喜捨。
라밀. 선바라밀. 반야바라밀. 방편바라밀. 자비희사.
乃至三十七品助道法。皆悉明了通達。
내지삼십칠품조도법. 개실명료통달.

그때 부처님이 대중에게 말씀하셨다.
"지나간 옛적에 한량없고 그지없는 불가사의 아승지겁 전에 부처님이 계시었으니, 이름이 운뢰음수왕화지 다타아가도, 아라하, 삼먁삼불타이시고, 국토의 이름은 광명장엄이고, 겁의 이름은 희견이었느니라.
그 부처님의 법 가운데 임금이 있으니 이름이 묘장엄이요, 부인의 이름은 정덕이며, 두 아들이 있었으니, 하나는 정장이요, 다른 하나는 정안이었느니라.
이 두 아들이 큰 신통의 힘과 복덕과 지혜가 있고, 오래전부터 보살이 행하는 도를 닦았으니, 이른바 단바라밀, 시라바라밀, 찬제바라밀, 비리야바라밀, 선바라밀, 반야바라밀, 방편바라밀과 자비희사와 내지 37도조품을 돕는 법을 모두 분명하게 통달하였느니라.

강설

묘장엄왕본사품에서는 수능엄삼매의 권능과 수능엄삼매를 이루는 절차에 대해서 말씀하셨다.
범부삼매의 방법, 향음 수행의 방법, 부동지를 얻는 방법, 6바라밀을 행하는 방법. 그리고 지수화풍 사대의 인자를 제도하는 방법에 대해 말씀하셨다.
6근청정을 이루고, 식의 세업을 제도하고, 사대를 제도하고, 유전적 형질을 제도해서 생(生)으로써 이루어진 몸을 제도한다.
사천왕의 다라니는 지, 수, 화, 풍 사대 중에 지대의 형질을 제도하는 기능이 있다.
나찰의 다라니는 유전적 형질을 제도하는 기능이 있다.
약왕보살의 다라니는 43개의 뇌척수막관을 통해 식의 세업을 제도하고 천념(天念)을 이루는 방법이다.

"이 두 아들이 큰 신통의 힘과 복덕과 지혜가 있고, 오래 전부터 보살이 행하는 도를 닦았으니, 이른바 단바라밀, 시라바라밀, 찬제바라밀, 비리야바라밀, 선바라밀, 반야바라밀, 방편바라밀과 자비희사와 내지 37도조품을 돕는 법을 모두 분명하게 통달하였느니라."

단바라밀은 보시바라밀이고, 시라바라밀은 지계바라밀이고, 찬제바라밀은 인욕바라밀이고, 비리야바라밀은 정진바라밀이고, 선바라밀은 선정바라밀이고, 반야바라밀은 지혜바라밀이다.
보살이 행하는 6바라밀을 닦았다는 것은 진여수행의 6바라밀을 닦았다는 말씀이시다.

"단바라밀(檀波羅蜜)"

단바라밀의 단(檀)은 몸 안에 세워지는 기점을 말한다.
몸 안에 기점을 세우고 그 자리에서 불보살님들과 동법계를 이루는 방법을 단법이라 한다.

단법은 네 가지 절차로 이루어져 있다.
경단법(鏡壇法), 인법(印法), 발성법(發聲法), 관법(觀法)이 그것이다. 밀교의 가장 핵심적인 수행체계이다.

경단법은 몸 안에 열두 개의 기점을 세우는 방법이다.
각각의 기점을 마음 거울로 활용한다고 해서 경단(鏡壇)이라 한다.

인법은 손가락을 굴곡 시켜서 몸의 특정 부위를 자극하는 방법이다. 각각의 손가락마다 몸과 연결되어 있는 고유 영역이 있고 굴곡 각도에 따라서 서로 다른 부위가 자극된다.

발성법은 소리의 진동을 활용해서 생명 에너지를 촉발시키고 운용하는 방법이다. 그 과정에서 본성과 심·식의 바탕을 함께 인식한다. 자음 발성법, 모음 발성법, 문자 발성법이 있다.

관법은 중심을 통해서 경계와 본성을 함께 비춰보는 방법이다. 중심을 세우고 그 상태를 비춰보는 중관법(中觀法)과 무념을 비춰보는 공관법(空觀), 경계를 비춰보는 가관법(假觀法)이 있다. 이것을 삼관법(三觀法)이라 한다.
단(壇)이 세워지면, 단의 상태를 살펴보는 것이 중관이고 단을 통해서 식의 바탕을 지켜보는 것이 공관이다.

안으로부터 일어나는 업식과 밖으로부터 접해지는 경계를 비춰보는 것이 가관이다.

단(壇)이 세워진 이후에 단바라밀이 행해진다.
이때의 단바라밀은 삼관을 통해서 이루어진다.
단을 통해서 관행을 할 때 인식되는 모든 경계에 대해 애틋하고 자애로운 마음을 일으키는 것이 단바라밀이다. 집착하지도 않고 저버리지도 않으면서 계념하고(戒念) 승념하고(僧念) 불념하고(佛念) 법념하고(法念) 천념(天念)한다. 이로써 내처(內處)와 외처(外處)가 청정해진다.

등각의 관점에서 행해지는 6바라밀과 7지와 8지, 9지와 10지에서 행해지는 6바라밀은 전혀 다른 6바라밀이다.
수능엄삼매의 요지로 활용하는 6바라밀은 10지 이후에 행해진다.
5지 난승지와 6지 현전지에서 6바라밀을 행하는 것은 스스로가 분리시킨 생멸심을 제도하기 위해서이다.
7지 원행지와 8지 부동지에서 6바라밀을 행하는 것은 생멸문에서 살아가고 있는 반연중생(攀緣衆生)들을 제도하기 위해서이다.
반연은 육입(六入)을 통해서 일어난다.
눈, 귀, 코, 입, 몸, 생각을 통해 다른 존재와 교류가 이루어지면서 반연이 생겨난다.

반연(攀緣)의 뿌리를 제도하려면 두 가지 성취를 이루어야 한다.
첫 번째 성취는 육근청정을 이루는 것이다.
6념처 수행으로 육근청정을 이룬다.
두 번째 성취는 역무육입진(亦無六入盡)을 이루는 것이다.
역무육입진을 하기 위해서는 6바라밀의 절차와 육념처의 공법이 함께 활용된다.

부동지에 들어가서 대적정에 머물러 있는 것이 반야바라밀을 행하는 것이다. 육념처로는 불념(佛念)하는 것이다.
반연중생을 만났을 때 그 생멸심을 저버리지 않는 것이 보시바라밀이다. 육념처로는 시념(施念)하는 것이다.
그 반연중생의 생멸심에 물들지 않는 것이 지계바라밀이다. 육념처로는 계념(戒念)하는 것이다.
반연중생을 대할 때 그 중생의 생멸심에 관여되지 않고 진여심을 지켜가는 것이 인욕바라밀이다. 육념처로는 법념(法念)하는 것이다.
반연중생을 대할 때 승념(僧念)하고 천념(天念)하는 방법을 아는 것이 정진바라밀이다.
단(檀)을 운용해서 반연중생과 일치하고 본성과 식의 바탕으로 비춰주는 것이 선정바라밀이다.
육념처로는 승념(僧念)하는 것이다.
시념, 계념, 승념, 법념, 불념으로 반연의 원인(六入)과 결과(業識)를 제도하고 원통식을 이룬다. 그로써 지혜바라밀을 성취한다. 육념처로는 천념(天念)에 해당된다.

원통식이 갖추어지면 9지 선혜지에 들어간 것이다.
선혜지에서는 6신통을 활용하면서 생멸문 전체를 제도의 대상으로 삼는다.
역무명색진(亦無名色盡)과 역무식진(亦無識盡)을 성취하면서 6바라밀과 육념처를 함께 수행한다.
역무명색진에서는 12연기의 과정 중에 명색(名色)을 통해 인연되었던 일체의 중생을 제도의 대상으로 삼는다.
생멸연기가 시작된 이후로 원초신에서 분열되어 나온 천지만물이 제도의 대상이다.
역무식진(亦無識盡)에서는 원초신 자체가 제도의 대상이다. 천지만물이 원초신에서 비롯되었기 때문에 원초신과 보살도 식업을 공유하고 있다.

10지 법운지에서도 생멸문 전체를 제도의 대상으로 삼는다. 역무행진(亦無行盡)과 역무무명진(亦無無明盡)을 성취하면서 6바라밀과 육념처관을 함께 행한다.
역무행진에서는 밝은성품의 자연적 성향이 제도되고 사대의 근본이 제도된다. 역무무명진에서는 각성의 무명적 습성이 제도된다.
역무명색진(亦無名色盡)과 역무식진(亦無識盡), 역무행진(亦

無行盡)과 역무무명진(亦無無明盡)을 성취하기 위해서는 전혀 다른 관점의 6바라밀법과 육념처관법이 쓰여진다.

생멸문은 원초신이 펼쳐놓은 세계이다.
원초신은 식의 구조가 단순계로 이루어져 있다.
단순계로 이루어진 원초신의 식은 주체의식만 있고 객체의식이 없다.
이 상태에서 원초신을 대상으로 역무명색진(亦無名色盡)과 역무식진(亦無識盡), 역무행진(亦無行盡)과 역무무명진(亦無無明盡)을 행하려면 세 가지 절차가 이루어져야 한다.
첫 번째 절차는 단순계로 이루어진 식을 갖추는 것이다.
원통식을 갖춘 9지 보살은 이미 이 조건이 갖추어진 상태이다. 암마라식을 갖고 있는 진여보살이 생멸식과 일치를 이루면서 갖게 된 성향들을 6바라밀과 육념처로 제도해서 육근청정을 이루게 되면 그 과정에서 식의 바탕이 단순계를 이룬다.

두 번째 절차는 원초신에 대해 그리움을 일으키는 것이다.
생멸문 안에서 제도한 반연중생의 숫자가 많을수록 이때의 그리움이 순일하게 이루어진다.

세 번째 절차는 동법계진언을 얻는 것이다.
이 진언은 보현보살로부터 제시받는다.

때문에 이 진언을 얻기 위해서는 먼저 보현보살과 동법계를 이루어야 한다. 보현보살과 동법계를 이루는 진언은 28품에서 말씀해주신다.

육근청정을 이룬 9지 보살이 원초신과 동법계를 이루게 되면 그 과정에서 원초신의 명색이 쉬어진다. 그러면서 역무명색진(亦無名色盡)이 성취된다.

역무명색진을 성취한 9지 보살은 10지 보살이 된다.

반면에 역무명색진을 통해 제도된 원초신은 원통식으로 이루어진 식의 틀을 갖추게 된다. 그 과정에서 8지 보살의 공덕을 성취하게 된다.

이 과정에서 이루어지는 보시바라밀은 원초신에 대한 그리움을 지극하게 일으키는 것이다. 그러면서 원초신의 식업과 일치를 이룬다. 일치된 식업을 놓고서 시념(施念)한다.

지계바라밀은 원초신의 생멸심에 물들지 않는 것이다.

원통식으로 씻어 주면서 계념(戒念)한다.

인욕바라밀은 원초신이 제도될 때까지 동법계를 유지하는 것이다. 원초신의 식업과 스스로의 원통식을 평등하게 지켜보면서 승념(僧念)한다.

정진바라밀은 동법계를 유지한 상태에서 원초신의 식업을 제도하는 네 가지 절차를 아는 것이다. 상행(上行), 무변행(無邊行), 정행(淨行), 안립행(安立行)이 이때에 행해지는 네 가지 절차이다.

네 가지 행을 성취하면서 선정바라밀과 지혜바라밀을 함께 성취한다. 그 과정에서 법념(法念)과 불념(佛念) 천념(天念)이 함께 행해진다.
상행(上行)은 원초신의 명색적 성향을 제도해 주는 것이다. 보살의 구경각과 원초신의 의지를 일치시켜서 무작위로 일어나는 명색적 습성을 제도한다. 선정바라밀이 행해진 것이다.

무변행(無邊行)은 보살의 밝은성품으로 원초신의 체(體)를 촘촘하게 덮는 것이다. 이로써 무명원신(無明源神)들이 생겨나지 않는다. 법념(法念)이 행해지는 것이다.

정행(淨行)은 동법계를 이룬 상태에서 보살의 원통식에 원초신의 식을 일치시키는 것이다. 이 과정에서 원초신의 식이 원통식으로 전환된다.
계념과 승념이 행해지고 지혜바라밀이 성취되는 것이다.

안립행(安立行)은 정행의 과정에서 제도한 원초신의 식을 보살의 원통식 안에 내장하는 것이다.
천념(天念)이 행해지고 지혜바라밀이 성취된 것이다.
9지 보살이 네 가지 행을 성취하게 되면 역무식진(亦無識盡)을 이룬 것이다. 불념(佛念)이 행해진 것이다.
이로써 9지 보살이 10지 보살이 된다.

10지 과정에서는 역무행진(亦無行盡)과 역무무명진(亦無無明盡)을 성취하면서 6바라밀과 6념처를 행한다.
역무행진이란 밝은성품의 자연적 성향을 제도하고 물질의 사대적 성향을 제도하는 것이다.
역무무명진이란 각성의 무명적 습성을 제도하는 것이다.

10지의 과정에서 이루어지는 역무행진은 두 단계로 이루어진다.
첫 번째 단계는 10지 보살의 밝은성품으로 생멸문 전체를 감싸는 것이다. 9지 과정에서는 원초신의 본신과 동법계를 이루었지만 10지에서는 생멸문 전채와 동법계를 이룬다. 이 상태를 법운지(法雲地)라 한다.
법운지에서는 원초신과 생멸문을 이루고 있는 모든 천지만물이 6바라밀의 대상이 된다.
이 상태의 보시바라밀은 천지만물을 제도의 대상으로 삼는 것이다. 낱낱의 모든생명, 티끌조차도 저버리지 않고 보살의 밝은성품으로 덮어준다. 그 상태에 머물러서 시념하고 계념하고 승념하고 불념하고 법념한다.

지계바라밀은 보살의 원통식으로 천지만물을 비춰주는 것이다. 그 상태에 머물러서 시념, 계념, 승념, 법념, 불념을 행한다.

인욕바라밀은 보살의 불공여래장을 완성시키는 것이다.
천지만물의 성품을 원통식 안에 천념하면서 불공여래장이 완성될 때까지 기다리는 것이다.

정진바라밀은 천지만물에게로 향해지는 대자비심을 지극하게 더해가는 것이다.

선정바라밀은 대적정을 돈독히 하면서 공여래장을 완성시키고 대자비를 증장시켜서 불공여래장을 함께 완성시키는 것이다. 승념과 법념, 불념과 천념이 함께 병행된다.

지혜바라밀은 불공여래장을 완성시키면서 무사지(無師智)를 얻고 밝은성품을 제도하면서 자연지(自然智)를 얻는 것이다. 자연지가 갖추어지면 첫 번째 단계의 역무행진이 성취된 것이다.

두 번째 단계의 역무행진은 밝은성품을 변화시켜서 화신불을 나투는 것이다. 이 과정을 현일체색신삼매라 한다.
10지에서는 8만4천의 화신불이 나투어진다.
화신불이 나투어지면 6바라밀의 대상이 향하문(向上門)과 향상문(向上門), 양쪽으로 향해진다.
향하문으로 향해지는 6바라밀은 생멸문을 대상으로 이루어지고 향상문으로 향해지는 6바라밀은 불세계로 향해진다. 향하문으로 행해지는 6바라밀은 공여래장과 불공여래장을 완성시키는 것이 목적이다.
향상문으로 향해지는 6바라밀은 일체종지(一切種智)를 얻고 묘각수기를 받는 것이 목적이다.

10지의 과정에서 행해지는 역무무명진은 불공여래장을 완성시키고 공여래장을 완성시키면서 이루어진다.
각성의 무명적 습성은 각성이 갖고 있는 각조적 습성(覺照的習性)으로 인해 생겨난다. 본성의 능성(能性)이 스스로를 지켜보면서 각성이 생겨나고 그로 인해서 각조적 습성이 생겨났다. 때문에 각성의 무명적 습성을 제도하려면 먼저 본성의 능성을 제도해야 한다. 본성은 연(緣)으로 드러난다. 연(緣)이란 식(識)의 바탕과 심(心)의 바탕이 서로 한자리를 이룬 것을 말한다. 연(緣)으로 인해 심과 식의 바탕이 한자리를 이루면 적멸상(寂滅相)이 갖추어진다.
심의 바탕은 무심(無心)이고 식의 바탕은 무념(無念)이다.
무념·무심이 한자리를 이루면 합쳐지지도 않고 동떨어지지도 않는 간극이 생겨난다. 그 간극을 일러서 적멸상(寂滅相)이라 한다.
심과 식의 바탕이 한 자리를 이루고 간극이 생겨나면 그 상태를 본성이라 한다. 본성은 성(性)과 상(相)과 체(體)로써 생명성을 갖게 된다.

무념과 무심이 서로 마주 보면 비춤이 일어난다.
마치 거울이 서로 마주 보는 것과 같다.
그때의 비춤이 심·식의 바탕에 쌓이게 된다.
심의 바탕에는 식상(識相)의 비춤이 쌓여지게 되고 식의 바탕에는 심상(心相)의 비춤이 쌓여지게 된다.
그 결과로 능성(能性)이 출현한다. 능성이 스스로를 자각하면 각성(覺性)이 된다.
각성이 본성의 상태를 지각하면서 분별과 의도가 일어난다. 이때의 본성은 무념, 무심, 간극으로 이루어져 있다.
각성이 출현하기 이전의 본성을 성(性)이라 한다.
각성이 출현한 이후의 본성을 상(相)이라 한다.
각성이 본성의 성(性)을 놓고서 지각·분별·의도를 행하는 것을 대사(代謝)라 한다. 대사는 본성을 이루는 세 가지 요소와 밝은성품을 대상으로 이루어진다.
밝은성품으로 인해 본성이 에너지로 이루어진 공간을 갖게 된다. 이것을 일러 체(體)라 한다.
본성의 체(體)가 곧 여래장이다.
여래장이 생겨나고부터 여래장연기가 시작되고 그 결과로 생멸문과 진여문이 생겨났다.
이와 같기 때문에 본성의 능성(能性)을 제도하는 것이 각성의 무명적 습성을 제도하는 것이다.

본성이 능성(能性)을 잃어버리면 심·식의 바탕이 서로 동떨어진다. 그렇게 되면 생명성이 사라지고 허깨비가 된다.
비견된 예로 중생도 심과 식의 바탕을 갖추고 있다.
하지만 중생은 심·식의 바탕을 자각하지 못한다.
때문에 본성을 갖추고 있으면서도 스스로의 성(性)과 상(相)과 체(體)를 이루지 못한다. 성, 상, 체(性,相,體)가 갖추어지지 않은 중생은 의식, 감정, 의지와 몸을 자기로 알게 된다. 그런 중생을 허깨비라 한다.
중생이 허깨비에서 벗어나려면 각성(覺性)을 갖추어서 능성(能性)을 회복해야 한다. 하지만 능성을 회복하게 되면 각성의 무명적 습성이 생겨난다. 각성이 무명적 습성을 갖게 되면 다시 연기에 빠지게 된다.
각성을 증장시켜서 본각을 얻게 되면 생멸연기의 굴레에서는 벗어나게 된다. 하지만 진여연기나 여래장연기에서는 벗어나지 못한다.
부처님께서 묘법연화경을 설하신 것은 이런 한계성에서 벗어나게 해주기 위해서이다.
능성(能性)이 없이도 본성(本性)을 유지하고 각성의 비춤이 없어도 생명성이 흩어지지 않는 존재, 그가 바로 불(佛)이다.

10지 법운지는 각성의 무명적 습성을 제도하는 마지막 관문이다. 이 과정에서 그 법을 체득하기 위해서 향상문의 6바라밀과 향하문의 6바라밀을 병행하게 된다.

10지 보살이 향상문의 6바라밀을 행할 때에는 묘음보살처럼 불세계를 오고 간다. 앞서 묘음보살품에서 향상문의 6바라밀이 행해지는 절차와 과정을 상세하게 들여다보았다. 향상문의 6바라밀이 행해질 때는 그 제도의 대상이 보살이 갖추고 있는 각성이다. 10지 보살의 각성은 구경각(究竟覺)이다.

등각법을 통해서 각성의 각조적 습성을 제도한다.

각성의 각조적 습성이 제도되는 것은 불공여래장으로 인해서이다.

생멸문이 밝은성품과 대적정, 대자비심으로 제도되면 불공여래장이 된다.

공여래장이 완성되고 불공여래장이 완성되면 불공여래장에서 그리움이 일어난다. 그때의 그리움이 공여래장을 껴안으면서 불이문(不二門)이 생겨난다.

불이문을 이루고 있는 공여래장과 불공여래장은 심의 바탕과 식의 바탕처럼 연(緣)을 이룬다.

하지만 이때의 연은 능성(能性)이 작용해서 생긴 것이 아니다. 그리움으로 이루어진 것이다.

때문에 공여래장과 불공여래장 사이에는 각조(覺照)가 이루어지지 않는다. 각조가 없고 능성(能性)이 없어도 생명성이 흩어지지 않는다. 오히려 그리움으로 끈끈하게 달라붙어 있다. 각조가 없으니 무명적 습성에도 빠지지 않는다. 무명이 없으니 연기의 굴레에도 들지 않는다.

비로소 온전하고 자유로운 생명이 된 것이다.
이런 생명을 일심법계(一心法界)라 한다.
일심법계에서는 공여래장 안에서만 각조가 이루어진다.
공여래장과 불공여래장 사이에는 그리움만 작용한다.
불공여래장은 원통식이 체(體)를 이룬다.
공여래장은 대적정이 체(體)를 이룬다.
무명적 성향이 제도된 각성을 원각(圓覺)이라 한다.
원각을 성취하면 등각(等覺)을 성취한 것이다.
등각이란 각성과 그리움이 평등해졌다는 말이다.

이 과정에서 이루어지는 보시바라밀은 불공여래장이 일으키는 그리움에 스스로의 능성을 놓고 맡기는 것이다. 그 상태를 지켜가는 것이 시념(施念)이다.

등각도에서 이루어지는 지계바라밀은 각성으로 각조하지 않는 것이다. 불공여래장의 바탕에 머물러서 계념(戒念)한다.
인욕바라밀은 맑고 편안함을 유지하는 것이다.
그 상태를 유지하는 것이 승념처(僧念處)이다.
정진바라밀은 묘각도의 과지법을 아는 것이다.
선정바라밀은 밝은성품을 운용해서 수능엄삼매를 완성시키고 천백억화신을 나투는 것이다. 법념처가 행해진다.
지혜바라밀은 일체종지를 체득하는 것이다.
불념처가 행해진다.

등각보살은 대적정을 본성으로 삼고 원통식을 식으로 삼는다.

일심법계에서 생성되는 밝은성품은 공여래장에서도 생성되고 불이문의 간극에서도 생성된다.
하지만 자연적 성향이 없다.
천백억화신불로 전환되기 때문이다.

밝은성품이 갖고 있는 자연적 성향으로 인해 미는 힘과 당기는 힘이 저절로 만들어진다.
그것을 행(行)이라 한다.
행으로 인해 본연(本然)이 시작되고 본연으로 인해서 생멸연기와 진여연기가 일어난다.
본원본제는 제도되지 못한 밝은성품을 생성해서 본연을 만들었고 그로 인해 여래장연기가 일어났다.
반면에 일심법계 부처님은 밝은성품을 제도해서 천백억화신을 만들었고 그들을 활용해서 정토불사를 행하신다.
밝은성품이 제도되면 행이 일어나지 않는다.
이것이 역무행진(亦無行盡)을 성취한 것과 성취하지 못한 것의 차이이다.

밝은성품의 자연적 성향이 제도되면서 물질의 사대적 성향도 함께 제도된다. 물질의 사대적 성향도 밝은성품의 자연적 성향에서 생겨났기 때문이다.
물질의 사대적 성향은 밀고 당기는 것과 결합하고 분열하는 것, 부딪치고 비벼지는 것, 변화하는 것이다.
밀고 당기는 것에서 풍대(風大)가 생겨나고 결합하고 분열하는 것에서 수대(水大)가 생겨난다.
부딪치고 부벼지는 것에서 화대(火大)가 생겨나고 변화하는 것에서 지대(地大)가 생겨난다.
제도된 사대는 다시 밝은성품으로 전환된다.

"방편바라밀과 자비희사와 내지 37도조품을 돕는 법을 모두 분명하게 통달하였느니라."

'**방편바라밀**'은 구족색신삼매를 이루는 방법이나 그 밖의 삼매들을 체득하는 방법을 말한다.
천백억화신을 만들어내는 방법이나 등각을 이루는 방법들이 방편바라밀로 체득된다.

'**자비희사**'는 대자비문을 성취하는 마음 바탕이다.
보시바라밀과 시념(施念)이 자비희사를 실천하는 것이다.

'**37도조품을 돕는법**'
37도조품이란 4념처, 4정근, 4여의족, 5근, 5력, 7각지, 8정도를 말한다.

'37도조품을 돕는법'이란 37도조품을 성취할 수 있는 과지법을 말한다.

본문

又得菩薩淨三昧。日星宿三昧。淨光三昧。淨色三昧。
우득보살정삼매. 일성수삼매. 정광삼매. 정색삼매.
淨照明三昧。長莊嚴三昧。大威德藏三昧。
정조명삼매. 장장엄삼매. 대위덕장삼매.
於此三昧亦悉通達。
어차삼매역실통달.

또, 보살의 정삼매와 일성수삼매와 정광삼매와 정색삼매와 정조명삼매와 장장엄삼매와 대위덕장삼매를 얻었는데, 이런 삼매도 모두 통달하였느니라.

강설

정삼매(淨三昧)
식의 바탕을 청정하게 하는 삼매.
업식에 관여되지 않고 업식에 물들지 않는 식의 바탕에 머무는 것.

일성수삼매(日星宿三昧).
해와 별, 달의 형상을 심상화해서 단(檀)으로 삼은 다음 그 상태에 머무는 것. 삼관법으로 일상관, 월면관, 성숙관을 행한다.

정광삼매(淨光三昧)
눈을 제도해서 안근청정(眼根淸淨)을 이룬 것.

정색삼매(淨色三昧).
몸의 감각을 제도하고 신근청정(身根淸淨)을 이룬 것.

정조명삼매(淨照明三昧)
돈독한 각성을 증득해서 명성(明性)을 비춰볼 수 있는 삼매.

장장엄삼매(長莊嚴三昧).
몸의 장엄을 이루고 긴 수명을 갖춘 삼매.

대위덕장삼매(大威德藏三昧)
천지만물로부터 받은 호응으로 이루어진 공덕장이 갖추어진 삼매.

본문

爾時彼佛欲引導妙莊嚴王。及愍念眾生故。說是法華經。
이시피불욕인도묘장엄왕. 급민념중생고. 설시법화경.
時淨藏淨眼二子。到其母所合十指爪掌白言。願母往詣雲
시정장정안이자. 도기모소합십지조장백언. 원모왕예운
雷音宿王華智佛所。我等亦當侍從親近供養禮拜。所以者
뢰음수왕화지불소. 아등역당시종친근공양예배. 소이자
何。此佛於一切天人眾中。說法華經。宜應聽受。母告子
하. 차불어일체천인중중. 설법화경. 의응청수. 모고자
言。汝父信受外道深著婆羅門法。汝等應往白父與共俱去。
언. 여부신수외도심저바라문법. 여등응왕백부여공구거.
淨藏淨眼合十指爪掌白母。我等是法王子。而生此邪見家。
정장정안합십지조장백모. 아등시법왕자. 이생차사견가.
母告子言。汝等當憂念汝父為現神變。若得見者。心必清
모고자언. 여등당우념여부위현신변. 약득견자. 심필청
淨。或聽我等往至佛所。於是二子念其父故。踊在虛空高
정. 혹청아등왕지불소. 어시이자염기부고. 용재허공고
七多羅樹。現種種神變。於虛空中行住坐臥。身上出水身
칠다라수. 현종종신변. 어허공중행주좌와. 신상출수신
下出火。身下出水身上出火。或現大身滿虛空中。而復現
하출화. 신하출수신상출화. 혹현대신만허공중. 이부현
小小復現大。於空中滅忽然在地。入地如水履水如地。
소소부현대. 어공중멸홀연재지. 입지여수이수여지.
現如是等種種神變。令其父王心淨信解。

현여시등종종신변. 영기부왕심정신해.

그때 그 부처님이 묘장엄왕을 인도하고자 하여 중생들을 어여삐 생각하므로 이 법화경을 설하였느니라.
이때 정장, 정안 두 아들이 그 어머니에게 가서 열 손가락과 손바닥을 합하고 사뢰었다.
'원컨대 어머니시여, 운뢰음수왕화지 부처님 계신데 가사이다. 저희가 모시고 가서 친근하고 공양하고 예배하겠나이다.
왜냐하면 이 부처님은 모든 천상, 인간, 대중 가운데서 법화경을 설하시오니, 마땅히 들어야 하나이다.'
어머니가 아들에게 말하였다.
'너의 아버지는 외도를 믿고 바라문의 법에 빠져 있으니, 너희는 아버지에게 가서 여쭙고 함께 가시게 하여라.'
정장과 정안이 열 손가락을 합하고 어머니에게 여쭈었다.
'우리는 법왕의 아들이온데, 이 삿된 소견 가진 이의 집에 태어났나이다.'
어머니가 아들에게 말하였다.
'너희는 아버지를 염려하여 신통 변화를 보여라. 아버지가 보시면 마음이 깨끗해져서 우리와 함께 부처님 계신데 가기를 허락하리라.'
이에 두 아들은 아버지를 생각하여 허공으로 일곱 다라수쯤 올라가서 여러 가지 신통 변화를 나타내는데, 허공중에서 가고, 서고, 앉고, 눕기도 하고, 몸 위에서 물을 내고 몸 아래서 불을 내며, 몸 아래서 물을 내고, 몸 위에서 불을 내며, 혹은 큰 몸을 나투어서 허공에 가득하다가 또 작은 몸을 나투기도 하고, 작은 몸으로 다시 큰 몸을 나투며, 공중에서 없어져서 땅 위에 있기도 하고, 땅속에 들어가기를 물과 같이 하고, 물 위를 다니기를 땅과 같이 하며, 이렇게 갖가지 신통 변화를 나타내어서 아버지로 하여금 마음이 깨끗해져 믿게 하였느니라.

강설

18가지 신통 변화라 한다. 아라한과를 증득하면 18가지 신통 변화를 자유자재로 행할 수 있다고 한다.

본문

時父見子神力如是。心大歡喜得未曾有。合掌向子言。汝
시부견자신력여시. 심대환희득미증유. 합장향자언. 여
等師爲是誰。誰之弟子。二子白言。大王。彼雲雷音宿王
등사위시수. 수지제자. 이자백언. 대왕. 피운뢰음수왕
華智佛。今在七寶菩提樹下法座上坐。於一切世間天人衆
화지불. 금재칠보보리수하법좌상좌. 어일체세간천인중
中。廣說法華經。是我等師。我是弟子。父語子言。我今
중. 광설법화경. 시아등사. 아시제자. 부어자언. 아금
亦欲見汝等師。可共俱往。於是二子從空中下。到其母所

역욕견여등사. 가공구왕. 어시이자종공중하. 도기모소
合掌白母。父王今已信解。堪任發阿耨多羅三藐三菩提心。
합장백모. 부왕금이신해. 감임발아뇩다라삼먁삼보리심.
我等為父已作佛事。願母見聽於彼佛所出家修道。爾時二
아등위부이작불사. 원모견청어피불소출가수도. 이시이
子欲重宣其意。以偈白母。
자욕중선기의. 이게백모.

그때 아버지는 아들의 신통이 이러함을 보고, 마음이 기뻐서 미증유함을 얻고는 합장하고 아들에게 말하였다.
'너희들의 스승은 누구이며 누구의 제자이냐.'
'대왕이여, 저 운뢰음수왕화지불께서 지금 7보로 된 보리수 아래 있는 법좌에 앉으사 모든 세간의 천상, 인간 대중에게 법화경을 설하시니, 그가 저희의 스승이옵고 저희는 그의 제자이옵니다.'
아버지가 아들에게 말하였다.
'나도 너의 스승을 뵈옵고자 하니 함께 가자.'
이에 두 아들이 허공에서 내려와 어머니 앞에 가서 합장하고 여쭈었다.
'부왕께서 지금 믿고 알아서 마땅히 아누다라삼먁삼보리심을 일으켰나이다. 저희는 아버지를 위하여 불사를 지었사오니, 바라건대 어머니께서 저희들이 저 부처님 계신 곳에서 출가하여 도를 닦도록 허락하소서.'

이때 두 아들이 그 뜻을 거듭 펴려고 게송을 읊어 어머니에게 여쭈었다.

강설

'부왕께서 지금 믿고 알아서 마땅히 아누다라삼먁삼보리심을 일으켰나이다.'

여기서 말하는 아뇩다라삼먁삼보리심은 믿음을 말하는 것이다.

본문

願母放我等	出家作沙門	諸佛甚難值	我等隨佛學
원모방아등	**출가작사문**	**제불심난치**	**아등수불학**
如優曇鉢華	值佛復難是	脫諸難亦難	願聽我出家
여우담발화	**치불부난시**	**탈제난역난**	**원청아출가**

원하건대	어머님은	저희들이	출가하여
사문으로	수도토록	허락하여	주옵소서
부처님을	만나뵙기	참으로	어렵나니
저희들이	찾아가서	보고따라	배우렵니다
오랜겁에	한번피는	우담바라	꽃보다도

부처님의　　세상출현　　그보다더　　어려우며
여러가지　　많은환난　　벗어나기　　어렵나니
저희들의　　출가함을　　허락하여　　주옵소서

母即告言。聽汝出家。所以者何。佛難値故。於是二子白
모즉고언. 청여출가. 소이자하. 불난치고. 어시이자백
父母言。善哉父母。願時往詣雲雷音宿王華智佛所親近供
부모언. 선재부모. 원시왕예운뢰음수왕화지불소친근공
養。所以者何。佛難得値。如優曇鉢羅華。又如一眼之龜
양. 소이자하. 불난득치. 여우담발라화. 우여일안지구
値浮木孔。而我等宿福深厚生値佛法。是故父母當聽我等
치부목공. 이아등숙복심후생치불법. 시고부모당청아등
令得出家。所以者何。諸佛難値時亦難遇。彼時妙莊嚴王。
영득출가. 소이자하. 제불난치시역난우. 피시묘장엄왕.
後宮八萬四千人。皆悉堪任受持是法華經。淨眼菩薩。
후궁팔만사천인. 개실감임수지시법화경. 정안보살.
於法華三昧久已通達。淨藏菩薩。已於無量百千萬億劫。
어법화삼매구이통달. 정장보살. 이어무량백천만억겁.
通達離諸惡趣三昧。欲令一切衆生離諸惡趣故。其王夫
통달이제악취삼매. 욕령일체중생이제악취고. 기왕부
人。得諸佛集三昧。能知諸佛祕密之藏。二子如是以方
인. 득제불집삼매. 능지제불비밀지장. 이자여시이방
便力善化其父。令心信解好樂佛法。於是妙莊嚴王與群

편력선화기부. 영심신해호락불법. 어시묘장엄왕여군
臣眷屬俱。淨德夫人與後宮婇女眷屬俱。其王二子與四萬
신권속구. 정덕부인여후궁채녀권속구. 기왕이자여사만
二千人俱。一時共詣佛所。到已頭面禮足。繞佛三匝却住
이천인구. 일시공예불소. 도이두면예족. 요불삼잡각주
一面爾時彼佛為王說法示教利喜。王大歡悅。爾時妙莊嚴
일면이시피불위왕설법시교리희. 왕대환열. 이시묘장엄
王及其夫人。解頸真珠瓔珞價直百千。以散佛上。於虛空
왕급기부인. 해경진주영락가치백천. 이산불상. 어허공
中。化成四柱寶臺。臺中有大寶床。敷百千萬天衣。其上
중. 화성사주보대. 대중유대보상. 부백천만천의. 기상
有佛。結加趺坐放大光明。
유불. 결가부좌방대광명.

어머니는 말하였다.
'너희의 출가를 허락하노니, 왜냐하면 부처님을 만나기 어려운
연고이니라.'
이에, 두 아들은 부모에게 사뢰었다.
'거룩하시어라, 부모님이시여. 바라건대, 이제 운뢰음수왕화지
부처님 계신데 가서 친근하고 공양하사이다.
그 까닭을 말씀하오면, 부처님을 만나기 어려움이 우담바라꽃
과 같사오며, 또 애꾸눈 거북이가 떠 있는 나무의 구멍을 만
남과 같사옵기 때문입니다.

그러하온데 우리는 전세의 복이 두터워서 금생에 불법을 만났습니다. 그러므로 부모님께서 저희의 출가함을 허락하시오니, 그 까닭은 부처님을 만나기 어렵고, 그러한 기회 만나기 어려운 연고입니다.'

그때 묘장엄왕의 후궁인 8만4천 사람이 다 이 법화경을 받아 지니었고, 정안보살은 법화삼매를 이미 통달하였으며, 정장보살은 한량없는 백천만억 겁 전에 모든 나쁜 갈래를 여의는 삼매를 얻어 일체 중생의 나쁜 갈래를 여의게 하였고, 그 왕의 부인은 여러 부처님 모으는 삼매를 얻어서 여러 부처님의 비밀한 법장을 알았느니라.

두 아들이 이렇게 방편의 힘으로 그 아버지를 잘 교화하여 마음으로 믿어 불법을 좋아하게 하였느니라.

이에 묘장엄왕이 여러 신하와 권속들을 데리고, 정덕부인은 후궁의 시녀들을 거느리고, 두 왕자는 4만2천 사람을 데리고 한꺼번에 부처님 계신데 가서 머리를 조아려 발에 예배 하고 부처님을 세 번 돌고 물러가 한쪽에 앉았느니라.

이때 부처님이 왕을 위하여 법을 설하여 보여 주고 가르치고 이익되게 하고 기쁘게 하니, 왕이 매우 기뻐하였느니라.

그때 묘장엄왕과 그 부인이 목에 꾸몄던 백천냥 값이 가는 진주 영락을 풀어서 부처님 위에 흩으니, 허공 중에서 네 기둥의 보배대로 화하였고, 대 안에는 큰 보배 마루가 있어 백천만 가지 하늘 옷을 깔았는데, 그 위에 부처님이 결가부좌하고 앉아서 큰 광명을 놓았다.

강설

식의 바탕을 여섯 단으로 나누어서 인식하고(본성단, 밝은 성품단, 각성단, 식업단, 공유단, 식근단) 6념처관(불념처관, 법념처관, 시념처관, 계념처관, 승념처관, 천념처관)을 하면서 육근청정(안근, 이근, 비근, 설근, 신근, 의근)을 이루고 참회, 권청, 수희, 회향, 발원을 행한다. 이 과정에서 능연부처님을 심신해상(深信解相)하게 된다. 육근청정을 이루고 심신해상으로 능연 부처님을 관하는 것을 법화삼매라 한다.

본문

爾時妙莊嚴王作是念。佛身希有端嚴殊特。成就第一微妙
이시묘장엄왕작시념. 불신희유단엄수특. 성취제일미묘
之色。時雲雷音宿王華智佛告四衆言。汝等見是妙莊嚴王
지색. 시운뢰음수왕화지불고사중언. 여등견시묘장엄왕
於我前合掌立不。此王於我法中作比丘。精勤修習助佛道
어아전합장립부. 차왕어아법중작비구. 정근수습조불도
法。當得作佛。號娑羅樹王。國名大光。劫名大高王。其
법. 당득작불. 호사라수왕. 국명대광. 겁명대고왕. 기
娑羅樹王佛。有無量菩薩衆。及無量聲聞。其國平正功德
사라수왕불. 유무량보살중. 급무량성문. 기국평정공덕

如是。其王即時以國付弟。與夫人二子幷諸眷屬。於佛法
여시. 기왕즉시이국부제. 여부인이자병제권속. 어불법
中出家修道。王出家已。於八萬四千歲。常勤精進修行妙
중출가수도. 왕출가이. 어팔만사천세. 상근정진수행묘
法華經。過是已後。得一切淨功德莊嚴三昧。卽昇虛空高
법화경. 과시이후. 득일체정공덕장엄삼매. 즉승허공고
七多羅樹。而白佛言。世尊。此我二子已作佛事。以神通
칠다라수. 이백불언. 세존. 차아이자이작불사. 이신통
變化轉我邪心。令得安住於佛法中。得見世尊。此二子者
변화전아사심. 영득안주어불법중. 득견세존. 차이자자
是我善知識。爲欲發起宿世善根饒益我故來生我家。 爾時
시아선지식. 위욕발기숙세선근요익아고내생아가. 이시
雲雷音宿王華智佛告妙莊嚴王言。如是如是。如汝所言。
운뢰음수왕화지불고묘장엄왕언. 여시여시. 여여소언.
若善男子善女人。種善根故。世世得善知識。其善知識。能
약선남자선여인. 종선근고. 세세득선지식. 기선지식. 능
作佛事示敎利喜。令入阿耨多羅三藐三菩提。大王當知。
작불사시교리희. 영입아뇩다라삼먁삼보리. 대왕당지.
善知識者是大因緣。所謂化導令得見佛。發阿耨多羅三藐
선지식자시대인연. 소위화도영득견불. 발아뇩다라삼먁
三菩提心。大王。汝見此二子不。此二子已曾供養六十五
삼보리심. 대왕. 여견차이자부. 차이자이증공양육십오
百千萬億那由他恆河沙諸佛親近恭敬。於諸佛所受持法華

백천만억나유타항하사제불친근공경. 어제불소수지법화
經。愍念邪見眾生。令住正見。妙莊嚴王。即從虛空中下。
경. 민념사견중생. 영주정견. 묘장엄왕. 즉종허공중하.
而白佛言。世尊。如來甚希有。以功德智慧故。頂上肉髻
이백불언. 세존. 여래심희유. 이공덕지혜고. 정상육계
光明顯照。其眼長廣而紺青色。眉間毫相白如珂月。
광명현조. 기안장광이감청색. 미간호상백여가월.
齒白齊密常有光明。脣色赤好如頻婆菓。
치백제밀상유광명. 순색적호여빈바과.

그때 묘장엄왕은 이렇게 생각하였다. '부처님의 몸이 희유하시어 단정하고 엄숙하고 특수하여 제일 미묘한 색상을 성취하시었도다.'
이때 운뢰음수왕화지 부처님이 4부 대중에게 말씀하셨다.
'너희는 이 묘장엄왕이 내 앞에 합장하고 서있는 것을 보느냐. 이 왕이 나의 법 가운데서 비구가 되어 부지런히 부처님의 도를 돕는 법을 수행하여 당래에 성불하리라.
이름은 사라수왕불불이며 국토의 이름은 대광이요, 겁의 이름은 대고왕이니라. 그 사라수왕불은 한량없는 보살 대중과 한량없는 성문이 있으며, 국토는 평평하고 번듯하니, 공덕이 이러하니라.'
그 왕이 즉시 나라 일을 아우에게 맡기고, 부인과 두 아들과 여러 권속들과 함께 불법에 출가하여 도를 닦았느니라.

왕이 출가한 다음 8만4천년 동안에 부지런히 정진하여 묘법연화경을 수행하다가, 그 뒤 일체정공덕장엄삼매를 얻고는 곧 허공으로 일곱 다라수를 올라가서 부처님께 사뢰었다.
'세존이시여, 저의 두 아들이 불사를 지어 신통 변화로 저의 삿된 마음을 돌이켜 불법 가운데 편안히 머무르게 하여 세존을 뵈옵게 되었나이다.
이 두 아들은 저의 선지식이온데, 전생의 선근을 일으켜 저를 이익되게 하려고 저의 집에 태어났나이다.'
그때 운뢰음수왕화지불이 묘장엄왕에게 말씀하셨다.
'그러하니라, 너의 말 한 바와 같느니라.
선남자 선여인이 선근을 심은 연고로 세세생생 선지식을 만나느니라.
그 선지식은 불사를 지어 보여 주고 가르치고 이익되게 하고 기쁘게 하여 아뇩다라삼먁삼보리에 들어가게 하느니라.
대왕이여, 반드시 알라. 선지식은 큰 인연이니, 이른바 교화하고 지도하여 부처님을 뵈옵게 하고 아뇩다라삼먁삼보리심을 일으키게 하느니라.
대왕이여, 그대는 이 두 아들을 보는가.
이 두 아들은 이미 65백천만억 나유타 항하사 부처님께 공양하고 친근하고 공경하였으며, 여러 부처님에게서 법화경을 받아지니고, 삿된 소견 가진 중생을 가엾이 여겨 바른 견해에 머무르게 하였느니라.'
묘장엄왕이 허공중에서 내려와 부처님께 사뢰었다.

'세존이시여, 여래께서 매우 희유하시나이다.
공덕과 지혜로 말미암아 정상의 살상투 광명이 환히 비치시고, 눈이 길고 넓고 검푸른 빛이시고, 미간의 백호가 달과 같이 희고, 치아는 희고 가지런하여 항상 광명이 있고, 입술은 붉고 아름다워 빈바의 열매와 같나이다.'

강설

그 뒤 일체정공덕장엄삼매를 얻고는 곧 허공으로 일곱 다라수를 올라가서 부처님께 사뢰었다.

육근청정을 이루고 역무행진(亦無行盡)을 성취했다는 말씀이시다.

본문

爾時妙莊嚴王讚歎佛如是等無量百千萬億功德已。於如來
이시묘장엄왕찬탄불여시등무량백천만억공덕이. 어여래
前一心合掌復白佛言。世尊。未曾有也。如來之法具足成
전일심합장부백불언. 세존. 미증유야. 여래지법구족성
就。不可思議微妙功德。教誡所行安隱快善。我從今日不
취. 불가사의미묘공덕. 교계소행안은쾌선. 아종금일불
復自隨心行。不生邪見憍慢瞋恚諸惡之心。說是語已禮佛

부자수심행. 불생사견교만진에제악지심. 설시어이예불
而出. 佛告大衆. 於意云何. 妙莊嚴王豈異人乎. 今華德
이출. 불고대중. 어의운하. 묘장엄왕기이인호. 금화덕
菩薩是. 其淨德夫人. 今佛前光照莊嚴相菩薩是. 哀愍妙
보살시. 기정덕부인. 금불전광조장엄상보살시. 애민묘
莊嚴王及諸眷屬故. 於彼中生. 其二子者. 今藥王菩薩藥
장엄왕급제권속고. 어피중생. 기이자자. 금약왕보살약
上菩薩是. 是藥王藥上菩薩. 成就如此諸大功德. 已於無
상보살시. 시약왕약상보살. 성취여차제대공덕. 이어무
量百千萬億諸佛所殖衆德本. 成就不可思議諸善功德. 若
량백천만억제불소식중덕본. 성취불가사의제선공덕. 약
有人識是二菩薩名字者. 一切世間諸天人民. 亦應禮拜.
유인식시이보살명자자. 일체세간제천인민. 역응예배.
佛說是妙莊嚴王本事品時. 八萬四千人遠塵離垢. 於諸法
불설시묘장엄왕본사품시. 팔만사천인원진리구. 어제법
中得法眼淨.
중득법안정.

그때 묘장엄왕은 부처님의 이렇게 한량없는 백천만억 공덕을 찬탄하고는 여래의 앞에서 일심으로 합장하고 다시 부처님께 사뢰었다.

'세존이시여, 예전에 없던 일이옵니다.
여래의 법은 헤아릴 수 없이 미묘한 공덕을 구족하게 성취하였으므로, 그 가르침과 계율에 따라 행하는 바는 편안하고 쾌락하나이다.
제가 오늘부터는 다시 마음대로 행하지 않겠사오며, 삿된 소견과 교만한 버릇과 성내는 등의 나쁜 마음을 내지 않겠나이다.'
이렇게 말하고 부처님께 예배하고 떠났느니라."
부처님이 대중에게 말씀하셨다.
"어떻게 생각하느냐. 묘장엄왕은 다른 사람이 아니라 지금의 화덕보살이요, 정덕 부인은 지금 이 앞에 있는 광조장엄상보살이니, 묘장엄왕과 모든 권속들을 어여삐 여기어서 저 가운데 난 것이요, 그 두 아들은 지금의 약왕보살과 약상보살이니라.
이 약왕보살과 약상보살이 이러한 큰 공덕을 성취하고는 한량없는 백천만억 부처님 계신 데서 모든 덕의 근본을 심고 부사의한 여러 선근 공덕을 성취하였느니라.
만일 어떤 사람이 이 두 보살의 이름을 아는 이가 있으면, 모든 세간의 하늘과 사람들이 마땅히 예배할 것이니라."
부처님이 이 묘장엄왕본사품을 설하실 때, 8만4천 사람이 티끌을 멀리하며, 때를 여의고 여러 법 가운데서 법 눈이 깨끗함을 얻었다.

강설

"티끌을 멀리하며, 때를 여의고 여러 법 가운데서 법 눈이 깨끗함을 얻었다."

'티끌을 멀리하고'
번뇌의 원인인 의식·감정·의지를 멀리했다는 말씀이시다.

'때를 여의고'
업식을 제도했다는 말이다.

'여러 법 가운데서 법 눈이 깨끗함을 얻었다.'
법을 보는 안목을 얻었다는 말이다.

《묘법연화경 보현보살권발품 普賢菩薩勸發品 第二十八》

본문

爾時普賢菩薩。以自在神通力。威德名聞。與大菩薩無量
이시보현보살. 이자재신통력. 위덕명문. 여대보살무량
無邊不可稱數從東方來。所經諸國普皆震動。雨寶蓮華。
무변불가칭수종동방래. 소경제국보개진동. 우보연화.
作無量百千萬億種種伎樂。又與無數諸天龍夜叉乾闥婆阿
작무량백천만억종종기악. 우여무수제천용야차건달바아
修羅迦樓羅緊那羅摩睺羅伽人非人等大眾圍繞。各現威德
수라가루라긴나라마후라가인비인등대중위요. 각현위덕
神通之力。到娑婆世界耆闍崛山中。頭面禮釋迦牟尼佛。
신통지력. 도사바세계기사굴산중. 두면예석가모니불.
右繞七匝白佛言。世尊。我於寶威德上王佛國。遙聞此娑
우요칠잡백불언. 세존. 아어보위덕상왕불국. 요문차사
婆世界說法華經。與無量無邊百千萬億諸菩薩眾。共來聽
바세계설법화경. 여무량무변백천만억제보살중. 공래청
受唯願世尊。當為說之。若善男子善女人。於如來滅後。
수유원세존. 당위설지. 약선남자선여인. 어여래멸후.
云何能得是法華經。佛告普賢菩薩。若善男子善女人。成
운하능득시법화경. 불고보현보살. 약선남자선여인. 성
就四法。於如來滅後。當得是法華經。一者為諸佛護念。

취사법. 어여래멸후. 당득시법화경. 일자위제불호념.
二者殖衆德本。三者入正定聚。四者發救一切衆生之心。
이자식중덕본. 삼자입정정취. 사자발구일체중생지심.
善男子善女人。如是成就四法。於如來滅後必得是經。
선남자선여인. 여시성취사법. 어여래멸후필득시경.

그때 보현보살이 자재한 신통의 힘과 위덕과 소문난 이름으로써 한량없고 그지없고 일컬을 수 없는 대보살들과 함께 동방으로부터 오는데, 지나오는 국토가 모두 다 진동하고 보배 연꽃을 비 내리며, 한량없는 백천만억 갖가지 풍악이 울려 퍼졌다. 또 수없는 하늘, 용, 야차, 건달바, 아수라, 가루라, 긴나라, 마후라가, 사람, 사람 아닌 이들의 대중에게 둘러싸여 각각 위덕과 신통의 힘을 나타내면서 사바세계의 기사굴산중에 이르러, 석가모니 부처님께 머리를 조아려 예배하고, 오른쪽으로 일곱 바퀴를 돌고, 부처님께 사뢰었다.
"세존이시여 제가 보위덕상왕 부처님 국통에 있으면서, 멀리 이 사바세계에서 법화경을 설하심을 듣잡고, 한량없고 그지없는 백천만억 보살 대중들과 함께 와서 듣자오려 하오니, 원컨대 세존께서 설하여 주옵소서.
만일 선남자 선여인이 여래가 열반하신 뒤에 어찌하면 이 법화경의 가르침을 얻을 수 있겠나이까."
부처님이 보현보살에게 말씀하셨다.
"선남자 선여인이 네 가지 법을 성취하면, 여래가 열반한 뒤에도 이 법화경의 가르침을 얻을 수 있느니라.
하나는 부처님들의 호념함이요, 둘은 모든 덕의 근본을 심음이요, 셋은 바로 결정된 종류에 들어감이요, 넷은 모든 중생을 구호하려는 마음을 냄이니라.
선남자 선여인이 이렇게 네 가지 법을 성취하면 여래가 열반한 뒤에도 반드시 이 경을 만나게 되느니라."

강설

"세존이시여 제가 보위덕상왕 부처님 국통에 있으면서"

보현보살은 보위덕상왕 부처님이 계시는 불세계에 상주한다. 7지, 8지 보살들에게 육근원통법을 가르쳐주는 스승이며 등각보살에게는 묘각도의 동법계 진언을 전해주는 메신저 보살이다.

"선남자 선여인이 네 가지 법을 성취하면, 여래가 열반한 뒤에도 이 법화경의 가르침을 얻을 수 있느니라.
하나는 부처님들의 호념함이요, 둘은 모든 덕의 근본을 심음이요, 셋은 바로 결정된 종류에 들어감이요, 넷은 모든 중생을 구호하려는 마음을 냄이니라.
선남자 선여인이 이렇게 네 가지 법을 성취하면 여래가 열반한 뒤에도 반드시 이 경을 만나게 되느니라."

'하나는 부처님들의 호념함이요,'
부처님들로부터 호념을 받으려면 억불심(憶佛心)이 있어야 한다. 억불(憶佛)을 하려면 부처님이 어떤 존재인지를 알아야 한다. 부처님을 믿고 이해하고 떠올리는 것을 심신해상(深信解相)이라 한다.
심신해상을 할 줄 아는 사람은 부처님이 호념한다.
부처님을 이해하는 사람은 부처가 되고자 노력하게 된다.
그러다 보니 부처가 되는 법을 구하게 된다.
그 여정에서 언젠가는 묘법연화경을 만나게 된다.

'둘은 모든 덕의 근본을 심음이요'
덕의 근본을 심는 것은 갖가지 삼매를 증득하는 것이다.
향상문으로 나아갈 수 있는 삼매를 증득함으로써 세상을 이롭게 할 수 있는 역량이 키워진다.

'셋은 바로 결정된 종류에 들어감이요,'
결정된 종류에 들어가는 것은 대적정에 들어가는 것이다.
대적정을 증득한 사람이 부처가 되는 법을 구하게 되면 그 과정에서 묘법연화경을 만나게 된다.

'넷은 모든 중생을 구호하려는 마음을 냄이니라.'
모든 중생을 제도하는 것은 정토불사를 하는 것이다.
정토불사의 서원을 세운 사람은 언젠가는 묘법연화경을 만나게 된다. 묘법연화경 속에 그 방법이 제시되어 있기 때문이다.

본문

爾時普賢菩薩白佛言。世尊於後五百歲濁惡世中。其有受
이시보현보살백불언. 세존어후오백세탁악세중. 기유수
持是經典者。我當守護除其衰患令得安隱。使無伺求得其
지시경전자. 아당수호제기쇠환영득안은. 사무사구득기
便者。若魔若魔子。若魔女若魔民。若爲魔所著者。若夜
편자. 약마약마자. 약마녀약마민. 약위마소저자. 약야
叉若羅刹。若鳩槃茶。若毘舍闍。若吉遮若富單那。若韋
차약나찰. 약구반다. 약비사사. 약길자약부단나. 약위
陀羅等。諸惱人者。皆不得便。是人若行若立讀誦此經。
타라등. 제뇌인자. 개불득편. 시인약행약입독송차경.
我爾時乘六牙白象王。與大菩薩衆俱詣其所。而自現身。
아이시승육아백상왕. 여대보살중구예기소. 이자현신.
供養守護安慰其心。亦爲供養法華經故。是人若坐思惟此
공양수호안위기심. 역위공양법화경고. 시인약좌사유차
經。爾時我復乘白象王現其人前。其人若於法華經。有所
경. 이시아부승백상왕현기인전. 기인약어법화경. 유소
忘失一句一偈。我當敎之與共讀誦還令通利。爾時受持讀
망실일구일게. 아당교지여공독송환령통리. 이시수지독

誦法華經者。得見我身甚大歡喜。轉復精進。以見我故。
송법화경자. 득견아신심대환희. 전부정진. 이견아고.
即得三昧及陀羅尼。名為旋陀羅尼。百千萬億旋陀羅尼。
즉득삼매급다라니. 명위선다라니. 백천만억선다라니.
法音方便陀羅尼。得如是等陀羅尼。世尊。若後世後五百
법음방편다라니. 득여시등다라니. 세존. 약후세후오백
歲濁惡世中。比丘比丘尼優婆塞優婆夷。求索者。
세탁악세중. 비구비구니우바새우바이. 구색자.
受持者。讀誦者。書寫者。欲修習是法華經。於三七日中
수지자. 독송자. 서사자. 욕수습시법화경. 어삼칠일중
應一心精進。滿三七日已。我當乘六牙白象。與無量菩薩
응일심정진. 만삼칠일이. 아당승육아백상. 여무량보살
而自圍繞。以一切眾生所憙見身。現其人前。而為說法示
이자위요. 이일체중생소희견신. 현기인전. 이위설법시
教利喜。亦復與其陀羅尼呪。得是陀羅尼故。無有非人能
교리희. 역부여기다라니주. 득시다라니고. 무유비인능
破壞者。亦不為女人之所惑亂。我身亦自常護是人。唯願
파괴자. 역불위녀인지소혹란. 아신역자상호시인. 유원
世尊。聽我說此陀羅尼呪。即於佛前。而說呪曰。
세존. 청아설차다라니주. 즉어불전. 이설주왈.

이때 보현보살이 부처님께 사뢰었다.
"세존이시여, 후 5백세의 흐리고 나쁜 세상에서 이 경전을 받아 지니는 이가 있으면, 제가 마땅히 수호하여 궂은 근심을 덜고 편안함을 얻게 하여 그 짬을 엿보는 이가 없게 하겠나이다. 만일 마군이거나 마의 아들이나 마의 여자나 마의 백성이나 마에 잡힌 자나 야차나 나찰이나 구반다나 비사자나 길자나 부단나나 위타라 등 사람을 괴롭게 하는 자가 그 짬을 얻지 못하게 하겠나이다.

이 사람이 다니거나, 섰거나 이 경을 읽고 외면 제가 그때에 어금니 여섯 가진 흰 코끼리를 타고 대보살들과 함께 그의 처소에 가서 몸을 나타내어 공양하고 수호하여 그 마음을 위로하오리니, 역시 법화경을 공양하기 위함이니이다.

이 사람이 만일 앉아서 이 경을 생각할 적에 제가 흰 코끼리를 타고 그 앞에 나타나리이다.

그 사람이 법화경의 한 구절, 한 게송을 잊은 바 있으면, 제가 가르쳐 주어 함께 읽고 외어 도로 통달하게 하겠나이다.

이때에 법화경을 받아지니는 이는 내 몸을 보고 매우 기뻐하고 더욱 정진하며, 나를 본 인연으로 삼매와 다라니를 얻을 것이니, 선다라니와 백천만억 선다라니와 법음방편 선다라니라 이름하는 이러한 다라니를 얻으리이다.

세존이시여, 만일 오는 세상의 후 5백세의 흐리고 나쁜 세상에서 비구, 비구니, 우바새, 우바이들로서 찾는 이, 받아지니는 이, 읽고 외는 이, 쓰는 이들이 이 법화경을 닦아 익히려면, 3·7일 동안 한결같은 마음으로 정진해야 하며, 3·7일이 되면 내가 어금니 여섯 가진 흰 코끼리를 타고 한량없는 보살들의 둘러싼 바가 되어 모든 중생이 보기 좋아하는 몸으로 그 사람의 앞에 나타나서 법을 설하여 보여 주고 가르치고 이익되게 하여 기쁘게 하겠사오며, 다시 다라니 신주를 주겠나이다.
이 다라니의 힘으로 말미암아 사람 아닌 것들이 감히 파손하지 못하며, 여인들의 유혹도 받지 아니하고 저도 이 사람을 수호하겠나이다.
바라옵건대, 세존께서 저에게 이 다라니 신주를 설하도록 허락하시옵소서."
곧 부처님 앞에서 주문을 설하였다.

阿檀地(一)檀陀婆地(二)檀陀婆帝(三)
아단디(1) 단다바디(2) 단다바데(3)
檀陀鳩舍隷(四)檀陀修陀隷(五)修陀隷(六)修陀羅婆底(七)
단다구사례(4) 단다수다례(5) 수다례(6) 수다라바디(7)
佛䭾波羶禰(八)薩婆陀羅尼阿婆多尼(九)
불다바선녜(8) 살바다라니아바다니(9)
薩婆婆沙阿婆多尼(十)修阿婆多尼(十一)
살바바사아바다니(10) 수아바다니(11)
僧伽婆履叉尼(十二)僧伽涅伽陀尼(十三)阿僧祇(十四)
싱가바리사니(12) 싱가널가다니(13) 아승지(14)
僧伽波伽地(十五)帝隷阿惰僧伽兜略阿羅帝婆羅帝(十六)
싱가파가디(15) 제례아타싱가도랴아라제바라제(16)
薩婆僧伽三摩地伽蘭地(十七)薩婆達磨修波利刹帝(十八)

살바싱가디삼마지가란디(17) 살바달마수바리찰데(18)
薩婆薩埵樓馱憍舍略阿伽地(十九)辛阿毘吉利地帝(二十)
살바살타루다교사랴아루가디(19)신아비기리디데(20)

강설

"나를 본 인연으로 삼매와 다라니를 얻을 것이니, 선다라니와 백천만억 선다라니와 법음방편 선다라니라 이름하는 이러한 다라니를 얻으리이다."

보현보살을 친견한 공덕으로 갖추게 되는 삼매는 법화삼매이다. 다라니는 육근청정과 동법계를 이루는 다라니이다.

'선다라니'
선정과 삼매를 얻는 방법을 설명한 다라니이다.

'백천만억 선다라니'
백천만억 가지의 삼매가 있고 그에 따른 각각의 선다라니가 있다.

'법음방편 선다라니'
발성 수행의 방편으로 활용하면서 삼매를 체득하는 방법이 함께 제시되어 있는 다라니이다.

약왕보살 다라니나 보현보살 다라니가 여기에 속한다.

"법화경을 닦아 익히려면, 3·7일 동안 한결같은 마음으로 정진해야 하며,"

법화삼매를 닦으려면 21일을 정해놓고 하라는 말씀이다. 하루 여섯 번씩 오회(五悔)의 법식으로 법화삼매를 수행한다. 참회, 권청, 수희, 회향, 발원을 오회라 한다.

"3·7일이 되면 내가 어금니 여섯 가진 흰 코끼리를 타고 한량없는 보살들의 둘러싼 바가 되어 모든 중생이 보기 좋아하는 몸으로 그 사람의 앞에 나타나서 법을 설하여 보여 주고 가르치고 이익되게 하여 기쁘게 하겠사오며, 다시 다라니 신주를 주겠나이다"

21일 동안 법화삼매를 닦으면 보현보살이 직접 강림해서 새로운 다라니를 주겠다는 말씀이시다.

"보현보살 법음방편 선다라니"

1. **아단디(阿檀地)**: 무아(無我): 의식·감정·의지는 내가 아니다.
2. **단다바디(檀陀婆地)**: 제아(除我): 그것에 천착되어 있는 나를 다스려야 한다.

3. **단다바데(檀陀婆帝):** 방편(方便): 이 다라니는 의식·감정·의지를 다스리는 방편이다.

4. **단다구사례(檀陀鳩舍隸):** 인화(仁和): 먼저 심·식·의(心識意)가 다투지 않아야 한다.

5. **단다수다례(檀陀修陀隸):** 유연(柔然): 중심단(中心檀)이 세워지면 심·식·의(心識意)가 유연하게 어울린다.

6. **수다례(修陀隸):** 무념·무심·각성(無念·無心·覺性): 그렇게 되면 식(識)은 무념(無念)으로 전환되고 심(心)은 무심(無心)으로 전환되며 의(意)는 각성(覺性)으로 전환된다.

7. **수다라바디(修陀羅婆底):** 견성(見性): 이것을 불지견(佛智見)의 실마리라 한다.

8. **불다바선녜(佛馱波羶禰):** 중생회향(衆生廻向): 불지견의 실마리를 활용해서 심·식·의(心識意)를 제도한다.

9. **살바다라니아바다니(薩婆陀羅尼阿婆多尼):** 불오감화(不吾感化): 불지견의 실마리로 내가 아닌 것을 감화시킨다. 무념(無念)으로 식업(識業)을 제도하고 무심(無心)으로 심업(心業)을 제도하며 각성(覺性)으로 의업(意業)을 제도한다.

10. **살바바사아바다니(薩婆婆沙阿婆多尼):** 자기제도(自己制渡): 업식의 구조를 명확하게 인식하고 (六段) 그것을 제도의 대상으로 삼는다.

11. **수아바다니(修阿婆多尼):** 오념전전(五念展轉): 시념(施念)하고, 계념(戒念)하고, 불념(佛念)하고, 법념(法念)하고, 천념(天念)한다.

12. **싱가바리사니(僧伽婆履叉尼): 승념화합(僧念和合):** 이로써 내처(內處)와 외처(外處)가 화합을 이루고 본성과 식의 바탕이 서로를 여의지 않는다.

13. **싱가녈가다니(僧伽涅伽陀尼): 악취소멸(惡臭消滅):** 모든 업식이 제도되고 육근이 청정해지니,

14. **아승지(阿僧祇): 무진업식제도(無盡業識制渡):** 수없이 많은 업식들을 이와 같이 제도한다.

15. **싱가파가디(僧伽波伽地): 천념내장(天念內藏):** 제도한 다음에는 천념(天念)하나니 천념이 이루어지는 장소들을 알아야 한다.

16. **제례아타싱가도랴아라제바라제(帝隸阿惰僧伽兜略阿羅帝婆羅帝): 삼계근본(三界根本):** 자기 안에 갖추어진 삼계의 근본을 보고,

17. **살바싱가디삼마지가란디(薩婆僧伽三摩地伽蘭地): 생멸해탈(生滅解脫):** 승념으로 화합된 경계를 그 안에 내장한다. 이로써 일체의 생멸심에서 벗어나게 된다.

18. **살바달마수바리찰예(薩婆達磨修波利刹帝): 법념(法念):** 각성으로 본성과 밝은성품을 비추어서 법념(法念)하고,

19. **살바살타루다교사랴아루가디(薩婆薩埵樓馱憍舍略阿伽地): 향음삼매(響音三昧):** 향음삼매로써 몸의 근본을 제도한다.

20. **신아비기리디예(辛阿毘吉利地帝): 법신성취(法身成取):** 이로써 온전한 법신을 성취하게 된다.

보현보살 다라니는 육근청정을 이루는 방법에 대해서 설명한 내용이다. 이것이 선다라니의 관점이다.
이 다라니를 발성 수행의 방편으로 활용하면 자기 안에 갖추어진 삼계의 근본을 인식할 수 있게 된다. 삼계의 근본을 인식하게 되면 그 자리에다가 제도된 업식을 천념(天念)하게 된다.
그것이 법음방편 선다라니의 관점이다.

'아단디'는 '아'자로 단(壇)을 세우라는 뜻이다.
'아'자 발성으로 무념(無念)·무심(無心)을 이룰 수 있는 단을 세운다. 중황단에 무념처를 세우고 중심단에 무심처를 세운다. 그런 다음에 눈, 귀, 코, 입, 몸, 생각의 경로를 따로따로 주시한다.
먼저 눈의 경로를 주시한다.
보는 마음을 여섯 단으로 나눈다.
본성단, 밝은성품단, 각성단, 식업단, 공유단, 안근단으로 나누어서 인식한다.
살바바사아바다니(薩婆婆沙阿婆多尼)를 행하는 것이다.
각성을 주체로 해서 무념과 무심이 서로 비춰보도록 한다.
무념과 무심의 상간에서 간극을 인식한다.
무념·무심·간극에 머무른다.
이 상태에 머무르는 것이 불념처관(佛念處觀)을 행하는 것이다. **수다라바디(修陀羅婆底)**를 성취한 것이다.

불념처를 지켜보면서 간극에서 일어나는 기쁨을 인식한다. 그 기쁨이 밝은성품이다.

무념·무심·간극·기쁨을 함께 인식하면서 그 자리에 머무른다. 이 상태에 머무르는 것이 법념처관(法念處觀)을 행하는 것이다.

살바달마수바리찰예(薩婆達磨修波利刹帝)를 행하는 것이다.

법념처에 머물다보면 업식이 깨어난다.

업식을 지켜보면서 자비심을 일으킨다.

이것을 시념(施念)이라 한다.

업식을 지켜보면서 무념처로 비춰준다.

텅 빈 식의 바탕으로 비춰주고 아무렇지 않은 마음으로 비춰준다. 이것을 계념(戒念)이라 한다.

보는 형질을 들여다본다. 눈의 망막에서 보는 생명의 작용을 인식해본다. 무념의 상태와 보는 생명 작용의 상태를 비교해 본다. 서로 마주보도록 하고 그 상태에 머무른다. 이것을 승념(僧念)이라 한다.

싱가바리사니(僧伽婆履叉尼)가 성취된 것이다.

밖으로 보여지는 대상도 시념하고 계념한다.

그런 다음에 승념한다.

눈으로 본 대상과 안에서 깨어나는 식업을 평등하게 바라본다.

불념처로 비춰주고 식의 바탕으로 비춰준다.

'아'자 발성으로 홍수 1, 2, 3번을 울려준다.
살바살타루다교사략아루가디(薩婆薩埵樓䭾憍舍略阿伽地)를 행하는 것이다. 그 자리에서 무념을 인식한다.
승념하고 불념한 업식을 그 자리에 내장한다. 이것을 천념(天念)이라 한다.
살바싱가디삼마지가란디(薩婆僧伽三摩地伽蘭地)가 성취된 것이다.
이와 같은 방법으로 안근 청정을 이룬다.
안근 청정을 성취한 다음에는 이근 청정, 비근 청정, 설근 청정, 신근 청정, 의근 청정을 이룬다.
각각의 식근에서 청정을 이루는 법은 계념법과 천념법에서 서로 달라진다. 구체적인 방법은 묘법연화경 강의록 4권에 상세하게 설명되어 있다.

본문

世尊。若有菩薩。得聞是陀羅尼者。當知普賢神通之力。
세존. 약유보살. 득문시다라니자. 당지보현신통지력.
若法華經行閻浮提有受持者。應作此念。皆是普賢威神之
약법화경행염부제유수지자. 응작차념. 개시보현위신지
力。若有受持讀誦正憶念解其義趣如說修行。當知是人行
력. 약유수지독송정억염해기의취여설수행. 당지시인행
普賢行。於無量無邊諸佛所深種善根。爲諸如來手摩其頭。

보현행. 어무량무변제불소심종선근. 위제여래수마기두.
若但書寫。是人命終當生忉利天上。是時八萬四千天女。
약단서사. 시인명종당생도리천상. 시시팔만사천천녀.
作眾伎樂而來迎之。其人即著七寶冠。於婇女中娛樂快樂。
작중기악이래영지. 기인즉착칠보관. 어채녀중오락쾌락.
何況受持讀誦正憶念解其義趣如說修行。若有人受持讀誦
하황수지독송정억념해기의취여설수행. 약유인수지독송
解其義趣。是人命終為千佛授手。令不恐怖不墮惡趣。即
해기의취. 시인명종위천불수수. 영불공포불타악취. 즉
往兜率天上彌勒菩薩所。彌勒菩薩有三十二相。大菩薩眾
왕도솔천상미륵보살소. 미륵보살유삼십이상. 대보살중
所共圍繞。有百千萬億天女眷屬。而於中生。有如是等功
소공위요. 유백천만억천녀권속. 이어중생. 유여시등공
德利益。是故智者應當一心自書若使人書。受持讀誦正憶
덕이익. 시고지자응당일심자서약사인서. 수지독송정억
念如說修行。世尊。我今以神通力故守護是經。於如來滅
념여설수행. 세존. 아금이신통력고수호시경. 어여래멸
後。閻浮提內廣令流布使不斷絕。
후. 염부제내광영류포사부단절.

"세존이시여, 어떤 보살이 이 다라니를 듣는 이는 보현의 신통의 힘인 줄을 알아야 할 것이며, 법화경이 남섬부주에 유행할 적에 받아지니는 이는 마땅히 보현의 위덕과 신통의 힘인 줄을 생각할 것이옵니다.

만일 받아지니고 읽고 외고 바르게 기억하고 뜻을 해설하고 가르침대로 수행하는 이가 있으면, 이 사람은 보현의 행을 행하여, 한량없고 그지없는 부처님 처소에서 선근을 깊이 심으며, 여러 여래의 손으로 머리를 만져 주시는 줄을 알아야 하나이다.

다만 쓰기만 하여도, 이 사람은 목숨을 마치고 도리천상에 태어날 것입니다.

그때 8만4천 하늘 아씨들이 여러 가지 풍악을 울리며 와서 맞이하여 이 사람은 7보관을 쓰고 시녀들 속에서 호사하며 즐길 것이어늘, 하물며 받아지니고 읽고 외고 바르게 기억하고 뜻을 해설하고 가르침대로 수행함이겠습니까.

만일 받아지니고 읽고 외고 뜻을 해설하면, 이 사람은 목숨이 마칠 때에 1천 부처님이 손을 내밀어 주어 두렵지도 않고 나쁜 갈래에 떨어지지도 않고, 곧 도솔천상의 미륵보살 계신데 가서 왕생하리이다. 미륵보살은 32 훌륭한 몸매를 갖추고 대보살들에게 둘러싸여 백천만억 하늘 아씨 권속들이 있는 가운데에 상주하고 있습니다.

이와 같은 공덕과 이익이 있사올새, 지혜 있는 이는 마땅히 일심으로 스스로 쓰거나 사람으로 하여금 쓰게 하며, 받아지니고 읽고 외고 바르게 기억하고 가르침대로 수행할 것입니다.

세존이시여, 저는 지금 신통의 힘으로 이 경을 수호하오며, 여래가 열반하신 뒤에 남섬부주에 널리 선포하여 끊어지지 않게 하겠나이다."

강설

"여러 여래의 손으로 머리를 만져 주시는 줄을 알아야 하나이다."

부처님에게 관정 수기를 받은 것과 같다는 말씀이시다.

"다만 쓰기만 하여도, 이 사람은 목숨을 마치고 도리천상에 태어날 것입니다."

도리천왕인 제석천왕은 육근청정법을 절반 정도 성취하고 제석천왕이 되었다 한다.

본문

爾時釋迦牟尼佛讚言。善哉善哉。普賢。汝能護助是經。
이시석가모니불찬언. 선재선재. 보현. 여능호조시경.
令多所衆生安樂利益。汝已成就不可思議功德深大慈悲。
영다소중생안락이익. 여이성취불가사의공덕심대자비.
從久遠來發阿耨多羅三藐三菩提意。而能作是神通之願守
종구원래발아뇩다나삼먁삼보리의. 이능작시신통지원수

護是經。我當以神通力守護能受持普賢菩薩名者。普賢。
호시경． 아당이신통력수호능수지보현보살명자． 보현．
若有受持讀誦正憶念修習書寫是法華經者。當知是人則見
약유수지독송정억념수습서사시법화경자． 당지시인즉견
釋迦牟尼佛。如從佛口聞此經典。當知是人供養釋迦牟尼
석가모니불． 여종불구문차경전． 당지시인공양석가모니
佛。當知是人佛讚善哉。當知是人為釋迦牟尼佛手摩其頭。
불． 당지시인불찬선재． 당지시인위석가모니불수마기두．
當知是人為釋迦牟尼佛衣之所覆。如是之人不復貪著世樂。
당지시인위석가모니불의지소복． 여시지인불부탐착세락．
不好外道經書手筆。亦復不喜親近其人。及諸惡者。若屠
불호외도경서수필． 역부불희친근기인． 급제악자． 약도
兒。若畜猪羊雞狗。若獵師。若衒賣女色。是人心意質直。
아． 약축저양계구． 약엽사． 약현매여색． 시인심의질직．
有正憶念有福德力。是人不為三毒所惱。亦復不為嫉妬我
유정억념유복덕력． 시인불위삼독소뇌． 역부불위질투아
慢邪慢增上慢所惱。是人少欲知足能修普賢之行。普賢。
만사만증상만소뇌． 시인소욕지족능수보현지행． 보현．
若如來滅後後五百歲。若有人見受持讀誦法華經者。應作
약여래멸후후오백세． 약유인견수지독송법화경자． 응작
是念。此人不久當詣道場破諸魔眾。得阿耨多羅三藐三菩
시념． 차인불구당예도량파제마중． 득아뇩다라삼먁삼보
提。轉法輪擊法鼓吹法螺雨法雨。當坐天人大眾中師子法

리. 전법륜격법고취법라우법우. 당좌천인대중중사자법
座上。
좌상.

그때 석가모니불이 찬탄하시었다.
"착하도다, 착하도다, 보현이여. 그대는 이 경을 보호하고 도와서 많은 중생을 안락하고 이익되게 하리라.
그대는 부사의한 공덕과 깊고 큰 자비를 성취하여 오래전부터 아누다라삼먁삼보리심을 일으켰으며, 능히 이렇게 신통한 서원을 세워 이 경을 지켰느니라.
내가 신통한 힘으로써 보현보살의 이름을 받아지니는 이를 수호하리라.
보현이여, 만일 이 법화경을 받아지니고 읽고 외고 바르게 기억하여 닦아 익히고 쓰는 이가 있으면, 이 사람은 석가모니불을 직접 보고 부처님의 입으로부터 법화경을 듣는 것인 줄을 알 것이며, 이 사람은 석가모니불께 공양함인 줄을 알 것이며, 이 사람은 석가모니불이 훌륭하다고 찬탄할 것이며, 이 사람은 석가모니불이 손으로 그 머리를 만지는 것인 줄을 알 것이며, 이 사람은 석가모니불이 옷으로 덮어줌인 줄을 알아야 하느니라.
이런 사람은 다시 세간의 욕락을 탐하지 않으며, 외도의 경서와 글씨를 좋아하지 않으며, 또 그 사람을 친근하기를 즐기지 않으며, 백정이나 돼지, 양, 닭, 개를 기르는 이나, 사냥꾼이나, 여색을 판매하는 나쁜 이들을 친근하지도 않느니라.
이 사람은 마음이 질직하고, 바른 기억이 있고, 복덕의 힘이 있어 3독의 시달림을 받지도 않고, 질투, 아만, 사만, 뛰어난 체하는 마음의 시달리도 받지 않으며, 이 사람은 욕심이 적고 만족함을 알아서 보현의 행을 능히 닦으리라.
보현이여 여래가 열반한 뒤 후 5백세에 어떤 사람이 법화경을 받아지니고 읽고 외는 이가 있으면, 응당히 이러한 생각을 하되 이 사람은 오래지 않아 도량에 나아가서 마구니의 무리를 깨뜨리고 아뇩다라삼먁삼보리를 얻어 법륜을 굴리고 법고를 치며, 법소라를 불고 법비를 내리리라.
마땅히 하늘과 인간의 대중 가운데서 사자좌에 앉을 것이라고 생각하라.

강설

"이 사람은 석가모니불이 옷으로 덮어줌인 줄을 알아야 하느니라."

부처님이 옷으로 덮어주시는 것은 법을 전할 수 있는 종사(宗師)로 인정했다는 말씀이시다.

본문

普賢。 若於後世。 受持讀誦是經典者。 是人不復貪著衣服
보현. 약어후세. 수지독송시경전자. 시인불부탐탁의복
臥具飮食資生之物。 所願不虛。 亦於現世得其福報。 若有
와구음식자생지물. 소원불허. 역어현세득기복보. 약유
人輕毁之言。 汝狂人耳。 空作是行終無所獲。 如是罪報當
인경훼지언. 여광인이. 공작시행종무소획. 여시죄보당
世世無眼。 若有供養讚歎之者。 當於今世得現果報。 若復
세세무안. 약유공양찬탄지자. 당어금세득현과보. 약부
見受持是經者。 出其過惡。 若實若不實。 此人現世得白癩
견수지시경자. 출기과악. 약실약불실. 차인현세득백라
病。 若有輕笑之者。 當世世牙齒踈缺。 醜脣平鼻。 手腳繚
병. 약유경소지자. 당세세아치소결. 추순평비. 수각요
戾。 眼目角睞。 身體臭穢。 惡瘡膿血。 水腹短氣。 諸惡重
려. 안목각래. 신체취예. 악창농혈. 수복단기. 제악중
病。 是故普賢。 若見受持是經典者。 當起遠迎當如敬佛。
병. 시고보현. 약견수지시경전자. 당기원영당여경불.
說是普賢勸發品時。 恒河沙等無量無邊菩薩。 得百千萬億
설시보현권발품시. 항하사등무량무변보살. 득백천만억
旋陀羅尼。 三千大千世界微塵等諸菩薩具普賢道。
선다라니. 삼천대천세계미진등제보살구보현도.
佛說是經時。 普賢等諸菩薩舍利弗等諸聲聞。 及諸天龍人
불설시경시. 보현등제보살사리불등제성문. 급제천용인
非人等。 一切大會皆大歡喜。 受持佛語作禮而去。
비인등. 일체대회개대환희. 수지불어작례이거.

비인등. 일체대회개대환희. 수지불어작례이거.

보현이여 만일 후세에 이 경전을 받아지니고 읽고 외면, 이 사람은 다시 의복이나 침구나 음식이나 살림하는 물품을 탐하지 않을 것이며, 소원이 헛되지 아니하고, 또 이 세상에서 그 복의 갚음을 얻으리라.
만일 어떤 사람이 업신여기며 말하기를 '너는 미친사람이라, 부질없이 이런 행을 하는 것이요, 아무 소득도 없으리라.'라고 하면, 이 죄보로 날 적마다 눈이 멀게 되고, 공양하고 찬탄하는 이는 이 세상에서 좋은 과보를 받으리라.
만일 이 경을 받아지니는 이를 보고 그의 허물을 드러내면, 사실이거나 사실이 아니거나 이 사람은 이 세상에서 백라병을 얻을 것이요, 경멸하고 비웃으면 세세생생에 이가 성글고 빠지고, 입술이 추악하고, 코가 납작하고, 손발이 비뚤어지고, 눈은 사팔뜨기가 되고, 몸은 더러운 냄새가 나고, 나쁜 창질에 피고름 흐르고, 배는 고창이 되고, 숨이 가쁘며 여러 가지 나쁜 병에 걸리리라.
그러므로 보현이여, 이 경전을 받아지니는 이를 보거든 일어나 멀리 나가 영접하기를, 부처님을 공경하듯이 할 것이니라."
이 보현권발품을 설하실 때, 항하사와 같이 한량없고 그지없는 보살은 백천만억 선다라니를 얻고, 삼천대천세계의 티끌수 보살들은 보현의 도를 구족하였다.
부처님이 이 경을 설하실 때, 보현 등 여러 보살과, 사리불등 여러 성문과 하늘과 용과 사람과 사람 아닌이 등 모든 대중이 모두 크게 환희하여 부처님 말씀을 받아지니고 예배하고 물러갔다.

강설

"삼천대천세계의 티끌 수 보살들은 보현의 도를 구족하였다."

보현의 도란 육근청정의 법이다.

보현보살은 아미타불의 극락정토에서 화생으로 태어났다 한다. 여러 형제 중에 여덟 째로 태어났고 셋째 형이 문수보살이라 한다.

보현보살의 10대원이 있다.
1. 모든 부처님께 예경한다. (禮敬諸佛)
2. 모든 부처님을 찬탄한다. (稱讚如來)
3. 모든 부처님을 널리 공양한다. (廣修共養)
4. 업장을 참회한다. (懺悔業障)
5. 공덕으로 기쁨을 삼는다. (隨喜功德)
6. 부처님이 법륜을 굴려주시기를 청한다. (請轉法輪)
7. 부처님이 이 세상에 오래 머무르기를 청한다. (請佛住世)
8. 항상 부처님의 가르침을 배우고 익힌다. (常隨佛學)

9. 항상 중생들에게 순응한다. (恒順衆生)
10. 두루 모든 것에 회향한다. (普皆廻向)

보현보살 10대원에 입각해서 5회(五悔)의 절차가 세워진다.

첫째는 예경 찬탄이다.
심신해상(深信解相)으로 영산회상에서 법화경을 설법하는 부처님의 모습을 떠올린다.
무한한 수명을 갖추신 부처님께 귀의한다.
능연지력(能緣智力)으로 연기가 없는 새로운 여래장을 창조하신 부처님께 귀의한다.
시공을 벗어나시고 시공을 임의롭게 조절하시는 부처님께 귀의한다.
이와 같이 예경하고 그 공덕을 찬탄한다.

둘째는 수희 공양이다.
착함과 기쁨으로 공양한다.

셋째는 진성 참회이다.
본성으로 살지 못하고 의식·감정·의지로 살아왔던 지난날의 모든 삶에 대해 진심으로 참회한다.

넷째는 육근회향이다.

식의 바탕을 6단시(六段示)하고, 내처(內處)와 외처(外處)의 업식들을 시념(施念)하고, 계념(戒念)하고, 승념(僧念)하고, 법념(法念)하고, 불념(佛念)하고, 천념(天念)한다.

다섯째는 주세권청이다.
능연 부처님이 영원히 이 세계에 계시기를 간청하고 정토불사에 동참할 것을 발원한다.

법화삼부경 중 무량의경과 묘법연화경의 강설을 마무리했다. 86강을 했으니 근 2년 가까이 강의를 했다.
돌이켜보면 꿈결 같은 시간들이었다.
부처님의 말씀 속에서 잠이 들었고, 깨어나면 다시 그 말씀들을 생각했다.
매일매일이 새로운 생(生)이었다.

《불설관보현보살행법경 佛說觀普賢菩薩行法經》

본문

如是我聞。一時佛在毘舍離國大林精舍重閣講堂。告諸比
여시아문. 일시불재비사리국대림정사중각강당. 고제비
丘。卻後三月我當般涅槃。尊者阿難卽從座起。整衣服。
구. 각후삼월아당반열반. 존자아난즉종좌기. 정의복.
叉手合掌。遶佛三帀爲佛作禮。胡跪合掌。諦觀如來。目
차수합장. 요불삼잡위불작례. 호궤합장. 체관여래. 목
不暫捨。長老摩訶迦葉。彌勒菩薩摩訶薩亦從座起。合掌
불잠사. 장노마하가섭. 미륵보살마하살역종좌기. 합장
作禮。瞻仰尊顏。時三大士異口同音而白佛言。世尊。如
작례. 첨앙존안. 시삼대사이구동음이백불언. 세존. 여
來滅後。云何衆生起菩薩心。修行大乘方等經典。正念思
래멸후. 운하중생기보살심. 수행대승방등경전. 정념사
惟一實境界。云何不失無上菩提之心。云何復當不斷煩惱。
유일실경계. 운하불실무상보리지심. 운하부당부단번뇌.
不離五欲。得淨諸根。滅除諸罪。父母所生淸淨常眼。不
불리오욕. 득정제근. 멸제제죄. 부모소생청정상안. 부
斷五欲而能得見諸障外事。佛告阿難。諦聽諦聽。善思念
단오욕이능득견제장외사. 불고아난. 체청체청. 선사념
之。如來昔在耆闍崛山及餘住處。已廣分別一實之道。今

지. 여래석재기사굴산급여주처. 이광분별일실지도. 금
於此處。爲未來世諸衆生等。欲行大乘無上法者。欲學普
어차처. 위미래세제중생등. 욕행대승무상법자. 욕학보
賢行。普賢行者。我今當說其憶念法。若見普賢及不見者
현행. 보현행자. 아금당설기억념법. 약견보현급불견자
除卻罪數。今爲汝等當廣分別。
제각죄수. 금위여등당광분별.

이와 같이 나는 들었다.
어느 때 부처님께서 비사리국(毘舍離國)의 대림정사(大林精舍)
이층 강당[重閣講堂]에 계시면서 여러 비구들에게 말씀하셨다.
"지금부터 석 달 뒤에 내가 반열반(般涅槃)에 들리라."
존자(尊者) 아난이 곧 자리에서 일어나 옷을 바로 하고, 손을
모아 합장한 뒤 부처님을 세 번 돌며 예배하고, 꿇어앉아 합
장하고 우러러 잠시도 눈을 떼지 않았다.
장로(長老) 마하가섭(摩訶迦葉)과 미륵보살마하살(彌勒菩薩摩訶
薩)도 자리에서 일어나 합장 예배하고, 부처님의 얼굴을 우러
러보고 있었다. 이때 세 대사(大士)가 입을 모아 같은 소리로
부처님께 여쭈었다.
"세존이시여, 여래께서 멸도 하신 뒤에 어떻게 해야 중생들
이 보살의 마음을 일으키며, 대승의 방등경전(方等經典)을 수
행하며, 바른 생각으로 하나이며 실다운 경계[一實境界]를 생
각하겠습니까? 어떻게 해야 위없는 보리의 마음을 잃지 않겠

습니까? 어떻게 해야 번뇌를 끊지 않고 5욕(欲)을 여의지 않고도 모든 근(根)을 맑게 하고 모든 죄를 소멸하며, 부모가 낳아 주신 청정하고 항상된 눈으로 5욕을 끊지 않고도 능히 밖의 모든 막힌 일을 보겠습니까?"

부처님께서 아난에게 말씀하셨다.

"자세히 듣고, 잘 생각하여라. 여래가 옛날에 기사굴산(耆闍崛山)과 다른 곳에 있을 적에 이미 널리 하나이며 실다운 도[一實道]를 말하였거니와, 지금 이곳에서는 미래의 모든 중생들로서 대승의 위없는 법을 행하고자 하는 이와 보현행(普賢行)을 배우고자 하는 이와 보현의 행을 행하고자 하는 이를 위하여 지금 기억하고 생각하는 법을 말하리라. 보현을 보거나 보지 못할지라도 죄의 수효를 없애는 일을 이제 그대들에게 널리 분별하리라.

강설

"세존이시여, 여래께서 멸도 하신 뒤에 어떻게 해야 중생들이 보살의 마음을 일으키며, 대승의 방등경전(方等經典)을 수행하며, 바른 생각으로 하나이며 실다운 경계[一實境界]를 생각하겠습니까? 어떻게 해야 위없는 보리의 마음을 잃지 않겠습니까? 어떻게 해야 번뇌를 끊지 않고 5욕(欲)을 여의지 않고도 모든 근(根)을 맑게 하고 모든 죄를 소멸하며, 부모가 낳아 주신 청정하고 항상된 눈으로 5욕을 끊지 않고도 능히 밖의 모든 막힌 일을 보겠습니까?

이 질문이 보현보살행법경의 주제이다.
한 가지 질문씩 따로 떼어서 그 내용을 세밀하게 살펴보자.

"세존이시여, 여래께서 멸도 하신 뒤에 어떻게 해야 중생들이 보살의 마음을 일으키며,"
보살도를 수행하는 방법을 얻어야 보살의 마음을 일으킬 수 있다.
그 법을 어떻게 얻을 수 있겠냐고 질문하는 것이다.
이 질문으로 보현보살행법경에서는 보살도를 증득하는 방법이 다루어질 것이라는 것을 알 수가 있다.

"대승의 방등경전(方等經典)을 수행하며"
대승의 방등경전들이 보살도를 수행하는 방법에 대해서 설법해 놓은 것이다. 하지만 그 경전들을 통해서 과지법(果地法)을 체득하는 것이 대단히 어렵다.
선지식을 만나야 한다.

"바른 생각으로 하나이며 실다운 경계[一實境界]를 생각하겠습니까?"
바른 생각이란 정념(正念)·정각(正覺)을 말한다.
정념이란 바른 마음챙김을 말한다. 삼관(三觀)·삼지(三止)가 곧 정념이다.
삼관이란 중관(中觀), 공관(空觀), 가관(假觀)을 말한다.
삼지란 적지(寂止), 정지(靜止), 적멸지(寂滅止)를 말한다.

정각(正覺)이란 본각(本覺), 구경각(究竟覺), 원각(圓覺)을 말한다.
본각은 본성의 적멸상과 각성이 계합을 이루었을 때 갖추어지는 각성이다. 해탈도의 과정에서 체득하는 각성이다.
구경각은 본성과 밝은성품을 함께 인식하는 각성이다. 보살도 과정에서 쓰여지는 각성이다.
원각(圓覺)은 역무무명진(亦無無明盡)을 통해서 각성의 무명적 습성이 제도되었을 때 갖추어지는 각성이다.
등각도의 과정에서 갖추어지는 각성이다.

실다운 경계[一實境界]란 여실상(如實相)을 말한다.
여시성(如是性)과 여시상(如是相)이 곧 실다운 경계이다.
적상(寂相)·정상(靜相)·적멸상(寂滅相)이 여시성이다.
적상·정상·적멸상·각성이 여시상이다.

"운하불실무상보리지심 (云何不失無上菩提之心)
어떻게 해야 위없는 보리의 마음을 잃지 않겠습니까?"
무상보리지심이란 상(相)이 없는 깨달음의 마음을 말한다.
심·식·의(心識意)를 여의고 대적정(大寂定)에 들어가 있는 것을 말한다. 대자비문 수행을 통해서 각성의 무명적 습성을 제도해야 무상보리심을 지켜갈 수 있다.
진여출가를 해서 50과위를 성취하고 등각도를 이루어야 한다.

"어떻게 해야 번뇌를 끊지 않고 5욕(欲)을 여의지 않고도 모든 근(根)을 맑게 하고 모든 죄를 소멸하며 부모가 낳아 주신 청정하고 항상된 눈으로 5욕을 끊지 않고도 능히 밖의 모든 막힌 일을 보겠습니까?"
식의 바탕을 6단시(六段示)하고 참회하며 6념처관(六念處觀)을 행해야 한다.

본문

阿難。普賢菩薩乃生東方淨妙國土。其國土相。法華經中
아난. 보현보살내생동방정묘국토. 기국토상. 법화경중
已廣分別。我今於此略而解說。阿難。若比丘。比丘尼。
이광분별. 아금어차략이해설. 아난. 약비구. 비구니.
優婆塞。優婆夷。天龍八部。一切衆生誦大乘經者。修大
우바새. 우바이. 천룡팔부. 일체중생송대승경자. 수대
乘者。發大乘意者。樂見普賢菩薩色身者。樂見多寶佛塔
승자. 발대승의자. 락견보현보살색신자. 락견다보불탑
者。樂見釋迦牟尼佛及分身諸佛者。樂得六根淸淨者。當

자. 락견석가모니불급분신제불자. 락득육근청정자. 당
學是觀。此觀功德。除諸障㝵。見上妙色。不入三昧但誦
학시관. 차관공덕. 제제장애. 견상묘색. 불입삼매단송
持故。專心修習。心心相次。不離大乘。一日至三七日得
지고. 전심수습. 심심상차. 불리대승. 일일지삼칠일득
見普賢。有重障者。七七日盡然後得見。復有重者一生得
견보현. 유중장자. 칠칠일진연후득견. 부유중자일생득
見。復有重者二生得見。復有重者三生得見。如是種種業
견. 부유중자이생득견. 부유중자삼생득견. 여시종종업
報不同。是故異說。普賢菩薩身量無邊。音聲無邊。色像
보부동. 시고이설. 보현보살신량무변. 음성무변. 색상
無邊。欲來此國。入自在神通促身令小。閻浮提人三障重
무변. 욕래차국. 입자재신통촉신영소. 염부제인삼장중
故。以智慧力化乘白象。其象六牙。七支跓地。其七支下
고. 이지혜력화승백상. 기상육아. 칠지주지. 기칠지하
生七蓮華。象色鮮白。白中上者頗梨。雪山不得爲比。身
생칠연화. 상색선백. 백중상자파리. 설산부득위비. 신
長四百五十由旬。高四百由旬。於六牙端有六浴池。一一
장사백오십유순. 고사백유순. 어육아단유육욕지. 일일
浴池中生十四蓮華。與池正等。其華開敷如天樹王。一一
욕지중생십사연화. 여지정등. 기화개부여천수왕. 일일
華上有一玉女。顏色紅輝有過天女手中自然化五箜篌。一
화상유일옥녀. 안색홍휘유과천녀수중자연화오공후. 일

一箜篌有五百樂器以爲眷屬。
일공후유오백악기이위권속.

아난아, 보현보살은 동쪽의 맑고 묘한 국토에 태어나나니, 그 국토의 모습은 『법화경(法華經)』에서 이미 널리 분별하였거니와 이제 간략히 해설하리라.

아난아, 비구·비구니·우바새·우바이·천룡팔부(天龍八部)와 온갖 중생으로서 대승의 경을 외우는 이와 대승을 닦는 이와 대승의 뜻을 일으키는 이와 보현보살의 색신(色身)을 보기 좋아하는 이와 다보불탑(多寶佛塔)을 뵈옵기 좋아하는 이와 석가모니 부처님과 몸을 나누신[分身] 모든 부처님을 뵈옵기 좋아하는 이와 6근(根)이 청정하기를 좋아하는 이는 마땅히 이 관법(觀法)을 배울지니라.

이 관법의 공덕은 모든 장애를 제거하고 높고 묘한 색(色)을 보게 하느니라.

삼매(三昧)에 들지 않아도 다만 외우고 지니어 전일한 마음으로 닦고 익히며, 마음과 마음을 서로 잇대어서 대승을 여의지 않으면 하루에서 7일 만에 보현을 보게 되리라.

무거운 업장이 있는 이는 49일이 다하여야 보며, 더욱 무거운 이는 한 생[一生] 만에 보며, 더욱 무거운 이는 두 생 만에 보며, 더욱 무거운 이는 세 생 만에 보나니, 이와 같이 갖가지 업보가 같지 않으므로 다르게 말하느니라.

보현보살의 몸은 끝없고, 음성도 끝없으며, 모양도 끝없거늘

이 국토에 오려 하면 자재한 신통에 들어 몸을 줄이어 적게 하나니, 염부제의 사람들은 3장(障)이 무겁기 때문이니라.
지혜의 힘으로써 흰 코끼리를 탄 몸으로 변화하나니, 그 코끼리는 여섯 어금니[六牙]요, 일곱 굽[七支]으로 땅을 디디고, 그 일곱 굽 아래에는 일곱 송이의 연꽃이 솟아나느니라.
코끼리의 빛은 곱고 희니, 흰 가운데서도 높은 것이어서 파리(頗梨), 설산(雪山)으로도 견주지 못하리라.
몸의 길이는 450 유순(由旬)이고, 높이는 4백 유순이며, 여섯 어금니의 끝에는 여섯 개의 목욕하는 못[浴池]이 있고, 낱낱 못에는 열네 가지 연꽃이 나서 못과 똑같으리라.
그 꽃이 피면 하늘의 큰 나무[天樹王]와 같고, 낱낱 꽃 위에는 하나씩 옥녀(玉女)가 있으니, 얼굴은 붉게 빛나서 다른 천녀(天女)보다 뛰어나느니라.
손에는 자연히 다섯 개의 공후(箜篌)가 변화하니, 낱낱 공후에는 5백 가지 악기(樂器)가 권속이 되느니라.

강설

"아난아, 비구·비구니·우바새·우바이·천룡팔부(天龍八部)와 온갖 중생으로서 대승의 경을 외우는 이와 대승을 닦는 이와 대승의 뜻을 일으키는 이와 보현보살의 색신(色身)을 보기 좋아하는 이와 다보불탑(多寶佛塔)을 뵈옵기 좋아하는 이와 석가모니 부처님과 몸을 나누신[分身] 모든 부처님을 뵈옵기 좋아하는 이와 6근(根)이 청정하기를 좋아하는 이는 마땅히 이 관법(觀法)을 배울지니라."

'대승의 경을 외우는 이와'
학(學)으로써 대승을 배우는 이들을 말한다.

'대승을 닦는 이와'
삼관(三觀), 삼해탈(三解脫), 삼무상(三無相)을 닦고 보살도를 닦는 이들을 말한다.

'대승의 뜻을 일으키는 이와'
진여출가의 발심을 일으킨 해탈승(解脫僧)을 말한다.

'보현보살의 색신(色身)을 보기 좋아하는 이와'
구족색신삼매를 체득한 이들을 말한다.

'다보불탑(多寶佛塔)을 뵈옵기 좋아하는 이와'
수능엄삼매를 이루고자 하는 사람들을 말한다.

'석가모니 부처님과 몸을 나누신[分身] 모든 부처님을 뵈옵기 좋아하는 이와'
등각도를 이루기를 원하는 사람들을 말한다.

'6근(根)이 청정하기를 좋아하는 이는'
육근청정을 이루고자 하는 사람들을 말한다.

'마땅히 이 관법(觀法)을 배울지니라.'
육념처관(六念處觀)을 말한다.

"이 관법의 공덕은 모든 장애를 제거하고 높고 묘한 색(色)을 보게 하느니라."

색신의 한계를 극복하고 색신의 근본을 보게 한다는 말씀이시다.

"삼매(三昧)에 들지 않아도 다만 외우고 지니어 전일한 마음으로 닦고 익히며, 마음과 마음을 서로 잇대어서 대승을 여의지 않으면 하루에서 7일 만에 보현을 보게 되리라."

삼매에 들지 않아도 꾸준하게 닦고 익히면 하루에서 7일 만에 보현보살을 보게 된다는 말씀이시다.
'마음과 마음을 서로 잇댄다'라는 것은 승념(僧念)을 말한다. 대승을 여의지 않는다는 것은 불념(佛念)과 법념(法念)을 말한다.

"무거운 업장이 있는 이는 49일이 다하여야 보며, 더욱 무

보현보살행법경 • 185

거운 이는 한 생[一生] 만에 보며, 더욱 무거운 이는 두 생 만에 보며, 더욱 무거운 이는 세 생 만에 보나니, 이와 같이 갖가지 업보가 같지 않으므로 다르게 말하느니라."

무거운 업장이란 심·식·의(心識意)에 천착되어 있는 마음을 말한다.

"보현보살의 몸은 끝없고, 음성도 끝없으며, 모양도 끝없거늘 이 국토에 오려 하면 자재한 신통에 들어 몸을 줄이어 적게 하나니, 염부제의 사람들은 3장(障)이 무겁기 때문이니라."

그만큼 큰 몸과 큰 음성과 수많은 모양을 갖추고 있다는 말씀이시다.

"지혜의 힘으로써 흰 코끼리를 탄 몸으로 변화하나니, 그 코끼리는 여섯 어금니[六牙]요, 일곱 굽[七支]으로 땅을 디디고, 그 일곱 굽 아래에는 일곱 송이의 연꽃이 솟아나느니라."

지혜의 힘이란 수능엄삼매의 힘을 말한다.
보현보살이 현신할 때의 모습에 대해서 말씀하시는 것이다.

본문

有五百飛鳥。鳧。鴈。鴛鴦。皆衆寶色。生花葉閒。象鼻
유오백비조. 부. 안. 원앙. 개중보색. 생화엽간. 상비
有華。其莖譬如赤眞珠色。其華金色。含而未敷。見是事
유화. 기경비여적진주색. 기화금색. 함이미부. 견시사
已。復更懺悔。至心諦觀。思惟大乘。心不休廢。見華卽
이. 부갱참회. 지심체관. 사유대승. 심부휴폐. 견화즉
敷。金色金光。其蓮華臺是甄叔迦寶。妙梵摩尼以爲華鬘。
부. 금색금광. 기연화대시와숙가보. 묘범마니이위화만.
金剛寶珠以爲華鬚。見有化佛坐蓮華臺。衆多菩坐蓮華鬚。
금강보주이위화수. 견유화불좌연화대. 중다보좌연화수.
化佛眉閒亦出金光入象鼻中從象鼻出入象眼中。從象眼出
화불미간역출금광입상비중종상비출입상안중. 종상안출
入象耳中。從象耳出照象頂上。化作金臺。其象頭上有三
입상이중. 종상이출조상정상. 화작금대. 기상두상유삼
化人。一捉金輪。一持摩尼珠。一執金剛杵。擧杵擬象。
화인. 일착금륜. 일지마니주. 일집금강저. 거저의상.
象卽能行。脚不履地。躡虛而遊。離地七尺。地有印文。
상즉능행. 각불이지. 섭허이유. 이지칠척. 지유인문.
於印文中千輻轂輞皆悉具足。一一輞閒生一大蓮華。此蓮
어인문중첩폭곡망개실구족. 일일망간생일대연화. 차연
華上生一化象，亦有七支，隨大象行。擧足下足生七千象

화상생일화상, 역유칠지, 수대상행. 거족하족생칠천상
以爲眷屬. 隨從大象. 象鼻紅蓮華色. 上有化佛放眉閒光.
이위권속. 수종대상. 상비홍연화색. 상유화불방미간광.
其光金色. 如前入象鼻中. 於象鼻中出入象眼中. 從象眼
기광금색. 여전입상비중. 어상비중출입상안중. 종상안
出還入象耳. 從象耳出至象頸上.
출환입상이. 종상이출지상경상.

5백 가지 날짐승이 있으니, 오리·기러기·원앙새들은 모두가 뭇 보배의 빛으로서 꽃잎[花葉] 사이에서 사느니라.
코끼리의 코에 꽃이 있으니, 그 줄기는 붉은 진주(眞珠)의 빛이요, 그 꽃은 금빛이어서 오므린 채 피지 않느니라.
이러한 일을 보고 더욱 참회하여 지극한 마음으로 자세히 관찰하며, 대승을 생각하되 잠시도 쉬지 않으면 연꽃은 곧 금빛이 피어서 금빛 광명을 보이리라.
그 연꽃의 대(臺)는 견숙가(甄叔迦) 보배요, 묘한 범천의 마니(摩尼)로써 꽃 타래[華鬘]가 되고, 금강 보배 구슬로써 꽃 수실[華鬚]이 되었으며, 변화한 부처님[化佛]께서 연꽃 대에 앉으시고 뭇 보살들이 연꽃 수실에 앉은 것이 보이니라.
변화한 부처님의 미간에서는 금빛 광명이 나와 코끼리의 코로 들어가고, 코끼리의 코에서 나와서는 눈으로 들어가고, 코끼리의 눈에서 나와서는 귀로 들어가고, 코끼리의 귀에서 나와서는 정수리를 비추어 변화한 황금의 대[金臺]를 이루니라.

그 코끼리의 머리 위에 세 사람이 변화하여 나타나니, 하나는 금바퀴[金輪]를 가지고, 하나는 마니구슬[摩尼珠]을 지니고, 하나는 금강저(金剛杵)를 잡느니라.
금강저를 들어 코끼리에 슬쩍 대면 코끼리는 곧 걸어가되, 발이 땅에 닿지 않고 허공을 밟고 다니느니라.
땅 위에서 일곱 자[尺] 떨어져 있는데도 땅에는 도장 문채[印文]가 있나니, 낱낱 문채에는 천 개의 바퀴살[千輻轂輞]이 모두 구족하며, 낱낱 천 개의 바퀴살 사이에는 하나씩 큰 연꽃이 솟아 있느니라.
이 연꽃 위에 하나의 변화한 코끼리[化象]가 나오니, 또한 일곱 굽이 있어 큰 코끼리를 따라다니느니라.
발을 들고 발을 내릴 적마다 7천 마리 코끼리가 나와 권속이 되어 큰 코끼리를 따르느니라.
코끼리의 코는 붉은 연꽃 빛이며 위에는 변화한 부처님이 눈썹 사이로 광명을 놓으시니, 그 광명은 금빛이어서 앞에서와 같이 코끼리의 코로 들어가고, 코끼리의 코에서 나와서는 코끼리의 눈으로 들어가고, 코끼리의 눈에서 나와서는 코끼리의 귀로 들어가고, 코끼리의 귀에서 나와서는 코끼리의 목 위에 이르느니라.

강설

"이러한 일을 보고 더욱 참회하여 지극한 마음으로 자세히 관찰하며, 대승을 생각하되 잠시도 쉬지 않으면 연꽃은 곧 금빛으로 피어서 금빛 광명을 보이리라."

보현보살이 현신하는 모습을 보면서도 6념처관을 쉬이지 말고 계속해서 하라는 말씀이시다.

"변화한 부처님의 미간에서는 금빛 광명이 나와 코끼리의 코로 들어가고, 코끼리의 코에서 나와서는 눈으로 들어가고, 코끼리의 눈에서 나와서는 귀로 들어가고, 코끼리의 귀에서 나와서는 정수리를 비추어 변화한 황금의 대[金臺]를 이루니라.
그 코끼리의 머리 위에 세 사람이 변화하여 나타나니, 하나는 금바퀴[金輪]를 가지고, 하나는 마니구슬[摩尼珠]을 지니고, 하나는 금강저(金剛杵)를 잡느니라."

육근청정을 이루는 순서를 설명하신 대목이다.
먼저 안근(眼根)을 청정하게 하고 미심단에 머문다.
미심단에서 코로(鼻根) 들어가고 코에서 나와서 다시 눈(眼根)으로 들어가고 눈에서 나와서 귀(耳根)로 들어가고 귀에서 나와서 백회단를 비추라는 말씀이시다.

"금강저를 들어 코끼리에 슬쩍 대면 코끼리는 곧 걸어가되, 발이 땅에 닿지 않고 허공을 밟고 다니느니라."

백회단에서 몸의 촉감(身根)을 관찰하고 움직임을 관찰하라는 말씀이시다. 백회에서 발바닥까지 훑어서 내려오면서 살갗의 촉감을 관찰한다.
이것이 육근청정의 첫 번째 관(觀)행이다.
다음으로 두 번째 관(觀)을 행한다.

"코끼리의 코는 붉은 연꽃 빛이며 위에는 변화한 부처님이 눈썹 사이로 광명을 놓으시니 그 광명은 금빛이어서 앞에서와 같이 코끼리의 코로 들어가고, 코끼리의 코에서 나와서는 코끼리의 눈으로 들어가고, 코끼리의 눈에서 나와서는 코끼리의 귀로 들어가고, 코끼리의 귀에서 나와서는 코끼리의 목 위에 이르느니라."

두 번째 관행(觀行)이다..

'코끼리의 코는 붉은 연꽃 빛이며 위에는 변화한 부처님이 눈썹 사이로 광명을 놓으시니'
미심단에 머물러서 보는 형질을 관찰한다.

'그 광명은 금빛이어서 앞에서와 같이 코끼리의 코로 들어가고,'
비근(鼻根)을 관한다.

'코끼리의 코에서 나와서는 코끼리의 눈으로 들어가고,'
안근(眼根)을 관한다.

'코끼리의 눈에서 나와서는 코끼리의 귀로 들어가고,'
이근(耳根)을 관한다.

'코끼리의 귀에서 나와서는 코끼리의 목 위에 이르느니라'.
경수막관을 한다. 천념(天念)의 절차이다.

본문

漸漸上至象背。成金鞍。七寶挍具。於鞍四面有七寶柱。
점점상지상배. 성금안. 칠보교구. 어안사면유칠보주.
衆寶挍飾以成寶臺。臺中有一七寶蓮華。其蓮華鬚百寶共
중보교식이성보대. 대중유일칠보연화. 기연화수백보공
成。其蓮華臺是大摩尼。有一菩薩結加趺坐。名曰普賢。
성. 기연화대시대마니. 유일보살결가부좌. 명왈보현.
身白玉色五十種光。光五十種色以爲項光。身諸毛孔。流
신백옥색오십종광. 광오십종색이위항광. 신제모공. 유
出金光。其金光端無量化佛。諸化菩薩以爲眷屬。安庠徐
출금광. 기금광단무량화불. 제화보살이위권속. 안상서
步。雨大寶華至行者前。其象開口。於象牙上諸池玉女鼓
보. 우대보화지행자전. 기상개구. 어상아상제지옥여고

樂。絃歌。其聲微妙。讚歎大乘一實之道。行者見已。歡
악. 현가. 기성미묘. 찬탄대승일실지도. 행자견이. 환
喜敬禮。復更誦讀甚深經典。遍禮十方無量諸佛。禮多寶
희경례. 부갱송독심심경전. 편례시방무량제불. 예다보
塔及釋迦牟尼。幷禮普賢諸大菩薩。發是誓言。若我宿福
탑급석가모니. 병례보현제대보살. 발시서언. 약아숙복
應見普賢。願尊遍吉示我色身願已。晝夜六時禮十方佛。
응견보현. 원존변길시아색신원이. 주야육시례시방불.
行懺悔法。誦大乘經。讀大乘經。思大乘義。念大乘。作
행참회법. 송대승경. 독대승경. 사대승의. 염대승. 작
是事。恭敬供養持大乘者。視一切人猶如佛想。於諸眾生
시사. 공경공양지대승자. 시일체인유여불상. 어제중생
如父母想。作是念已。普賢菩薩卽於眉間放大人相白毫光
여부모상. 작시념이. 보현보살즉어미간방대인상백호광
明。此光現時。普賢菩薩身相端嚴一一如紫金山端正微妙。
명. 차광현시. 보현보살신상단엄일일여자금산단정미묘.
三十二相皆悉備有。身諸毛孔放大光明。照其大象令作金
삼십이상개실비유. 신제모공방대광명. 조기대상령작금
色。一切化象亦作金色。諸化菩薩亦作金色。
색. 일체화상역작금색. 제화보살역작금색.

점점 위로 올라가서는 코끼리의 등에 이르러 금안장[金鞍]을
변화하여 이루니, 7보(寶)가 고루 구족하니라.

안장의 사방에는 일곱 가지 보배 기둥이 있어 뭇 보배를 재주껏 꾸미어 보배로운 대[寶臺]를 이루고 대 가운데는 하나의 7보 연꽃이 있으니, 그 연꽃의 수실은 백 가지 보배가 함께 이루었고, 그 연꽃의 대는 큰 마니 보배이니라.
한 보살이 그 위에 가부좌(加趺坐)를 맺고 앉았으니, 보현(普賢)이라 하느니라.
몸은 백옥 같은 빛으로서 50가지 광명이 있고, 광명은 50가지 빛이 있어 목의 광명[項光]을 이루느니라.
몸의 모든 털구멍[毛孔]에서는 금빛이 흘러나오고, 그 금빛의 끝에는 한량없는 변화한 부처님이 모든 변화한 보살들로써 권속을 삼고 천천히 걸어 큰 보배 꽃을 뿌리면서 행자(行者)의 앞에 이르느니라.
그 코끼리가 입을 열면 코끼리의 이빨에 있던 모든 못 속의 옥녀(玉女)들은 음악을 연주하고 거문고를 뜯고 노래를 부르리니, 소리는 미묘하게 대승의 하나이며 참된 도리를 찬탄하리라.
행자가 이를 보면 기뻐서 예배 공경하고, 다시 매우 깊은 경전을 외우며, 두루 시방의 한량없는 부처님께 예배하고, 다보탑(多寶塔)과 석가모니 부처님께 예배하며, 보현과 모든 보살들에게 예배하고 발원하되 '만일 나의 전생 복[宿福]이 보현을 뵈올 만하거든, 바라옵건대 거룩하신 변길(遍吉)께서 나에게 색신(色身)을 보여 주소서' 하느니라.
이렇게 발원하고는 밤낮으로 여섯 차례 시방의 부처님께 예배하고 참회법(懺悔法)을 행하며, 대승경을 외우고 대승경을 읽으며, 대승의 뜻을 생각하고, 대승의 일을 생각하며, 대승 지니는 이를 공경 공양하며, 온갖 사람 보기를 부처님과 같이 생각하며, 모든 중생을 부모와 같이 생각하느니라.
이러한 생각을 마치면 보현보살이 즉시에 눈썹 사이로 거룩한 모습[大人相]인 백호광명(白毫光明)을 놓으리니, 이 광명이 나타날 때에 보현보살의 몸매[身相]가 장엄하여 붉은 금[紫金]의 산과 같이 단정하고 미묘하니라.
32상이 모두 갖추어 있으며, 몸의 모든 털구멍에서는 큰 광명을 놓아 큰 코끼리를 비추어 금빛이 되게 하고, 모든 변화한 코끼리도 또한 금빛을 이루고, 모든 변화한 보살들도 금빛을 이루니라.

강설

"점점 위로 올라가서는 코끼리의 등에 이르러 금안장[金鞍]을 변화하여 이루니, 7보(寶)가 고루 구족하니라."

경수막관을 한 다음에 계속해서 흉수막관을 하라는 말씀이시다.

"몸은 백옥 같은 빛으로서 50가지 광명이 있고, 광명은 50가지 빛이 있어 목의 광명[項光]을 이루느니라."

'몸은 백옥 같은 빛으로서 50가지 광명이 있고, 광명은 50가지 빛이 있어'
신근 청정이 이루어지면서 나타나는 변화이다.

'목의 광명(項光)을 이루느니라'
경수에서 광명을 인식하라는 말씀이시다. 천념(天念)을 하게 되면 해당 부위에서 빛이 인식된다는 말씀이시다.

"몸의 모든 털구멍[毛孔]에서는 금빛이 흘러나오고, 그 금빛의 끝에는 한량없는 변화한 부처님이 모든 변화한 보살들로써 권속을 삼고 천천히 걸어 큰 보배 꽃을 뿌리면서 행자(行者)의 앞에 이르느니라."

'몸의 모든 털구멍[毛孔]에서는 금빛이 흘러나오고,'
신근 청정이 성취되었을 때 나타나는 현상이다.

"그 코끼리가 입을 열면 코끼리의 이빨에 있던 모든 못 속의 옥녀(玉女)들은 음악을 연주하고 거문고를 뜯고 노래를 부르니, 소리는 미묘하게 대승의 하나이며 참된 도리를 찬탄하리라."

신근(身根)을 관찰한 다음에는 설근(舌根)을 관찰하라는 말씀이시다. 설근을 관찰할 때는 먼저 좌우 어금니를 지긋이

물고서 턱관절의 균형을 잡아준다. 좌우 이빨에 가해지는 압력을 균등하게 유지하고 양쪽 관자놀이의 높이를 가늠해 본다.
낮게 느껴지는 쪽이 있으면 그쪽 어금니에 지긋이 힘을 주고 높이를 조절해 준다.
높이가 맞춰지면 귓속에서 들리는 소리를 인식한다.
소리를 들으면서 양쪽 귓속으로 더 들어간다.
관자놀이 압력이 느껴지는 안쪽 공간으로 들어가서 그 자리에 머문다. 그 자리에 머물면서 소리가 끊어진 텅 빈 공간을 인식한다.
귓속의 텅 빈 공간을 무념처(無念處)로 삼고 맛 경로의 상태를 비추어 본다.
혀를 입천장에 붙이고 입천장의 감각을 머릿속으로 이끌어 간다. 머릿속에서 입천장과 연결되어 있는 억제된 느낌을 들여다본다.
억제된 느낌을 무심처(無心處)로 삼고 귓속의 텅 빈 자리를 무념처로 삼는다. (본성단-佛念)
억제된 느낌이 머릿속 중심에서 기둥처럼 세워지고 양쪽으로 무념처가 자리한다.
그 상태에서 맛의 느낌을 떠올려본다. (업식단-施念)
무심의 기둥 공간이 맛의 느낌으로 채워지면서 기쁨이 일어나는 것을 주시한다. (밝은성품단-法念)
입안에서 침이 고이고 몸의 세포들이 맛의 느낌에 반응하

는 것을 주시한다. (설근단-施念, 戒念, 僧念)
맛과 연관된 추억이 떠오르는 것을 주시한다. (공유단-戒念, 僧念)
머릿속의 무념·무심으로 세포들의 반응을 비춰주고 혀의 느낌을 비춰주고. 혀와 연결된 머릿속의 맛을 비춰주고, 기쁨을 비춰준다. (施念, 戒念 僧念, 法念, 佛念)
'아'자 발성으로 경수 2번 막을 울려준다.
그 자리에서 무념을 인식하고 천념(天念)한다.

"행자가 이를 보면 기뻐서 예배 공경하고"

행자가 육근청정을 수행하면서 이 과정을 직접 체험해야 한다.

"다시 매우 깊은 경전을 외우며, 두루 시방의 한량없는 부처님께 예배하고, 다보탑(多寶塔)과 석가모니 부처님께 예배하며, 보현과 모든 보살들에게 예배하고 발원하되 '만일 나의 전생 복[宿福]이 보현을 뵈올 만하거든, 바라옵건대 거룩하신 변길(遍吉)께서 나에게 색신(色身)을 보여 주소서' 하느니라."

단법(檀法)을 익히고 보현보살 동법계 진언을 운용할 줄 아는 행자는 이때 보현보살과 동법계를 이루게 된다.

"이렇게 발원하고는 밤낮으로 여섯 차례 시방의 부처님께 예배하고 참회법(懺悔法)을 행하며,"

육시(六時)로 부처님께 예배하고 참회(懺悔)를 하라는 말씀이다.
하루 여섯 차례를 정해서 예배하고, 공양하고, 찬탄하고, 참회한 다음에 육근청정의 절차에 따라서 6념처관을 행하라는 말씀이시다. 이 수행을 21일을 주기로 해야 한다고 말씀하셨다.

"대승경을 외우고 대승경을 읽으며, 대승의 뜻을 생각하고, 대승의 일을 생각하며, 대승 지니는 이를 공경 공양하며,"

6념처관과 6바라밀을 행하라는 말씀이시다.

"온갖 사람 보기를 부처님과 같이 생각하며, 모든 중생을 부모와 같이 생각하느니라."

보시바라밀과 시념처관(施念處觀)을 행하라는 말씀이시다.

"이러한 생각을 마치면 보현보살이 즉시에 눈썹 사이로 거룩한 모습[大人相]인 백호광명(白毫光明)을 놓으리니, 이 광명이 나타날 때에 보현보살의 몸매[身相]가 장엄하여 붉은 금[紫金]의 산과 같이 단정하고 미묘하니라.
32상이 모두 갖추어 있으며, 몸의 모든 털구멍에서는 큰 광명을 놓아 큰 코끼리를 비추어 금빛이 되게 하고, 모든 변화한 코끼리도 또한 금빛을 이루고, 모든 변화한 보살들도 금빛을 이루니라."

보현보살님과 동법계를 이루었을 때 볼 수 있는 장면이다.

본문

其金色光。照于東方無量世界皆同金色。南。西。北方。
기금색광. 조우동방무량세계개동금색. 남. 서. 북방.
四維。上。下亦復如是。爾時。十方面一一方有一菩薩乘
사유. 상. 하역부여시. 이시. 시방면일일방유일보살승
六牙白象王。亦如普賢等無有異。如是十方無量無邊滿中
육아백상왕. 역여보현등무유이. 여시시방무량무변만중
化象。普賢菩薩神通力故。令持經者皆悉得見。是時。行
화상. 보현보살신통력고. 영지경자개실득견. 시시. 행
者見諸菩薩身心歡喜。爲其作禮。白言。大慈大悲者。愍
자견제보살신심환희. 위기작례. 백언. 대자대비자. 민
念我故。爲我說法。說是語時。諸菩薩等異口同音各說淸
염아고. 위아설법. 설시어시. 제보살등이구동음각설청
淨大乘經法。作諸偈頌讚歎行者。是名始觀普賢菩薩最初

正大승경법. 작제게송찬탄행자. 시명시관보현보살최초
境界。爾時。行者見是事已。心念大乘。晝夜不捨。於睡
경계. 이시. 행자견시사이. 심념대승. 주야불사. 어수
眠中夢見普賢爲其說法。如覺無異。安慰其心而作是言。
면중몽견보현위기설법. 여각무이. 안위기심이작시언.
汝所誦持。忘失是句。忘失。日日如是。其心漸利。普賢
여소송지. 망실시구. 망실. 일일여시. 기심점리. 보현
菩薩教其憶念十方諸佛。隨。 是偈。爾時。行者聞普賢菩
보살교기억념시방제불. 수. 시게. 이시. 행자문보현보
薩所說。深解義趣。憶持不忘妙。見一佛已。復見一佛。
살소설. 심해의취. 억지불망묘. 견일불이. 부견일불.
如是漸漸遍見東方一切諸佛。心相利故。遍見十方一切諸
여시점점변견동방일체제불. 심상리고. 변견시방일체제
佛。見諸佛已。心生歡喜而作是言。因大乘故得見大士。
불. 견제불이. 심생환희이작시언. 인대승고득견대사.
因大士力故得見諸佛。雖見諸佛猶未了了。閉目則見。
인대사력고득견제불. 수견제불유미료료. 폐목칙견.
開目則失。
개목칙실.

그 금빛 광명은 동쪽의 한량없는 세계를 비추어 모두가 금빛이 되게 하고, 남쪽, 서쪽, 북쪽, 네 간방[四維], 위아래도 모두 이와 같으니라.

그때에 열 방면의 낱낱 방위에 하나씩 보살이 있어, 여섯 어금니의 흰 코끼리를 타니 보현과 꼭 같아서 다름이 없느니라. 이렇듯 시방의 한량없고 끝없는 세계에 가득 찬 변화한 코끼리를 보현보살의 신통으로써 경을 지니는 이가 모두 보게 되리라.

이때에 행자가 모든 보살을 보고 몸과 마음이 기뻐서 그에게 예배하며 말하되 '대자대비하신 이여, 저를 불쌍히 여기시어 저에게 법을 말씀해 주옵소서'라고 할 적에 모든 보살들이 입을 모아 같은 소리로 제각기 청정한 대승경법을 말하고, 모든 게송을 지어 행자를 찬탄하리니, 이것을 비로소 보현보살의 최초의 경계를 관찰하는 것이라 하느니라.

그때에 행자가 이 일을 보고 마음속에 대승을 생각하여 밤낮으로 버리지 않으면, 잠자는 사이에 보현보살이 그에게 설법하는 꿈을 꾸리라.

깬 때와 다름없이 그 마음을 위로하면서 말하되 '그대가 외우는 것에서 이 구절을 잊었고 이 게송을 잊었는가' 하리라.

그때에 행자가 보현보살의 말을 듣고 깊이 뜻을 해득하여 기억하기를 잊지 않나니, 날마다 이렇게 하여 그 마음이 점점 영리해지느니라.

보현보살이 그로 하여금 시방의 모든 부처님을 생각하게 하니, 보현의 가르침을 따라 마음과 뜻을 바르게 하면 점점 마음의 눈[心眼]으로써 동방 부처님의 몸이 황금빛이어서 단엄(端嚴)하고 미묘하심을 뵙게 되리라.

한 부처님을 뵙고 다시 한 부처님을 뵙고, 이와 같이 점점 동방으로 온갖 부처님을 뵈며 마음이 점점 예리해지면, 시방의 온갖 부처님을 두루 보리라. 모든 부처님을 뵈옵고는 기쁜 마음을 내어 말하되 '대승(大乘)을 인하여 대사(大士)를 뵈었고, 대사의 힘 때문에 부처님을 뵈었습니다.
비록 모든 부처님을 보았으나 아직 분명하지 못하여, 눈을 감으면 보이고 눈을 뜨면 잃습니다' 하리라.

강설

"그 금빛 광명은 동쪽의 한량없는 세계를 비추어 모두가 금빛이 되게 하고, 남쪽, 서쪽, 북쪽, 네 간방[四維], 위아래도 모두 이와 같으니라.
그때에 열 방면의 낱낱 방위에 하나씩 보살이 있어, 여섯 어금니의 흰 코끼리를 타니 보현과 꼭 같아서 다름이 없느니라."

금빛 광명이 비치는 열 방향의 세계가 묘각을 얻었을 때 제도해야 하는 자기 불세계이다.
생멸문 안에서는 자기 원초신(源初神)이 펼쳐지는 범위이다. 육근청정이 성취되면서 점차로 자기 불세계가 갖추어지고 원초신이 발현된다.
제석천왕은 육근청정을 절반 정도 성취한 공덕으로 도리천의 천주가 되었다 한다.
육근(六根)의 바탕을 보게 되고 육단시(六段示)와 육념처관(六念處)이 이루어지면 그때부터 자기 원초신이 발현된다.

"...... 이것을 비로소 보현보살의 최초의 경계를 관찰하는 것이라 하느니라.
그때에 행자가 이 일을 보고 마음속에 대승을 생각하여 밤낮으로 버리지 않으면, 잠자는 사이에 보현보살이 그에게 설법하는 꿈을 꾸리라."

보현보살과 동법계를 이룬 뒤에도 6념처관을 지속적으로 행하게 되면 보현보살이 꿈속에서도 나타난다는 말씀이시다.

"깰 때와 다름없이 그 마음을 위로하면서 말하되 '그대가 외우는 것에서 이 구절을 잊었고 이 게송을 잊었는가' 하리라."

꿈속에서 나타나서 육근청정법을 가르쳐 준다는 말씀이시다.

"그때에 행자가 보현보살의 말을 듣고 깊이 뜻을 해득하여 기억하기를 잊지 않나니, 날마다 이렇게 하여 그 마음이 점점 영리해지느니라."

육근의 업식이 제도되고 식업이 청정해진다는 말씀이시다.

"보현보살이 그로 하여금 시방의 모든 부처님을 생각하게 하니, 보현의 가르침을 따라 마음과 뜻을 바르게 하면 점점 마음의 눈[心眼]으로써 동방 부처님의 몸이 황금빛이어서 단엄(端嚴)하고 미묘하심을 뵙게 되리라."

불념처관을 익히게 해준다는 말씀이시다.

"한 부처님을 뵙고 다시 한 부처님을 뵙고, 이와 같이 점점 동방으로 온갖 부처님을 뵈며 마음이 점점 예리해지면, 시방의 온갖 부처님을 두루 보리라."

모든 업식을 놓고 불념처관이 행해진다는 말씀이시다.

"모든 부처님을 뵈옵고는 기쁜 마음을 내어 말하되 '대승(大乘)을 인하여 대사(大士)를 뵈었고, 대사의 힘 때문에 부처님을 뵈었습니다. 비록 모든 부처님을 보았으나 아직 분명하지 못하여, 눈을 감으면 보이고 눈을 뜨면 잃습니다' 하리라."

견성을 해서 불념처관을 할 수는 있지만 아직까지 미숙하다는 말이다. 해탈도나 보살도로 나아가고 싶다는 뜻이다.

본문

作是語已。 五體投地遍禮十方佛。 禮諸佛已。 胡跪合掌而
작시어이. 오체투지편예시방불. 예제불이. 호궤합장이
作是言。諸佛世尊十力無畏。十八不共。大慈大悲三念處。
작시언. 제불세존십력무외. 십팔불공. 대자대비삼념처.
常在世間色中上色。我有何罪而不得見。說是語已。復更
상재세간색중상색. 아유하죄이부득견. 설시어이. 부갱
懺悔。懺悔淸淨已。普賢菩薩復更現前。行。住。坐。臥
참회. 참회청정이. 보현보살부경현전. 행. 주. 좌. 와
不。離其側。乃至夢中常爲說法。此人覺已。得法喜樂。
불. 리기측. 내지몽중상위설법. 차인각이. 득법희락.
如是晝夜經三七日。然後方得旋陀羅尼。得陀羅尼故。諸
여시주야경삼칠일. 연후방득선다라니. 득다라니고. 제
佛菩薩所說妙法憶持不失。亦常夢見過去七佛。唯釋迦牟
불보살소설묘법억지불실. 역상몽견과거칠불. 유석가모
尼佛爲其說法。是諸世尊各各稱讚大乘經典。爾時。行者
니불위기설법. 시제세존각각칭찬대승경전. 이시. 행자
復更懺悔。遍禮十方佛。禮十方佛已。普賢菩薩住其人前。
부갱참회. 편례시방불. 예시방불이. 보현보살주기인전.
教說宿世一切業緣。發露黑惡一切罪事。向諸世尊。口自
교설숙세일체업연. 발로흑악일체죄사. 향제세존. 구자
發露。旣發露已。尋時卽得諸佛現前三昧。得是三昧已。
발로. 기발로이. 심시즉득제불현전삼매. 득시삼매이.

발로. 기발로이. 심시즉득제불현전삼매. 득시삼매이.
見東方阿閦佛及妙喜國。了了分明。如是。十方各見諸佛
견동방아촉불급묘희국. 요요분명. 여시. 시방각견제불
上妙國土。了了分明。
상묘국토. 료료분명.

이렇게 말하고 나서 오체투지(五體投地)하여 두루 시방의 부처님께 예배하고, 예배를 마친 뒤에는 꿇어앉아 합장하고 여쭙되 '모든 부처님 세존의 10력(力), 무외(無畏), 18불공(不共), 대자대비, 3념처(念處)들은 항상 세간에 있어서 색 가운데 높은 색이거늘 저에게는 무슨 죄가 있어 보지 못합니까?' 하느니라.
이렇게 말하고는 다시 참회하느니라.
참회하기를 청정히 하면 보현보살이 다시 나타나서 다니고 멈추고 앉고 누울 적마다 그의 곁을 떠나지 않고, 나아가 꿈속에서도 항상 그에게 설법하리라.
그 사람이 깬 뒤에는 법희(法喜)의 즐거움을 얻나니, 이렇게 밤낮으로 삼칠일(三七日 : 21일)이 지난 뒤에야 바야흐로 선다라니(旋陀羅尼)를 얻으리라.
다라니를 얻은 까닭에 모든 부처님께서 말씀하신 묘한 법을 기억하여 잃지 않으며, 또한 항상 과거의 일곱 부처님을 뵈옵되, 오직 석가모니 부처님만이 그에게 법을 말씀하시고, 모든 세존께서는 각각 대승경전을 칭찬하시리라.

그때에 행자가 다시 참회하고 두루 시방의 부처님께 예배하나니, 시방의 부처님께 예배를 마치면 보현보살이 그 사람의 앞에 서서 지난 세상의 온갖 업연(業緣)을 가르치고 말하여 주리라.
검고 악한[黑惡] 모든 죄스러운 일을 드러내되 모든 세존을 향하여 자기의 입으로 드러낼지니, 드러내기를 마치면 곧 모든 부처님이 나타나시는 삼매를 얻으리라.
이 삼매를 얻으면 동방의 아촉불(阿閦佛)과 묘희(妙喜)나라를 보되, 자세하고 분명할 것이요, 이렇듯 시방에서 각각 모든 부처님의 높고 묘한 국토를 보되 또한 소상하고 분명하리라.

강설

"이렇게 말하고 나서 오체투지(五體投地)하여 두루 시방의 부처님께 예배하고, 예배를 마친 뒤에는 꿇어앉아 합장하고 여쭙되 '모든 부처님 세존의 10력(力), 무외(無畏), 18불공(不共), 대자대비, 3념처(念處)들은"

10력(力), 무외(無畏), 18불공(不共), 대자대비, 3념처(念處)는 부처님만이 갖고 있는 공덕이며 신통이다.
이 능력들을 갖고 싶다고 하는 것은 스스로가 부처가 되고 싶다고 서원하는 것이다.
육근원통을 이루는 것이 부처가 되는 시작이라는 의미가

내포된 대목이고, 이 단계에 들어오면 응당 성불발원을 해야 한다는 방향을 제시해 주는 말씀이다.

"세간에 있어서 색 가운데 높은 색이거늘 저에게는 무슨 죄가 있어 보지 못합니까?"

세간이란 육도윤회계를 말한다.
천상계 28천, 인간계, 축생계, 아수라계, 아귀계, 지옥계가 육도윤회계이며 세간이다.
'세간에 있어서 색 가운데 높은 색'이란 인간을 말한다.
인간은 세간을 이루고 있는 여섯 세계의 요소를 모두 갖추고 있는 유일한 생명이다.
부처님도 인간이고 나도 인간인데 나는 무슨 죄업이 있어서 10력(力), 무외(無畏), 18불공(不共), 대자대비, 3념처(念處)를 갖추지 못했느냐고 물어보라는 말씀이시다.

"이렇게 말하고는 다시 참회하느니라.
참회하기를 청정히 하면 보현보살이 다시 나타나서 다니고 멈추고 앉고 누울 적마다 그의 곁을 떠나지 않고, 나아가 꿈속에서도 항상 그에게 설법하리라.
그 사람이 깬 뒤에는 법희(法喜)의 즐거움을 얻나니, 이렇게 밤낮으로 삼칠일(三七日 : 21일)이 지난 뒤에야 바야흐로 선다라니(旋陀羅尼)를 얻으리라."

이때의 **참회는** 불념(佛念)참회이다.
무념·무심·간극에 머물러서 의식·감정·의지를 인식의 대상으로 삼지 않는 것이 불념참회이다.
'법희(法喜)의 즐거움'이란 밝은성품을 인식해서 법념처관에 들어가는 것이다.
'선다라니(旋陀羅尼)를 얻는다'는 것은 그 이후에 증득해야하는 선정과 삼매에 대한 방법을 제시해 준다는 말씀이시다.

"다라니를 얻은 까닭에 모든 부처님께서 말씀하신 묘한 법을 기억하여 잃지 않으며"

모든 부처님께서 말씀하신 묘한 법은 묘법연화경이다.

"또한 항상 과거의 일곱 부처님을 뵈옵되, 오직 석가모니 부처님만이 그에게 법을 말씀하시고, 모든 세존께서는 각각 대승경전을 칭찬하시리라."

과거 칠불이 모두 석가모니불의 또 다른 현신이라는 뜻이 내포되어 있다. 석가모니불이 일대사인연을 만들기 위해 과거겁에도 이 세상에 오셨었는데 여섯 부처님의 모습으로 오셨다는 의미이다.

"그때에 행자가 다시 참회하고 두루 시방의 부처님께 예배하나니, 시방의 부처님께 예배를 마치면 보현보살이 그 사람의 앞에 서서 지난 세상의 온갖 업연(業緣)을 가르치고 말하여 주리라."

이 가르침으로 숙명통을 얻게 되고 지난 생에서 체득했던 깨달음을 기억하게 된다.
그러면서 업식도 함께 발현된다.

"검고 악한[黑惡] 모든 죄스러운 일을 드러내되 모든 세존을 향하여 자기의 입으로 드러낼지니,"

지난 생에 업연이 깨어날 때 악업도 함께 깨어난다는 말씀이시다. 악업이 깨어나면 그 즉시 불념처관을 행하라는 말씀이시다.

'모든 세존을 향하여'란 무념·무심·간극에 머무는 것이다.

"드러내기를 마치면 곧 모든 부처님이 나타나시는 삼매를 얻으리라."

'악업으로 깨어나는 업식'이란 의식·감정·의지가 갖고 있는 이기성이다. 이기성을 제도하고 나면 모든 천념처(天念處)에서 불념처관이 순일하게 이루어진다는 말씀이시다.

"이 삼매를 얻으면 동방의 아촉불(阿閦佛)과 묘희(妙喜)나라를 보되, 자세하고 분명할 것이요, 이렇듯 시방에서 각각 모든 부처님의 높고 묘한 국토를 보되 또한 소상하고 분명하리라."

모든 척수막에서 불념처관이 이루어지고 천념이 행해지면 이와 같은 심신해상(深信解相)을 성취하게 된다는 말씀이시다. 이 과정에서 자기 불국토의 동방세계가 갖추어진다. 원초신도 동쪽 방향으로 확장된다.

본문

旣見十方佛已。夢象頭上有一金剛人。以金剛杵遍擬六根。
기견시방불이. 몽상두상유일금강인. 이금강저편의육근.
擬六根已。普賢菩薩爲於行者說六根淸淨懺悔之法。如是
의육근이. 보현보살위어행자설육근청정참회지법. 여시
懺悔一日至七日。以諸佛現前三昧力故。普賢菩薩說法莊
참회일일지칠일. 이제불현전삼매력고. 보현보살설법장
嚴故。耳漸漸聞障外聲。眼漸漸見障外事。鼻漸漸聞障外
엄고. 이점점문장외성. 안점점견장외사. 비점점문장외
香。廣說如妙法華經。得是六根淸淨已。身心歡喜無諸惡
향. 광설여묘법화경. 득시육근청정이. 신심환희무제악
相。心純是法。與法相應。復更得百千萬億旋陀羅尼。復

상. 심순시법. 여법상응. 부갱득백천만억선다라니. 부
更廣見百千萬億無量諸佛。是諸世尊各伸右手摩行者頭。
경광견백천만억무량제불. 시제세존각신우수마행자두.
而作是言。善哉善哉。行大乘者。發大莊嚴心者。念大乘
이작시언. 선재선재. 행대승자. 발대장엄심자. 염대승
者。我等昔日發菩提心時皆亦如汝。慇懃不失。我等先世
자. 아등석일발보리심시개역여여. 은근불실. 아등선세
行大乘故。今成淸淨正遍知身。汝今亦當勤修不懈。此大
행대승고. 금성청정정편지신. 여금역당근수불해. 차대
乘典。諸佛寶藏。十方三世諸佛眼目。出生三世諸如來種。
승전. 제불보장. 시방삼세제불안목. 출생삼세제여래종.
持此經者。卽持佛身。卽行佛事。當知。是人卽是諸佛所
지차경자. 즉지불신. 즉행불사. 당지. 시인즉시제불소
使。諸佛世尊衣之所覆。諸佛如來眞實法子。汝行大乘。
사. 제불세존의지소복. 제불여래진실법자. 여행대승.
不斷法種。汝今諦觀東方諸佛。說是語時。行者見東方一
부단법종. 여금체관동방제불. 설시어시. 행자견동방일
切無量世界地平如掌。無諸堆阜。丘陵。荊棘。琉璃爲地。
체무량세계지평여장. 무제퇴부. 구릉. 형극. 유리위지.
黃金閒側。十方世界亦復如是。
황금간측. 시방세계역부여시.

이미 시방의 부처님을 뵌 뒤에는 꿈에 코끼리 머리 위에 하나의 금강인(金剛人)이 있어 금강저를 가지고 두루 6근(根)에 대는 것을 보리라.

6근에 대면 보현보살이 행자를 위하여 6근이 청정해지는 참회의 법을 말하리라.

이렇게 참회하여 하루에서 이레에 이르면, 모든 부처님이 나타나시는 삼매의 힘 때문에, 보현보살의 설법이 장엄스럽기 때문에, 귀에는 점점 막힌 밖[障外]의 소리가 들리고, 눈에는 점점 막힌 밖의 일이 보이고, 코에는 점점 막힌 밖의 향기가 맡아지나니, 『묘법화경(妙法華經)』에서 자세하게 말한 것과 같으니라.

이렇게 하여 6근이 청정하여지면 몸과 마음이 기뻐 악한 모습이 없으며, 마음은 순전히 법이어서 법과 더불어 상응(相應)하느니라.

다시 백천만억 선다라니를 얻으며, 더욱 널리 백천만억 한량없는 부처님을 뵈오리라.

이 모든 세존은 각각 오른손을 펴 행자의 머리를 만지면서 말씀하시되, '장하고 장하도다. 대승을 행하는 이여, 크고 장엄한 마음을 일으킨 이여, 대승을 생각하는 이여, 우리들도 옛날에 보리심을 낼 적에 모두가 너희들과 같이 부지런하여 잃지 않았느니라.

우리들이 먼저 세상에 대승을 행하였던 까닭에 이제 청정한 정변지(正遍知)를 성취하였나니, 그대들도 또한 부지런히 닦아 잃지 말지니라.

이 대승경전은 모든 부처님의 보배 창고이며, 시방 삼세 모든 부처님의 안목(眼目)이어서, 삼세의 모든 여래의 종자를 나게 하느니라.
이 경을 지니는 이는 곧 부처님의 몸을 지니는 것이며, 부처님의 일을 하는 것임을 마땅히 알지니라.
이 사람은 모든 부처님의 사자(使者)이며, 모든 부처님 세존이 옷으로 덮으시는 바이며, 모든 부처님 여래의 참된 법자(法子)이니, 너희들이 대승을 행하되 법의 종자를 끊이지 않게 할지니라.
너희들은 지금 동쪽의 모든 부처님을 자세히 보라' 하시리라.
이렇게 말씀하실 때에 행자가 동쪽의 온갖 한량없는 세계를 보면 땅이 평평하여 손바닥 같으며, 쓰레기와 언덕과 구덩이와 가시나무가 없으며, 유리로 땅이 되고 황금이 사이사이 섞이었으며, 시방세계도 또한 그러하리라.

강설

"이미 시방의 부처님을 뵌 뒤에는 꿈에 코끼리 머리 위에 하나의 금강인(金剛人)이 있어 금강저를 가지고 두루 6근(根)에 대는 것을 보리라."

심신해상으로 시방의 부처님을 뵌 다음에는 꿈속에서 코끼리가 나오고 그 머리 위에 금강인이 있어서 금강저로 안,

이, 비, 설, 신, 의에 대는 것이 보인다는 말씀이시다.
금강인이 안, 이, 비, 설, 신, 의에 금강저를 대는 순서가 중요하다. 첫 번째 관행과 두 번째 관행의 순서대로 대는 것을 보고 그대로 따라 해야 한다.

먼저 안근(眼根)을 청정하게 하고 미심단에 머문다.
미심단에서 코로(鼻根) 들어가고 코에서 나와서 다시 눈(眼根)으로 들어가고 눈에서 나와서 귀(耳根)로 들어가고 귀에서 나와서 백회단를 비춘다.
백회단에서 몸의 촉감(身根)을 관찰하고 움직임을 관찰한다. 백회에서 발바닥까지 훑어 내려오면서 살갗의 촉감을 관찰한다.
이것이 육근청정의 첫 번째 관(觀)행이다.

다음으로 두 번째 관(觀)을 행한다.
미심단에 머물러서 보는 형질을 관찰한다.
비근(鼻根)을 관한다.
안근(眼根)을 관한다.
이근(耳根)을 관한다.
경수막관을 한다. 천념(天念)의 절차이다.

"6근에 대면 보현보살이 행자를 위하여 6근이 청정해지는 참회의 법을 말하리라."

육근이 청정해지는 참회의 법은 6단시(六段示)의 법이다. 각각의 6근을 본성단, 밝은성품단, 각성단, 업식단, 공유단, 식근단으로 구분해서 인식하고 각성단이 주체가 되어서 본성단과 업식단을 함께 비춰보는 것이 육근이 청정해지는 참회의 법이다.

"이렇게 참회하여 하루에서 이레에 이르면, 모든 부처님이 나타나시는 삼매의 힘 때문에, 보현보살의 설법이 장엄스럽기 때문에, 귀에는 점점 막힌 밖[障外]의 소리가 들리고, 눈에는 점점 막힌 밖의 일이 보이고, 코에는 점점 막힌 밖의 향기가 맡아지나니, 『묘법화경(妙法華經)』에서 자세하게 말한 것과 같으니라."

6단시로 참회하는 것이 7일 동안 지속되면 육근이 열려서 여섯 가지 신통이 생겨나게 된다는 말씀이시다.

"이렇게 하여 6근이 청정하여지면 몸과 마음이 기뻐 악한 모습이 없으며, 마음은 순전히 법이어서 법과 더불어 상응(相應)하느니라."

6단시를 하게 되면 식의 바탕이 청정해지고 밝은성품이 충만해져서 법념처관이 이루어진다는 말씀이시다.
식의 바탕이 청정해지는 것은 계념(戒念)이 이루어진 것이다. 육념처관을 행하기 이전에 먼저 6단시를 통해 진참회를 하는데 1일에서 7일 동안 하라는 말씀이시다.
그 과정을 통해서 6념처관을 할 수 있는 근기가 갖추어진다.

"다시 백천만억 선다라니를 얻으며, 더욱 널리 백천만억 한량없는 부처님을 뵈오리라."

백천만억 선다라니를 얻는다는 것은 척수막관을 할 수 있는 방법을 얻게 된다는 말씀이시다.
더욱 널리 백천만억 부처님을 뵙는다는 것은 각각의 막단에서 불념처관이 행해진다는 말씀이시다.

"이 모든 세존은 각각 오른손을 펴 행자의 머리를 만지면서 말씀하시되, '장하고 장하도다. 대승을 행하는 이여, 크고 장엄한 마음을 일으킨 이여, 대승을 생각하는 이여, 우리들도 옛날에 보리심을 낼 적에 모두가 너희들과 같이 부지런하여 잃지 않았느니라."

이렇게 육근청정을 이루는 것은 모든 부처님들이 행하셨던 대승수행이라는 말씀이시다.
틀림없는 수행법이니 그대로 나아가라는 독려의 말씀이시다.

"우리들이 먼저 세상에 대승을 행하였던 까닭에 이제 청정한 정변지(正遍知)를 성취하였나니, 그대들도 또한 부지런히 닦아 잃지 말지니라."

청정한 정변지란 육근의 모든 업식이 조그마한 틈도 없이 완전하게 제도된 상태를 말한다.

"이 대승경전은 모든 부처님의 보배 창고이며, 시방 삼세 모든 부처님의 안목(眼目)이어서, 삼세의 모든 여래의 종자를 나게 하느니라."

육근청정의 법을 다룬 이 경전이 모든 부처님의 보배 창고이며 새로운 부처님을 만들어내는 최고의 가르침이다.

"이 경을 지니는 이는 곧 부처님의 몸을 지니는 것이며, 부처님의 일을 하는 것임을 마땅히 알지니라."

'부처님의 몸'이란 일심법계를 말한다.
이 경을 통해서 일심법계를 이룰 수 있는 방법을 체득하게 된다는 말씀이시다.
'부처님의 일'이란 정토불사를 말한다.
부처님은 8천만억 화신불을 나투어서 정토불사를 행하신다. 이 경을 통해서 화신불을 나툴 수 있는 방법을 얻게 된다는 말씀이시다.

"이 사람은 모든 부처님의 사자(使者)이며, 모든 부처님 세존이 옷으로 덮으시는 바이며, 모든 부처님 여래의 참된 법자(法子)이니, 너희들이 대승을 행하되 법의 종자를 끊이지 않게 할지니라."

이 경을 배우고 익히는 사람이 부처님의 시자요, 부처님의 종지를 이은 사람이라는 말씀이시다.

"너희들은 지금 동쪽의 모든 부처님을 자세히 보라' 하시리라.
이렇게 말씀하실 때에 행자가 동쪽의 온갖 한량없는 세계를 보면 땅이 평평하여 손바닥 같으며, 쓰레기와 언덕과 구덩이와 가시나무가 없으며, 유리로 땅이 되고 황금이 사이사이 섞이었으며, 시방 세계도 또한 그러하리라."

이것이 자기가 성취한 불국토의 모습이다.
이 상태에서 다시 한번 더 심신해상을 하라는 말씀이시다.

본문

見是地已。卽見寶樹寶樹。高妙五千由旬。其樹常出黃金。
견시지이. 즉견보수보수. 고묘오천유순. 기수상출황금.
白銀。七寶莊嚴。樹下自然有寶師子座。其師子座高二十

백은. 칠보장엄. 수하자연유보사자좌. 기사자좌고이십
由旬。座上亦出百寶光明。如是諸樹及餘寶座。一一寶座
유순. 좌상역출백보광명. 여시제수급여보좌. 일일보좌
皆有自然五百白象。象上皆有普賢菩薩。爾時。行者禮諸
개유자연오백백상. 상상개유보현보살. 이시. 행자예제
普賢而作是言。我有何罪。但見寶地。寶座及與寶樹。不
보현이작시언. 아유하죄. 단견보지. 보좌급여보수. 불
見諸佛。作是語已。一一座上有一世尊。端嚴微妙而坐寶
견제불. 작시어이. 일일좌상유일세존. 단엄미묘이좌보
座。見諸佛已。心大歡喜。復更誦習大乘經典。大乘力故。
좌. 견제불이. 심대환희. 부경송습대승경전. 대승력고.
空中有聲而讚歎言。善哉善哉。善男子。汝行大乘功德因
공중유성이찬탄언. 선재선재. 선남자. 여행대승공덕인
緣。能見諸佛。今雖得見諸佛世尊。而不能見釋迦牟尼佛。
연. 능견제불. 금수득견제불세존. 이불능견석가모니불.
分身諸佛及多寶佛塔。聞空中聲已。復勤誦習大乘經典。
분신제불급다보불탑. 문공중성이. 부근송습대승경전.
以誦大乘方等經故。即於夢中見釋迦牟尼佛與諸大衆在者
이송대승방등경고. 즉어몽중견석가모니불여제대중재기
闍崛山說法華經。演一實義。教已懺悔。渴仰欲見。合掌
사굴산설법화경. 연일실의. 교이참회. 갈앙욕견. 합장
胡跪向者闍崛山而作是言。如來世雄常在世間。愍念我故。
호궤향기사굴산이작시언. 여래세웅상재세간. 민념아고.

爲我現身。
위아현신.

이러한 땅을 보면 곧 보배 나무를 보나니, 보배 나무는 묘하고 높아서 5천 유순이요, 그 나무에서는 항상 황금과 백은과 7보의 장엄이 나오며, 나무 밑에는 자연히 사자좌(師子座)가 있어 높이가 20유순이며, 사자좌 위에서는 또 백 가지 보배 광명이 나타나리라.
이와 같이 모든 나무와 다른 보배 자리도 그러하며, 낱낱 보배 자리에는 모두 자연히 5백 마리의 흰 코끼리가 있고, 코끼리 위에는 모두 보현보살이 있느니라.
그때에 행자는 여러 보현보살에게 예배하면서 말하되 '저는 무슨 죄가 있기에 다만 보배 땅과 보배 자리와 보배 나무만이 보이고, 모든 부처님은 보이지 않습니까?' 하리라.
이렇게 말한 뒤에 낱낱 자리 위에 한 분의 부처님이 단정하고 장엄하고 미묘하게 자리에 앉아 계심을 보리라.
모든 부처님을 보고 나서 마음이 대단히 기뻐서 다시 대승경전을 닦고 익히나니, 대승의 힘 때문에 공중에서 찬탄하는 소리가 들리되 '장하고 장하도다. 선남자여, 그대는 대승을 행하는 공덕과 인연 때문에 모든 부처님을 보느니라.
이제 비록 모든 부처님은 보았으나 석가모니 부처님과 몸을 나누신[分身] 모든 부처님과 다보불탑(多寶佛塔)은 보지 못하리라' 하느니라.

공중에서 이 소리가 난 뒤에 다시 부지런히 대승경전을 닦고 익히나니, 대승의 방등경전을 외우는 까닭에 꿈속에 석가모니 부처님이 모든 대중과 함께 기사굴산에 계시면서 『법화경』을 말씀하시어, 하나이며 실다운 뜻을 연설하시는 것을 보리라. 깨고 나서는 참회하고, 목마른 듯이 뵙고자 하고, 꿇어앉아 합장하고, 기사굴산을 향하여 말하되 '여래 세웅(世雄)께서는 항상 세간에 계시오니 저를 불쌍히 여기시어 저를 위해 몸을 나타내시옵소서'라고 하느니라.

강설

"⋯⋯ 이와 같이 모든 나무와 다른 보배 자리도 그러하며, 낱낱 보배 자리에는 모두 자연히 5백 마리의 흰 코끼리가 있고, 코끼리 위에는 모두 보현보살이 있느니라.
그때에 행자는 여러 보현보살에게 예배하면서 말하되 '저는 무슨 죄가 있기에 다만 보배 땅과 보배 자리와 보배 나무만이 보이고, 모든 부처님은 보이지 않습니까?' 하리라."

보배 나무와 보현보살을 심신해상하는 것은 되지만 부처님의 천백억화신을 심신해상하는 것은 안된다는 말씀이시다. 부처님에 대한 심신해상이 뚜렷하게 이루어지려면 반야해탈도를 성취한 다음에 능연(能緣) 부처님의 위신력과 깨달음에 대해 이해하고 있어야 한다.

본성을 놓고서 무념·무심·간극의 상태를 뚜렷하게 구분할 줄 아는 것이 반야해탈도가 성취된 것이다. 이 상태가 되어야 불념처관이 행해지고 낱낱의 경계 속에서 불성(佛性)과 불상(佛相)을 인식하게 된다.

능연 부처님의 위신력은 연기가 없는 새로운 여래장을 창조할 수 있는 능력과 무한한 수명을 갖고 계시는 것이다. 능연 부처님의 깨달음은 묘각 5지(妙覺五智)를 성취하신 것이다.
그 가르침을 받은 이후라야 심신해상이 시작된다.

"이렇게 말한 뒤에 낱낱 자리 위에 한 분의 부처님이 단정하고 장엄하고 미묘하게 자리에 앉아 계심을 보리라."

보현보살의 가르침으로 묘각 부처님에 대해서는 이해하게 되었다는 말씀이시다.

"모든 부처님을 보고 나서 마음이 대단히 기뻐서 다시 대승경전을 닦고 익히나니,"

육단시(六段示)를 계속해서 행하고 육념처관(六念處觀)을 닦는다는 말씀이시다.

"대승의 힘 때문에 공중에서 찬탄하는 소리가 들리되"

이근 청정(耳根淸淨)을 성취한 만큼 밖의 소리를 들을 수 있다.

"장하고 장하도다. 선남자여, 그대는 대승을 행하는 공덕과 인연 때문에 모든 부처님을 보느니라. 이제 비록 모든 부처님은 보았으나 석가모니부처님과 몸을 나누신(分身) 모든 부처님과 다보불탑(多寶佛塔)은 보지 못하리라' 하느니라."

묘각도는 이해했지만 묘각 5지와 능연지력(能緣智力), 수능엄삼매, 불(佛)의 무한 수명(無限壽命)에 대해서는 이해하지 못했다는 말씀이시다.
다보 부처님은 수능엄삼매와 무한 수명의 상징이시다.
그 부분에 대한 이해를 얻는 것이 그만큼 힘들다는 말씀이시다.

"공중에서 이 소리가 난 뒤에 다시 부지런히 대승경전을 닦고 익히나니, 대승의 방등경전을 외우는 까닭에 꿈속에 석가모니부처님이 모든 대중과 함께 기사굴산에 계시면서 『법화경』을 말씀하시어, 하나이며 실다운 뜻을 연설하시는 것을 보리라. 깨고 나서는 참회하고, 목마른 듯이 법고자 하고, 꿇어 앉아 합장하고, 기사굴산을 향하여 말하되 '여래 세웅(世雄)께서는 항상 세간에 계시오니 저를 불쌍히 여기시어 저를 위해 몸을 나타내시옵소서'라고 하느니라."

능연 부처님의 깨달음과 위신력에 대해 이해가 되면 먼저 꿈속에서 심신해상이 이루어진다는 말씀이시다.
'꿈속'이란 아직까지 대적정에 들어가지 못한 상태를 비유한 말씀이다.
대적정을 성취하기 전에는 모든 중생이 꿈속에서 살아가는 것이다. 아직까지 대적정을 얻지 못했어도 심신해상이 이루어진다는 의미이다.
묘법연화경에서는 심신해상을 할 줄 아는 것이 아라한과에 들어간 것보다 더 큰 공덕이 있다고 하셨다.

『법화경』을 말씀하시어, 하나이며 실다운 뜻을 연설하시는 것을 보리라.

'하나이며 실다운 뜻'이란 본성의 여실상(如實相)을 말한다. 법화경에서는 능연(能緣)으로 무념과 무심이 한자리를 이루고 적멸상(寂滅相)이 드러나는 이치에 대해서 말씀해 주셨다.

본문

作是語已。見耆闍崛山七寶莊嚴。無數比丘。聲聞大衆。

작시어이. 견기사굴산칠보장엄. 무수비구. 성문대중.
寶樹行列。寶地平正。復鋪妙寶師子之座。釋迦牟尼佛放
보수행렬. 보지평정. 부포묘보사자지좌. 석가모니불방
眉間光。其光遍照十方世界。復過十方無量世界。此光至
미간광. 기광편조시방세계. 부과시방무량세계. 차광지
處。十方分身釋迦牟尼佛一時雲集。廣說如妙法華經。
처. 시방분신석가모니불일시운집. 광설여묘법화경.
一一分身佛。身紫金色。身量無邊。坐師子座。百億無量
일일분신불. 신자금색. 신량무변. 좌사자좌. 백억무량
諸大菩薩以爲眷屬。一一菩薩行同普賢。如此十方無量諸
제대보살이위권속. 일일보살행동보현. 여차시방무량제
佛。菩薩眷屬。亦復如是。大衆集已。見釋迦牟尼佛擧身
불. 보살권속. 역부여시. 대중집이. 견석가모니불거신
毛孔人相光。其光流入釋迦牟尼佛頂。見此相時。分身諸
모공인상광. 기광유입석가모니불정. 견차상시. 분신제
佛一放金色光。一一光中有百億化佛。諸分身佛放眉間白
불일방금색광. 일일광중유백억화불. 제분신불방미간백
毫大切毛孔出金色光。一一光中復有恒河沙微塵數化佛。
호대체모공출금색광. 일일광중부유항하사미진수화불.
爾時。普賢菩薩復放眉間大人相光入行者心。旣入心已。
이시. 보현보살부방미간대인상광입행자심. 기입심이.
行者自憶過去無數百千佛所受持讀誦大乘經典, 自見故身
행자자억과거무수백천불소수지독송대승경전. 자견고신

了了分明． 如宿命通等無有異． 豁然大悟． 得旋陁羅尼．
료료분명． 여숙명통등무유이． 활연대오． 득선다라니．
百千萬億諸陁羅尼門， 從三昧起， 面見一切分身諸佛衆寶
백천만억제다라니문． 종삼매기． 면견일체분신제불중보
樹下坐師子牀． 復見琉璃地如蓮華聚， 從下方空中踊出．
수하좌사자상． 부견유리지여연화취． 종하방공중용출．
一一華間有微塵數菩薩結加趺坐．
일일화간유미진수보살결가부좌．

이렇게 말하고 기사굴산을 보면 7보가 장엄하고 헤아릴 수 없는 비구와 성문 대중이 있느니라.
보배 나무는 줄지어 있고 보배 땅은 평평하고 바르며, 다시 묘한 보배의 사자좌를 펴놓았느니라.
석가모니 부처님이 눈썹 사이로 광명을 놓으시니, 그 광명이 두루 시방세계를 비추며, 다시 시방의 한량없는 세계에 이르느니라.
그 광명이 이르는 곳에는 시방으로 몸을 나누었던 석가모니 부처님이 일시에 구름같이 모이리니, 『묘법화경』에 자세하게 말한 것과 같으니라.
낱낱 몸을 나누신 부처님의 몸은 붉은 금빛이요, 분량은 끝없으며, 사자좌에 앉으시어 백억 한량없는 큰 보살로써 권속을 삼느니라.
낱낱 보살의 행이 보현과 같나니, 이렇듯 시방의 한량없는 모든 부처님께 보살들이 권속되는 것도 이와 같으니라.
대중이 모인 뒤에 석가모니 부처님을 뵈면 온 몸의 털구멍에서 금빛 광명을 놓으시리니, 낱낱 광명 속에서는 백억의 변화한 부처님과 몸을 나눈 모든 부처님이 눈썹 사이의 백호에서 대인상(大人相) 광명을 놓느니라.
그 광명이 석가모니 부처님의 정수리로 흘러드나니, 이러한 모습을 볼 때에 몸을 나눈 모든 부처님의 온갖 털구멍에서도 금빛 광명이 나오고, 낱낱 광명 가운데는 다시 항하사의 티끌 같은 변화한 부처님이 계시느니라.
그때에 보현보살이 다시 눈썹 사이에서 대인상 광명을 놓아 행자의 마음으로 들어가게 하느니라.
마음으로 광명이 들어간 뒤에는 행자 스스로가 과거 헤아릴 수 없는 백천 부처님에게 받아지니고 외우던 대승경전을 기억하며, 스스로의 옛 몸을 보되 소상하고 분명하여 숙명통(宿命通)과 똑같아 다름이 없느니라.
활연(豁然)히 크게 깨달아 선다라니와 백천만억 모든 다라니문을 얻고, 삼매에서 일어나서는 몸을 나누신 온갖 부처님이 뭇 보배 나무 밑의 사자좌 위에 앉으신 것을 똑똑히 뵈옵게 되리라. 그리고 유리의 땅에서 연꽃 뭉치가 아래쪽 허공으로부터 솟아 나오리니, 낱낱 꽃 사이에 티끌 수효 같은 보살이 가부좌를 맺고 앉은 것을 보리라.

강설

"이렇게 말하고 기사굴산을 보면 7보가 장엄하고 헤아릴 수 없는 비구와 성문 대중이 있느니라.
보배 나무는 줄지어 있고 보배 땅은 평평하고 바르며, 다시 묘한 보배의 사자좌를 펴놓았느니라."

능연(能緣)의 이치와 여실상(如實相)의 이치를 알게 되면 비로소 영산회상에 대한 심신해상(深信解相)이 이루어진다는 말씀이시다.

"석가모니 부처님이 눈썹 사이로 광명을 놓으시니, 그 광명이 두루 시방세계를 비추며, 다시 시방의 한량없는 세계에 이르느니라.
그 광명이 이르는 곳에는 시방으로 몸을 나누었던 석가모니부처님이 일시에 구름같이 모이리니, 『묘법화경』에 자세하게 말한 것과 같으니라."

석가모니 부처님이 분신불들을 소환하는 모습을 보면서 '그와 같은 신통이 어떤 방법으로 성취되는가?' 라는 의문을 일으켜야 한다. 그래야만이 수능엄삼매에 대한 과지법을 성취하게 된다.

"낱낱 몸을 나누신 부처님의 몸은 붉은 금빛이요, 분량은 끝없으며, 사자좌에 앉으시어 백억 한량없는 큰 보살로써 권속을 삼느니라.
낱낱 보살의 행이 보현과 같나니, 이렇듯 시방의 한량없는 모든 부처님께 보살들이 권속되는 것도 이와 같으니라."

낱낱의 분신불들이 보현보살과 같은 10지보살들을 거느리고 계시다는 말씀이시다.
이는 분신불들이 허상이 아니고 실상이라는 의미이다.

"대중이 모인 뒤에 석가모니 부처님을 뵈면 온 몸의 털구멍에서 금빛 광명을 놓으시리니, 낱낱 광명 속에서는 백억의 변화한 부처님과 몸을 나눈 모든 부처님이 눈썹 사이의 백호에서 대인상(大人相) 광명을 놓느니라."

'대인상 광명'이란 사람 모양을 하고 있는 광명을 말한다. 양신배양을 통해 백호광을 체득한 경우에 나타나는 현상이다. 대인상 광명을 보여주시는 것은 수능엄삼매의 성취가 양신배양에서 시작된다는 것을 알려주는 것이다.

"그 광명이 석가모니 부처님의 정수리로 흘러드나니, 이러한 모습을 볼 때에 몸을 나눈 모든 부처님의 온갖 털구멍에서도 금빛 광명이 나오고, 낱낱 광명 가운데는 다시 항하사의 티끌 같은 변화한 부처님이 계시느니라."

분신부처님들의 미심에서 나온 대인상 광명이 석가모니 부처님의 정수리로 들어가는 것을 보여주는 것이다.
본신(本身)과 분신(分身)이 동법계를 이루는 과정을 보여주는 것이다.
상상만 해도 장엄한 광경이다.
석가모니 부처님을 중심으로 해서 천백억분신불들이 모여 있고 그 상태에서 천백억의 대인상광명들이 석가모니 부처님의 정수리로 들어가고 있다.
누군가가 그 모습을 보게 된다면 절대로 그 기억들을 잃어버리지 않을 것이다.
그 공덕으로 언젠가는 수능엄삼매를 성취하게 된다.

"그때에 보현보살이 다시 눈썹 사이에서 대인상 광명을 놓아 행자의 마음으로 들어가게 하느니라."

행자가 그 모습을 보게 되면 보현보살도 대인상 광명을 놓아서 행자의 마음속으로 들어간다는 말씀이시다.
보현보살과 행자가 대인상광명을 통해서 동법계를 이룬다는 말씀이시다.

"마음으로 광명이 들어간 뒤에는 행자 스스로가 과거 헤아릴 수 없는 백천 부처님에게 받아 지니고 외우던 대승경전을 기억하며, 스스로의 옛 몸을 보되 소상하고 분명하여 숙명통(宿命通)과 똑같아 다름이 없느니라."

보현보살과 동법계를 이룬 행자는 과거생에 깨달았던 모든 깨달음을 다시 기억하게 된다는 말씀이시다.

"활연(豁然)히 크게 깨달아 선다라니와 백천만억 모든 다라니문을 얻고, 삼매에서 일어나서는 몸을 나누신 온갖 부처님이 뭇 보배 나무 밑의 사자좌 위에 앉으신 것을 똑똑히 뵈옵게 되리라."

보현보살과 동법계를 이룬 다음에는 모든 선정법과 삼매법을 갖추게 된다는 말씀이시다.
그런 다음에 완전하게 심신해상(深信解相)이 이루어진다는 말씀이시다.

본문

亦見普賢分身菩薩在彼衆中讚歎大乘。時。諸菩薩異口同
역견보현분신보살재피중중찬탄대승. 시. 제보살이구동
音教於行者清淨六根。或有說言。汝當念佛。或有說言。
음교어행자청정육근. 혹유설언. 여당염불. 혹유설언.
汝當念法。或有說言。汝當念僧。或有說言。汝當念戒。
여당염법. 혹유설언. 여당염승. 혹유설언. 여당염계.

或有說言。汝當念施。或有說言。汝當念天。如此六法是
혹유설언. 여당염시. 혹유설언. 여당염천. 여차육법시
菩提心。生菩薩法。汝今應當於諸佛前發露先罪。至誠懺
보리심. 생보살법. 여금응당어제불전발로선죄. 지성참
悔。於無量世眼根因緣貪著諸色。以著色故。貪愛諸塵。
회. 어무량세안근인연탐착제색. 이착색고. 탐애제진.
以愛塵故。受女人身。世世生處惑著諸色。色壞汝眼。爲
이애진고. 수여인신. 세세생처혹착제색. 색괴여안. 위
恩愛奴。色使使汝經歷三界。爲此弊使。盲無所見。今誦
은애노. 색사사여경력삼계. 위차폐사. 맹무소견. 금송
大乘方等經典。此經中說。十方諸佛色身不滅。汝今得見。
대승방등경전. 차경중설. 시방제불색신불멸. 여금득견.
審實爾不。眼根不善。傷害汝多。隨順我語歸向諸佛。釋
심실이부. 안근불선. 상해여다. 수순아어귀향제불. 석
迦牟尼說汝眼根所有罪咎。諸佛菩薩慧明法水願以洗除。
가모니설여안근소유죄구. 제불보살혜명법수원이세제.
令我淸淨。作是語已。遍禮十方佛。向釋迦牟尼佛。大乘
영아청정. 작시어이. 편례시방불. 향석가모니불. 대승
經典。復說是言。我今所懺眼根重罪障蔽穢濁。盲無所見。
경전. 부설시언. 아금소참안근중죄장폐예탁. 맹무소견.
願佛大慈哀愍覆護。普賢菩薩乘大法船普度一切。十方無
원불대자애민복호. 보현보살승대법선보도일체. 시방무
量諸菩薩伴唯願慈哀。聽我悔過眼根不善惡業障法。

량제보살반유원자애. 청아회과안근불선악업장법.

또 보현의 몸을 나눈 보살들이 그 무리 안에서 대승을 찬탄하는 것을 보리니, 그때에 모든 보살이 입을 모아 같은 소리로 행자에게 6근을 맑히는 법을 가르치리라.
혹은 말하되 '그대는 부처를 생각하라[念]' 하고, 혹은 말하되 '그대는 법을 생각하라' 하고, 혹은 말하되 '그대는 승(僧)을 생각하라' 하고, 혹은 말하되 '그대는 계(戒)를 생각하라' 하고, 혹은 말하되 '그대는 보시를 생각하라' 하고, '그대는 하늘을 생각하라' 하리라.
이러한 여섯 가지 법은 보리심이며 보살을 나게 하는 법이니, 그대들은 마땅히 모든 부처님의 앞에서 먼저 죄를 참회할지니라.
한량없는 세상에서는 눈의 인연으로 모든 색(色)을 탐내었나니, 색에 집착한 까닭에 모든 티끌을 사랑하였고, 티끌을 사랑한 까닭에 여인의 몸을 받아들여 세상에 태어나는 곳마다 모든 색에 미혹하여 집착하느니라.
색은 그대의 눈을 망가뜨려 은혜와 애정의 종[奴]이 되게 하며, 색은 그대로 하여금 삼계를 돌아다니게 하나니, 이 때문에 이 남루한 종[幣使]은 눈이 멀어 보이는 바가 없느니라.
이제 대승 방등경을 읽어라.
이 경전에 말씀하시기를 〈시방의 부처님들의 색신(色身)은 멸하지 않는다〉 하셨나니, 그대들은 지금 자세히 살펴보았는가? 눈은 착하지 못하여 그대들을 해치는 일이 많으니, 나의 말을 수순하여 모든 부처님께 귀의하라.
석가모니는 그대들에게 눈에 있는 죄를 말씀하여 주노니, '모든 부처님과 보살의 지혜롭고 법다운 물로써 씻어 주시어 저로 하여금 청정하게 하옵소서' 하라.
이렇게 말하고는 두루 시방의 부처님께 예배하고, 석가모니불과 대승경전을 향하여 다시 말하되 '제가 지금 참회하는 눈[眼根]의 무거운 죄는 막히고 가리고 더럽고 흐리어서 깜깜하니, 보이는 것이 없사옵니다.
바라옵건대 부처님께서는 크게 사랑하시고 불쌍히 여기시어 덮어 보호해 주옵소서. 보현보살은 큰 법의 배를 타고 널리 시방의 한량없는 보살들을 건지시나니, 바라옵건대 사랑하고 불쌍히 여기시어 제가 뉘우치는 눈의 착하지 못하고 나쁜 업을 막는 방법을 가르쳐 주옵소서' 하라.

강설

"또 보현의 몸을 나눈 보살들이 그 무리 안에서 대승을 찬탄하는 것을 보리니, 그때에 모든 보살이 입을 모아 같은 소리로 행자에게 6근을 맑히는 법을 가르치리라.
혹은 말하되 '그대는 부처를 생각하라[念]' 하고, 혹은 말하되 '그대는 법을 생각하라' 하고, 혹은 말하되 '그대는 승(僧)을 생각하라' 하고, 혹은 말하되 '그대는 계(戒)를 생각하라' 하고, 혹은 말하되 '그대는 보시를 생각하라' 하고, '그대는 하늘을 생각하라' 하리라."

6근을 청정하게 하는 6념처관을 말씀하시는 것이다.
불념처관(佛念處觀), 법념처관(法念處觀), 승념처관(僧念處觀), 계념처관(戒念處觀), 시념처관(施念處觀), 천념처관(天念處觀)에 대해 말씀하고 계시다.

식의 바탕을 청정하게 하기 위해 6념처관을 하려면 먼저 여섯 가지 식근(六識根)의 상태를 인식할 수 있어야 한다. 그러기 위해 활용되는 것이 계념법(繫念法)이다.
계념(繫念)이란 원하는 부위를 관찰하기 위해서 각성(覺性)을 그 자리에 머물게 하는 방법이다.
6념처의 계념(戒念)과는 다른 방법인데 공통된 점이 있기도 하다.
계념(繫念)으로 식근(識根)을 인식할 때는 열두 개의 단(檀)이 함께 쓰여진다.
계념(繫念)을 하려면 먼저 식근을 인식하는 순서를 알아야 한다.
안근(眼根)의 상태를 인식하고 비근(鼻根)의 상태를 인식하고 미심단에 머문다. 그런 다음에 이근(耳根)의 상태를 인식하고 설근(舌根)의 상태를 인식한다. 설근을 통해 백회단으로 올라간다. 백회단에 머물러서 설근-이근-미심단-비근-안근의 순서대로 4근(四根)의 바탕을 들여다본다.

백회단과 회음단을 함께 인식한다.
그 상태에서 중간 기둥의 느낌을 주시한다.
중간 기둥의 느낌을 주시할 때는 머릿속에 세워진 설근의 느낌을 활용한다. 혀끝을 입천장에 두고 지긋하게 힘을 가한다. 그런 다음에 혀끝의 압력으로 머릿속에서 억제된 느낌을 명확하게 인식한다.
머릿속 억제된 느낌을 경수를 따라서 척수로 끌고 내려온다. 척수를 통과할 때는 각각의 분절을 인식해 보고 중극단과 황중단, 황정단의 위치를 가늠해 본다.
회음까지 내려와서 그 자리에 머문다.
회음단과 백회단을 연결해 놓고 뇌와 척수에서 일어나는 유동을 주시한다. 경수 2번에 계념(繫念)하고 백회와 회음을 같이 지켜보면서 안 몸의 유동을 느껴본다.
느린 웨이브가 머리와 척수 사이에서 인식되면 다음 과정으로 넘어간다.
이것이 신근(身根)의 안 몸을 관찰하는 방법이다.
다음은 신근의 바깥 몸 관찰법이다.

회음단과 발바닥의 용천혈을 함께 인식한다.
회음단에서 혈관의 박동을 인식한다.
왼쪽 발 용천혈에서 혈관의 박동을 인식한다.
회음단의 혈관 박동과 왼쪽 발 용천혈의 혈관 박동을 함께 인식한다.

왼쪽 용천혈의 박동을 엄지발가락 끝으로 끌고 간다.
엄지발가락 끝에서 혈관 박동을 느끼면서 살갖의 감각을 관찰한다. 살갖에서 심장박동을 느끼면서 살갖이 부풀어오른 것 같은 느낌을 함께 인식한다.
마치 부운 것처럼 부~하게 부풀어있는 느낌이다.
그 느낌이 느껴지는 공간을 들여다본다.
시각적으로도 들여다보고 감각적으로도 들여다본다.
그 공간의 색깔을 들여다본다.
검은색으로 인식되면 그 자리에 머물러서 계념(繫念)한다.
청색과 황색으로 인식되어도 그 자리에 머무른다.
백색으로 인식되면 살갖의 표면을 따라서 발목으로 올라오고 장딴지, 허벅지를 거쳐서 회음까지 올라간다.
이때 엄지발가락 끝에서 인식되었던 백색 빛을 회음단까지 함께 끌고 온다.
똑같은 방법으로 오른쪽 용천혈과 회음단을 연결시킨다.
왼쪽과 같은 방법으로 백색 빛을 인식하고 회음까지 이끌어 온다. 회음단에서 백색의 빛무리를 인식한다.
그 자리에 머물러서 등 쪽 척추를 올려다본다.
살갖의 표면에서 인식한 백색의 빛무리가 신근(身根)의 바탕이다.
척추의 피부를 타고 머리 쪽으로 백색 빛을 이끌어간다.
살갖의 감각과 백색 빛을 함께 주시하면서 꼬리뼈를 타고 척추를 거쳐서 경추로 올라간 다음에 머릿속으로 들어간다. 머릿속에서는 혓바닥으로 세워진 억제된 느낌과 합쳐진다. 그런 다음 백회 아래 지점에서 머문다.
백회 아래 지점과 엄지발가락 끝을 일치시킨다.
엄지발가락의 느낌을 백회 아래 지점에서 느낀다.
엄지발가락을 느린 속도로 조금씩 구부렸다 펴주면서 그 감각을 백회 하부에서 인식한다.
발가락이 부풀어 오른 공간에서 백색 빛을 인식한다.
그 빛으로 머릿속 공간을 가득 채운다.

신근(身根)의 바탕을 인식한 다음에는 의근(意根)의 바탕을 인식한다. 의근의 바탕은 신근의 안 몸에서 세워진다.
머릿속을 가득 채우고 있는 백색의 빛무리를 안 몸 경로로 끌어내린다.
혓바닥으로 억제되어있는 머릿속의 기둥을 뇌줄기를 따라서 한마디씩 아래쪽으로 이동시킨다.
그러면서 백색 빛도 함께 이동시킨다.
대뇌피질단에 머물러서 백색의 빛무리를 인식하고 공간의 형질을 들여다본다. 맑고 투명한 공간이 인식되면 식근(意根)의 바탕이 드러난 것이다.
그 상태에 머물러서 안근(眼根)의 바탕을 들여다본다.
망막의 투명한 상태가 인식되면 의근(意根)의 상태와 연결시킨다. 피질단에서 인식되던 맑고 투명한 느낌이 망막의 투명함과 서로 연결된다.

그 상태에 머물러서 서로 다른 식근(識根)의 상태를 비교해 본다. 뚜렷하게 차이가 인식되면 비근(鼻根)으로 들어간다. 호흡이 들고나면서 느껴지는 맑고 청량한 느낌을 들여다본다. 그 느낌과 의근(意根)의 상태를 비교해 본다. 차이가 느껴지면 의근(意根)과 신근(身根), 안근(眼根), 비근(鼻根)의 상태를 함께 지켜본다.
서로 다른 차이가 명확하게 구분되면 이근(耳根)으로 들어간다. 양쪽 귀속에서 텅 빈 소리의 뜨락을 인식한다.
소리의 뜨락과 의근(意根)을 함께 지켜본다.
서로 다른 차이가 느껴지면 의근(意根), 신근(身根), 안근(眼根), 비근(鼻根), 이근(耳根)의 상태를 함께 지켜본다.
설근(舌根)으로 들어간다.
설근(舌根)의 공간과 의근(意根)의 공간이 중첩된 상태를 인식하면서 맛을 떠올려본다. 설근의 공간에서 맛의 느낌을 들여다본다.
대뇌피질단에 머물러서 육근의 바탕을 함께 인식한다.
의근(意根)의 바탕과 오근(五根)의 바탕이 서로 동화되는 것을 인식한다.
의근(意根)의 바탕으로 오근(五根)의 바탕이 씻어지면서 점차로 동화가 일어난다.
의근의 맑고 투명한 느낌이 오근에서 느껴지면 대뇌변연계단으로 한 계단 내려간다.
변연계단에서도 똑같은 순서대로 의근(意根)의 맑고 청정함을 인식하고 의근(意根)과 오근(五根)을 서로 연결한다. 육근이 동화되면 시상단으로 내려간다.
시상단에서도 똑같은 방법으로 육근을 동화시킨다.
그런 다음에는 중뇌단, 교뇌단, 연수단, 경수 1, 2, 3, 4, 5, 6, 7, 8번단, 흉수 1, 2, 3, 4, 5, 6, 7, 8, 9, 10, 11, 12번단, 요수 1, 2, 3, 4, 5번단, 천수 1, 2, 3, 4, 5, 6번단을 차례로 내려간다. 각 단에서 육근이 동화되면 육근의 바탕이 드러난 것이다.

육근(六根)의 바탕을 인식한 다음에는 식의 바탕을 여섯 단(六段)으로 구분해서 볼 줄 알아야 한다. 그것을 6단시(六段示)라 한다.
6단시가 이루어지려면 먼저 본성을 인식해야 한다.
본성을 인식한 다음에 본성과 식의 바탕을 함께 인식할 수 있어야 6단시(六段示)가 이루어진다.
6단시의 주체는 각성(覺性)이다.
각성이 무위각(無爲覺)으로 전환되어서 본성과 식의 바탕을 함께 주시하다 보면 그 상태에서 밝은성품과 업식, 외처(外處)의 경계를 함께 인식하게 된다.
이 과정에서 6단시가 저절로 이루어진다.
6단시를 하는 목적은 업식과 외처의 경계를 제도해서 원통식을 성취하기 위해서이다. 원통식은 불공여래장을 이루는 바탕이 된다. 나중 일심법계를 이루었을 때는 불식(佛

識)으로 전환된다.

본성과 식의 바탕 사이에는 밝은성품과 업식(業識), 업식과 외처(外處)가 교류하는 공유단이 있다.

밝은성품은 본성의 간극에서 생성된다.

업식은 6식, 7식, 8식으로 이루어진 업신단에서 표출된다. 의근(意根)에 내장되어 있다.

공유단은 대뇌변연계와 피질연합령에 있다.

외처에서 유입된 인식정보와 내처에서 떠오른 업식이 공유단에서 교류하게 된다.

육근의 바탕을 인식하게 되고 6단시(六段示)가 이루어지면 이때 비로소 육념처관이 행해질 수 있다.

불념처관(佛念處觀)은 본성을 이루고 있는 무념·무심·간극의 상태를 관하는 것이다. 6단시 중에 본성단에 계념(繫念)하는 것이다.

법념처관(法念處觀)은 본성과 밝은성품을 함께 관하는 것이다. 육단시 중에 본성단과 밝은성품단을 함께 계념(繫念)하는 것이다.

승념처관(僧念處觀)은 본성과 식의 바탕을 함께 인식하고, 업식과 외처를 함께 인식하며, 각성이 밝은성품의 기쁨에 치우치지 않도록 해서 공유단의 상태를 명확하게 인식하는 것이다.

시념처관(施念處觀)은 내처의 업식과 외처의 경계를 자비롭게 인식해서 제도의 대상으로 삼는 것이다.
계념처관(戒念處觀)은 내처의 업식과 외처의 모든 경계에 대해서 식의 바탕으로 비춰주는 것이다.
천념처관(天念處觀)은 오념처관(五念處觀)을 통해 제도한 내처와 외처의 업식들을 의근(意根)의 바탕에 내장하는 것이다.

"이러한 여섯 가지 법은 보리심이며 보살을 나게 하는 법이니"

육념처관법이 보살을 나게 하는 대승법이라는 말씀이시다.
소승법에서는 생멸심을 멸진(滅盡)의 대상으로 삼는다.
하지만 대승법에서는 원통식(圓通識)의 바탕으로 활용한다.

"그대들은 마땅히 모든 부처님의 앞에서 먼저 죄를 참회할지니라.
한량없는 세상에서는 눈의 인연으로 모든 색(色)을 탐내었나니, 색에 집착한 까닭에 모든 티끌을 사랑하였고, 티끌을 사랑한 까닭에 여인의 몸을 받아들여 세상에 태어나는 곳마다 모든 색에 미혹하여 집착하느니라.
색은 그대의 눈을 망가뜨려 은혜와 애정의 종[奴]이 되게 하며, 색은 그대로 하여금 삼계를 돌아다니게 하나니, 이 때문에 이 남루한 종[弊使]은 눈이 멀어 보이는 바가 없느니라."

본성을 망각하고 육근의 업식에 끄달려서 살아온 삶을 참회하라는 말씀이시다.
이 참회가 이루어져야 육근이 또 다른 업식에 물들지 않게 된다.

"이제 대승 방등경을 읽어라.
이 경전에 말씀하시기를 〈시방의 부처님들의 색신(色身)은 멸하지 않는다〉 하셨나니, 그대들은 지금 자세히 살펴보았는가?"

다보여래께서 그 몸으로 증명하셨고 능연불(能緣佛)이신 석가여래께서 틀림없이 말씀하셨다.

"눈은 착하지 못하여 그대들을 해치는 일이 많으니, 나의 말을 수순하여 모든 부처님께 귀의하라.
석가모니는 그대들에게 눈에 있는 죄를 말씀하여 주노니, '모든 부처님과 보살의 지혜롭고 법다운 물로써 씻어 주시어 저로 하여금 청정하게 하옵소서' 하라.
이렇게 말하고는 두루 시방의 부처님께 예배하고, 석가모니불과 대승경전을 향하여 다시 말하되 '제가 지금 참회하는 눈[眼根]의 무거운 죄는 막히고 가리고 더럽고 흐리어서 깜깜하니, 보이는 것이 없사옵니다.
바라옵건대 부처님께서는 크게 사랑하시고 불쌍히 여기시

어 덮어 보호해 주옵소서.
보현보살은 큰 법의 배를 타고 널리 시방의 한량없는 보살들을 건지시나니, 바라옵건대 사랑하고 불쌍히 여기시어 제가 뉘우치는 눈의 착하지 못하고 나쁜 업을 막는 방법을 가르쳐 주옵소서' 하라."

석가모니 부처님에게 육근청정의 법을 간절하게 구하라는 말씀이시다.

본문

如是三說。五體投地。正念大乘。心不忘捨。是名懺悔眼
여시삼설. 오체투지. 정념대승. 심불망사. 시명참회안
根罪法。稱諸佛名。燒香散華。發大乘意。懸繒幡蓋。說
근죄법. 칭제불명. 소향산화. 발대승의. 현증번개. 설
眼過患懺悔罪者。此人現世見釋迦牟尼佛及見分身無量諸
안과환참회죄자. 차인현세견석가모니불급견분신무량제
佛。阿僧祇劫不墮惡道一一大乘力故。大乘願故一一恒與一
불. 아승기겁불타악도일일대승력고. 대승원고일일항여일
切陁羅尼菩薩共爲眷屬。作是念者是爲正念。若他念名爲
체다라니보살공위권속. 작시념자시위정념. 약타념명위
邪念。是名眼根初境界相。淨眼根已。復更誦讀大乘經典。
사념. 시명안근초경계상. 정안근이. 부갱송독대승경전.

晝夜六時胡跪懺悔而作是言. 我今云何但見釋迦牟尼佛分
주야육시호궤참회이작시언. 아금운하단견석가모니불분
身諸佛. 不見多寶佛塔. 全身舍利. 多寶佛塔恒在不滅.
신제불. 불견다보불탑. 전신사리. 다보불탑항재불멸.
我濁惡眼是故不見. 作是語已. 復更懺悔. 過七日已. 多
아탁악안시고불견. 작시어이. 부갱참회. 과칠일이. 다
寶佛塔從地涌出. 釋迦牟尼佛卽以右手開其塔戶. 見多寶
보불탑종지용출. 석가모니불즉이우수개기탑호. 견다보
佛入普現色身三昧. 一一毛孔流出恒河沙微塵數光明. 一
불입보현색신삼매. 일일모공유출항하사미진수광명. 일
一光明有百千萬億化佛. 此相現時. 行者歡喜. 讚偈遶塔.
일광명유백천만억화불. 차상현시. 행자환희. 찬게요탑.
滿七帀已. 多寶如來出大音聲讚言. 法子. 汝今眞實能行
만칠잡이. 다보여래출대음성찬언. 법자. 여금진실능행
大乘. 隨順普賢眼根懺悔. 以是因緣. 我至汝所爲汝證明.
대승. 수순보현안근참회. 이시인연. 아지여소위여증명.

이렇게 세 번 말하고 5체를 땅에 던져 바른 생각으로 대승을 생각하되, 마음에서 잠시도 버리지 않으면 이것을 '눈의 죄를 참회하는 법'이라 하느니라.
모든 부처님의 명호를 부르고, 향을 태우고 꽃을 뿌리며, 대승의 뜻을 일으키며, 비단 번기와 일산을 달고 눈의 허물을 말하며 죄를 참회하는 이는 현세(現世)에 석가모니 부처님과 몸을 나누신 한량없는 모든 부처님을 뵈오리라.
아승기겁에 나쁜 갈래[惡道]에 떨어지지 않으리니, 대승의 힘 때문이며, 대승의 원력 때문에 온갖 다라니를 지닌 보살들과 함께 권속이 되리라.
이렇게 관찰하는 것이 바른 관찰이니라.
하지만 다르게 관찰하는 이는 삿된 관찰이라 하나니, 이것이 눈의 처음 경계의 모습이니라.
눈을 청정히 하고 다시 대승경전을 독송하되, 밤낮으로 여섯 차례 꿇어앉아 참회하면서 말하되 '나는 지금 어찌하여 석가모니 부처님의 몸을 나누신 모든 부처님만을 뵈옵고, 다보불탑(多寶佛塔)의 온몸 사리[全身舍利]는 뵈옵지 못하는가. 다보불탑은 항상 계시어 없어지지 않거늘 나는 눈이 흐리고 나빠서 뵈옵지 못하는구나' 할지니라.
이렇게 말하고 다시 참회하여 7일이 지나면 다보불탑이 땅에서 솟아나오고, 석가모니 부처님이 곧 오른손으로 탑의 문을 열면 다보 부처님이 보현색신삼매(普現色身三昧)에 들어 계시는 것을 보리라.
낱낱 털구멍에서 항하사 티끌 수효의 광명을 내고, 낱낱 광명에는 백천만억의 변화한 부처님이 계시리라.
이러한 상서가 나타날 적에 행자는 기뻐하면서 게송으로 찬탄하고, 탑을 돌아 일곱 번을 채우면 다보 여래께서 큰소리를 내어 칭찬하시되 '법자(法子)여, 그대는 지금 진실하게 대승을 행하여 눈을 참회하는 보현의 법을 수순하는도다.

이러한 인연으로 나는 그대의 처소에 이르러 그대를 위하여 증명하리라' 하시리라.

강설

"이렇게 세 번 말하고 5체를 땅에 던져 바른 생각으로 대승을 생각하되, 마음에서 잠시도 버리지 않으면 이것을 '눈의 죄를 참회하는 법'이라 하느니라."

정념대승(正念大乘)을 '바른 생각'이라고 해석하면 안된다.
정념(正念)이란 '올바른 마음 챙김'을 말한다.
이 상태에서 '올바른 마음 챙김'이란 내처의 업식와 외처의 경계를 비춰보면서 육념처관을 행하는 것이다.
대승이란 떠오르는 업식과 외처의 경계에 대해서 자비심을 일으키고 시념(施念)하는 것이다.
눈의 식근을 바라보면서 6단시(六段示)하는 것이 눈의 죄를 참회하는 것이다.

"모든 부처님의 명호를 부르고, 향을 태우고 꽃을 뿌리며, 대승의 뜻을 일으키며, 비단 번기와 일산을 달고 눈의 허물을 말하며 죄를 참회하는 이는 현세(現世)에 석가모니 부처님과 몸을 나누신 한량없는 모든 부처님을 뵈오리라."

'모든 부처님을 부른다'라는 것은 낱낱의 업식과 경계를 놓고서 불념처(佛念處)를 관(觀)하라는 말씀이다.

'향을 태우고 꽃을 뿌린다'라는 것은 공양을 올리라는 말씀이시다. 법념처관(法念處觀)을 하는 것이 최고의 공양이다.

'대승의 뜻을 일으킨다'라는 것은 시념(施念)하고 계념(戒念)하고 승념(僧念)하는 것이다.

'비단 번기와 일산을 단다'라는 것은 묘당상의 표상으로 불념처를 인식하고 천념(天念)하라는 말씀이시다.
본성을 이루고 있는 무념·무심·간극의 상태를 당간지주에 걸린 깃발처럼 명확하게 주시하는 것을 '묘당상삼매'라 한다.

'눈의 허물을 말하며 죄를 참회하는 이는'
묘당상삼매로 불념처관을 행하고 시념과 계념, 승념하라는 말씀이시다.

'현세(現世)에 석가모니 부처님과 몸을 나누신 한량없는 모든 부처님을 뵈오리라.'
그런 사람은 능히 석가모니불과 한량없는 모든 부처님들에게 공양할 줄 아는 사람이다.

"아승기겁에 나쁜 갈래[惡道]에 떨어지지 않으리니, 대승의 힘 때문이며, 대승의 원력 때문에 온갖 다라니를 지닌 보살들과 함께 권속이 되리라."

육근청정의 원력을 세우고 육념처관을 행하는 이는 다시는 악도에 떨어지지 않고 진여수행을 하게 된다는 말씀이시다.

"작시념자시위정념 (作是念者是爲正念)
이렇게 관찰하는 것이 바른 관찰이니라.
하지만 다르게 관찰하면 삿된 관찰이라 하나니"

떠오르는 업식과 외처의 경계에 대해서 6념처관을 행하는 것이 정관(正觀), 정념(正念)이라는 말씀이시다.

"이것이 눈의 처음 경계의 모습이니라."

이렇게 관하고 이렇게 참회하는 것이 안근(眼根)을 청정하게 하는 방법이라는 말씀이시다.

"눈을 청정히 하고 다시 대승경전을 독송하되, 밤낮으로 여섯 차례 꿇어앉아 참회하면서 말하되 '나는 지금 어찌하여 석가모니 부처님의 몸을 나누신 모든 부처님만을 뵈옵고, 다보불탑(多寶佛塔)의 온몸 사리[全身舍利]는 뵈옵지 못하는가. 다보불탑은 항상 계시어 없어지지 않거늘 나는 눈이 흐리고 나빠서 뵈옵지 못하는구나' 할지니라."

안근 청정이 이루어지면 다시 수능엄삼매를 얻기 위해서 노력하라는 말씀이시다. 나머지 오근청정을 함께 이루고 수능엄삼매를 체득해서 각성의 무명적 습성과 밝은성품의 자연적 성향을 함께 제도하라는 말씀이시다.
육근청정은 생멸심을 제도하는 방법이다.

'밤낮으로 여섯 차례 꿇어앉아 참회하면서 말하되'
반드시 육시오회(六時五悔)를 행하라는 말씀이시다.

'다보불탑(多寶佛塔)의 온몸 사리[全身舍利]란 몸 안에 세워진 열두 개의 기점을 말한다. 육념처관을 행한 다음에는 열두 개의 단(檀)을 다시 한번 점검하라는 말씀이시다.
열두 개의 단(檀)을 운용하면서 천념처(天念處)가 공고해진다. 그러면서 수능엄삼매의 기틀이 만들어진다.

"이렇게 말하고 다시 참회하여 7일이 지나면 다보불탑이 땅에서 솟아나오고, 석가모니 부처님이 곧 오른손으로 탑의 문을 열면 다보 부처님이 보현색신삼매(普現色身三昧)에 들어 계시는 것을 보리라."

열두 개의 단을 관찰하는 것을 7일 동안 행하라는 말씀이시다. 이것이 법화삼매를 성취하는 절차이다.
안근 청정을 이루고 난 뒤에는 반드시 열두 개의 단(檀)을 보는 것을 7일 동안 행하라는 말씀이시다.
그렇게 하면 보현색신삼매를 경험하게 된다는 말씀이시다.

"낱낱 털구멍에서 항하사 티끌 수효의 광명을 내고, 낱낱 광명에는 백천만억의 변화한 부처님이 계시리라."

보현색신삼매를 경험하게 될 때 나타나는 경계이다.

"이러한 상서가 나타날 적에 행자는 기뻐하면서 게송으로 찬탄하고, 탑을 돌아 일곱 번을 채우면 다보 여래께서 큰 소리를 내어 칭찬하시되 '법자(法子)여, 그대는 지금 진실하게 대승을 행하여 눈을 참회하는 보현의 법을 수순하는 도다.
이러한 인연으로 나는 그대의 처소에 이르러 그대를 위하여 증명하리라' 하시리라."

'탑을 돌아 일곱 번을 채운다'라는 것은 7일 동안 열두 기점을 7곱번 관하라는 말씀이시다.

'법자(法子)여, 그대는 지금 진실하게 대승을 행하여 눈을

참회하는 보현의 법을 수순하는도다.'

이렇게 했을 때 안근 청정이 성취된 것이라는 말씀이시다. 안근(眼根)을 놓고서 육념처관(六念處觀)을 행한 뒤에는 반드시 7일 동안 열두 개의 단(檀)을 일곱 번 관하라는 말씀이시다.

본문

說是語已。讚言。善哉善哉。釋迦牟尼佛能說大法。雨大
설시어이. 찬언. 선재선재. 석가모니불능설대법. 우대
法雨。成就濁惡諸衆生等。是時。行者見多寶佛塔已。復
법우. 성취악도제중생등. 시시. 행자견다보불탑이. 부
至普賢菩薩所。合掌敬禮白言。大師。教我悔過。普賢復
지보현보살소. 합장경례백언. 대사. 교아해과. 보현부
言。汝於多劫耳根因緣隨逐外聲。聞妙音時心生惑著。聞
언. 여어다겁이근인연수수외성. 문묘음시심생혹착. 문
惡聲時起八百種煩惱賊害。如此惡耳。報得惡事。恒聞惡
악성시기팔백종번뇌적해. 여차악이. 보득악사. 항문악
聲。生諸攀緣。顚倒聽故。當墮惡道。邊地邪見不聞法處。
성. 생제반연. 전도청고. 당타악도. 변지사견불문법처.
多寶佛塔。現爲汝證。汝應自當說己過惡。懺悔諸罪。是
다보불탑. 현위여증. 여응자당설이과악. 참회제죄. 시

時。行者聞是語已。復汝於今日誦持大乘功德海藏。以是
시. 행자문시어이. 부여어금일송지대승공덕해장. 이시
緣故見十方佛。更合掌五體投地而作是言。正遍知世尊現
연고견시방불. 갱합장오체투지이작시언. 정변지세존현
爲我證。方等經典爲慈悲主。唯願觀我。聽我所說。我從
위아징. 방등경전위자비주. 유원관아. 청아소설. 아종
多劫乃至今身。耳根因緣聞聲惑著如膠著草。聞諸惡時。
다겁내지금신. 이근인연문성혹착여교착초. 문제악시.
起煩惱毒。處處惑著無暫停時。坐此竅聲。勞我神識墜墮
기번뇌독. 처처혹착무잠정시. 좌차규성. 노아신식추타
三塗。今始覺知。向諸世尊發露懺悔。旣懺悔已。見多寶
삼도. 금시각지. 향제세존발로참회. 기참회이. 견다보
佛放大光明。其光金色。遍照東方及十方界。
불방대광명. 기광금색. 편조동방급시방계.

이렇게 말씀하시고, 또 칭찬하시되 '장하고 장하도다. 석가모니 부처님은 능히 큰 법을 말씀하시고, 큰 법의 비를 내리시어 흐리고 악한 모든 중생을 성취하시는도다' 하시리라.
이 행자가 다보불탑을 뵈옵고, 다시 보현보살에게 이르러 합장하고 예를 올리며 말하되 '대사(大師)시여, 저에게 허물 뉘우치는 법을 가르쳐 주소서'하니, 보현이 말하되 '그대는 여러 겁 동안 귀[耳根]의 인연으로 바깥소리를 따라다니었으므로 묘한 소리를 들을 때에는 미혹하는 마음을 내고, 나쁜 소리를 들을 때에는 8백 가지 번뇌의 도적을 일으켰느니라. 이러한 나쁜 귀 때문에 과보는 나쁜 일을 얻어 항상 나쁜 소리를 듣고 모든 반연을 내며, 뒤바뀌어 듣는 까닭에 반드시 나쁜 길과 변두리에서 삿된 소견으로 법을 듣지 못하는 곳에 떨어지리라. 그대가 오늘 대승경전의 공덕 바다를 외우고 지니니, 이러한 인연으로 시방의 부처님을 뵈옵고, 다보불탑이 나타나서 그대를 위하여 증명하리라. 그대는 마땅히 스스로의 나쁜 허물을 말하여 모든 죄를 참회하라' 하리라.

이때에 행자가 이 말을 듣고 다시 합장하여 5체를 땅에 던지면서 말하되 '정변지·세존께서는 방등경전이 자비의 주인임을 눈앞에서 저에게 증명하옵소서. 바라옵건대 저를 살피시고 제가 말하는 것을 들어 주옵소서. 저는 여러 겁으로부터 오늘에 이르기까지 귀의 인연으로 소리를 들으면, 미혹하고 집착하되 아교[膠]가 풀[草]에 묻은 것 같았습니다. 모든 나쁜 일을 들을 때에는 번뇌의 독을 일으키어 곳곳에서 집착하여 잠시도 멈추지 않았습니다. 이 소리의 구멍에 앉아 저의 정신과 마음[神識]을 괴롭히고 세 가지 나쁜 갈래[三塗]에 떨어졌사오나, 이제 비로소 깨닫고 세존을 향하여 드러내고 참회하나이다' 할지니라.

참회를 마치면 다보 부처님께서 큰 광명을 놓으시리니, 그 광명은 금빛이어서 동쪽과 시방세계를 두루 비추리라.

강설

"…. 이 행자가 다보불탑을 뵈옵고, 다시 보현보살에게 이르러 합장하고 예를 올리며 말하되 '대사(大師)시여, 저에게 허물 뉘우치는 법을 가르쳐 주소서'하니, 보현이 말하되 '그대는 여러 겁 동안 귀[耳根]의 인연으로 바깥소리를 따라다니었으므로 묘한 소리를 들을 때에는 미혹하는 마음을 내고, 나쁜 소리를 들을 때에는 8백 가지 번뇌의 도적을 일으켰느니라. 이러한 나쁜 귀 때문에 과보는 나쁜 일을 얻어 항상 나쁜 소리를 듣고 모든 반연을 내며, 뒤바꾸어 듣는 까닭에 반드시 나쁜 길과 변두리에서 삿된 소견으로 법을 듣지 못하는 곳에 떨어지리라. 그대가 오늘 대승경전의 공덕 바다를 외우고 지니니, 이러한 인연으로 시방의 부처님을 뵈옵고, 다보불탑이 나타나서 그대를 위하여 증명하리라. 그대는 마땅히 스스로의 나쁜 허물을 말하여 모든 죄를 참회하라' 하리라."

안근 청정을 성취한 다음에는 이근 청정을 이루는 방법을 보현보살에게 구하라는 말씀이시다.

'그대는 마땅히 스스로의 나쁜 허물을 말하여 모든 죄를 참회하라'
이근 청정을 이룰 때도 먼저 진참회를 하라는 말씀이시다.

"이때에 행자가 이 말을 듣고 다시 합장하여 5체를 땅에 던지면서 말하되 '정변지·세존께서는 방등경전이 자비의 주인임을 눈앞에서 저에게 증명하옵소서. 바라옵건대 저를 살피시고 제가 말하는 것을 들어 주옵소서. 저는 여러 겁으로부터 오늘에 이르기까지 귀의 인연으로 소리를 들으면, 미혹하고 집착하되 아교[膠]가 풀[草]에 묻은 것 같았습니다. 모든 나쁜 일을 들을 때에는 번뇌의 독을 일으키어 곳곳에서 집착하여 잠시도 멈추지 않았습니다. 이 소리의 구멍에 앉아 저의 정신과 마음[神識]을 괴롭히고 세 가지 나쁜 갈래[三塗]에 떨어졌사오나, 이제 비로소 깨닫고 세존을 향하여 드러내고 참회하나이다' 할지니라.

참회를 마치면 다보부처님께서 큰 광명을 놓으시리니, 그 광명은 금빛이어서 동쪽과 시방세계를 두루 비추리라."

참회문을 낭송하고 이근(耳根)으로 들어가서 6단시(六段示) 하게 되면 그 과정에서 금빛 광명을 보게 된다는 말씀이시다.

이근(耳根) 청정의 과정에서 다보 부처님이 출현하시는 것은 이근의 제도가 몸 전체의 감각체계와 연관되어 있다는 것을 알려주시는 것이다.

중황단과 소리의 뜨락을 연결한 상태에서, 소리의 뜨락에서 일어나는 뼈의 요동으로 온몸의 요동을 관찰한다.

안 몸의 요동을 관찰하고, 뼈의 요동을 관찰하고, 근육과 피부의 요동을 관찰하고, 몸 밖에 형성된 자기장의 요동을 관찰한다. 그 요동 속에서 이근의 바탕을 인식하고 6단시(六段示)를 행한다.

다보 부처님은 여래장계를 자유롭게 여행하시는 부처님이다. 이근을 청정하게 하면 여래장계 어떤 장소라도 임의롭게 내왕할 수 있는 역량이 갖추어진다는 말씀이시다.

본문

無量諸佛。身眞金色。東方空中作是唱言。此佛世尊號曰
무량제불. 신진금색. 동방공중작시창언. 차불세존호왈
善德。亦有無數分身諸佛坐寶樹下師子座上結加趺坐。是
선덕. 역유무수분신제불좌보수하사자좌상결가부좌. 시
諸世尊。一切皆入普現色身三昧。皆作是讚言。善哉善哉。
제세존. 일체개입보현색신삼매. 개작시찬언. 선재선재.
善男子。汝今讀誦大乘經典。汝所誦者是佛境界。說是語
선남자. 여금독송대승경전, 여소송자시불경계. 설시어
已。普賢菩薩復更爲說懺悔之法。汝於前世無量劫中。以
이. 보현보살부갱위설참회지법. 어어전세무량겁중. 이
貪香故。分別諸識處處貪著。墮落生死。汝今應當觀大更
탐향고. 분별제식처처탐착. 타락생사. 여금응당관대갱
懺悔。旣懺悔已。當作是語。南無釋迦牟尼佛。南無多寶
참회. 기참회이. 당작시어. 나무석가모니불. 나무다보

佛塔. 南無十方釋迦牟尼佛分身諸佛. 作是語已. 遍禮十
불탑. 나무시방석가모니불분신제불. 작시어이. 편례시
方佛. 南無東方善德佛及分身諸佛. 如眼乘因. 大乘因者.
방불. 나무동방선덕불급분신제불. 여안승인. 대승인자.
諸法實相是. 聞是語已. 五體投地復所見. 一一心禮. 香
제법실상시. 문시어이. 오체투지부소견. 일일심체. 향
華供養. 供養畢已. 胡跪合掌. 以種種偈讚歎諸佛. 旣讚
화공양. 공양필이. 호궤합장. 이종종게찬탄제불. 기찬
歎已. 說十惡業懺悔諸罪. 旣懺悔已. 而作是言. 我於先
탄이. 설십악업참회제죄. 기참회이. 이작시언. 아어선
世無量劫時貪香. 味. 觸. 造作衆惡. 以是因緣. 無量世
세무량겁시탐향. 미. 촉. 조작중악. 이시인연. 무량세
來恒受地獄. 餓鬼. 畜生. 邊地邪見. 諸不善身. 如此惡
래항수지옥. 아귀. 축생. 변지사견. 제불선신. 여차악
業今日發露. 歸向諸佛正法之王. 說罪懺悔.
업금일발로. 귀향제불정법지왕. 설죄참회.

한량없는 부처님 몸은 금빛이리니, 동쪽 허공에서 말하되 '이
부처님의 명호는 선덕(善德)이시니라.' 하니라.
또 수없는 몸을 나타내신 부처님이 보배 나무 밑 사자좌 위에
서 가부좌를 맺고 앉으셨느니라.
이 모든 세존께서는 모두 보현색신삼매에 드시어 모두가 찬탄
하는 말씀을 하시되 '장하고 장하도다. 선남자여, 너는 지금

대승경전을 외우고 있나니, 네가 외우는 것은 부처님의 경계이니라' 하시느니라.

이러한 말씀이 끝나면 보현보살이 다시 참회하는 법을 말하리니, '그대는 앞의 세상 한량없는 겁에 향기[香]를 탐내는 까닭에 모든 식(識)으로 분별하고, 그곳에서 탐내고 집착하여 나고 죽는 속에 떨어졌느니라.

그대들은 지금부터 대승의 인(因)을 관찰할지니, 대승의 인이란 모든 법의 실상(實相)이니라' 하는 말을 듣고 5체를 땅에 던져 다시 참회할 것이요, 참회하고는 말하되 '나무 석가모니불, 나무 다보불탑, 나무 시방 석가모니불, 몸을 나누신 모든 부처님'이라 하느니라.

이렇게 말하고는 두루 시방의 부처님께 예배하고, '나무 동방 선덕불(善德佛), 그리고 몸을 나누신 모든 부처님'이라 하느니라.

눈으로 보는 대로 낱낱이 마음껏 예배하고 향과 꽃으로 공양하느니라.

공양을 마치고는 꿇어앉아 합장하고 갖가지 게송으로써 모든 부처님을 찬탄하리라.

찬탄을 마치고는 열 가지 나쁜 업[十惡業]을 말하여 모든 죄를 참회하고, 참회를 마치고는 말하되 '제가 지난 세상, 한량없는 겁에 향과 맛과 닿임[觸]을 탐내어 여러 가지 악을 지었습니다. 이러한 인연으로 한량없는 세상 동안 항상 지옥·아귀·축생·변두리·사견(邪見) 등 모든 좋지 못한 몸을 받았습니다. 이러한 나쁜 업을 오늘 드러내어 바른 법의 왕이신 모든 부처님께 귀의하고, 죄를 말하여 참회하옵니다' 하느니라.

강설

"한량없는 부처님 몸은 금빛이리니, 동쪽 허공에서 말하되 '이 부처님의 명호는 선덕(善德)이시니라.' 하니라."

비근(鼻根) 청정을 시작하면서 새로운 심신해상(深信解相)이 시작되는 것이다.
부처님의 명호가 선덕(善德)인 것은 비근의 제도는 밝은성품의 기쁨과 착함이 주체가 된다는 말씀이다.
밝은성품단을 주체로 해서 행해지는 육념처관은 법념처관이다. 본성과 밝은성품을 함께 주시하면서 비근 청정을 이루라는 말씀이시다.
비근 청정으로써 자기 불국토의 동쪽 방향이 원만해진다.

"또 수없는 몸을 나타내신 부처님이 보배 나무 밑 사자좌 위에서 가부좌를 맺고 앉으셨느니라.
이 모든 세존께서는 모두 보현색신삼매에 드시어 모두가 찬탄하는 말씀을 하시되 '장하고 장하도다. 선남자여, 너는 지금 대승경전을 외우고 있나니, 네가 외우는 것은 부처님의 경계이니라' 하시느니라."

비근(鼻根)을 놓고서 육단시(六段示)를 하고 있는 상태이다.

"이러한 말씀이 끝나면 보현보살이 다시 참회하는 법을 말하리니, '그대는 앞의 세상 한량없는 겁에 향기[香]를 탐내는 까닭에 모든 식(識)으로 분별하고, 그곳에서 탐내고 집착하여 나고 죽는 속에 떨어졌느니라."

먼저 본성에 입각해서 살지 못하고 비근(鼻根)에 입각해서 살아온 삶을 참회하라는 말씀이시다.

"그대들은 지금부터 대승의 인(因)을 관찰할지니, 대승의 인이란 모든 법의 실상(實相)이니라' 하는 말을 듣고 5체를 땅에 던져 다시 참회할 것이요, 참회하고는 말하되 '나무 석가모니불, 나무 다보불탑, 나무 시방 석가모니불, 몸을 나누신 모든 부처님'이라 하느니라."

'모든 법의 실상'이란 무념·무심·간극이다.
무념·무심·간극을 대승의 인(因)이라 한다.
무념·무심·간극이 대승의 인이 되는 것은 그로 인해서 각성의 무명적 습성이 생겨나고, 밝은성품의 자연적 성향과 생멸심이 생겨났기 때문이다.
대승이란 각성의 무명적 습성을 제도하고, 밝은성품의 자연적 성향을 제도하고 생멸심을 제도해서, 생명이 갖고 있는 향하문적 성향(向下門的性向)을 끊어내는 수행이다.
무념·무심·간극으로 이루어진 본성은 스스로가 향하문적 성향을 끊어 낼 수 있는 능력이 없다.
때문에 대승의 원인이 되었지만 대승의 성취를 이루지 못한다.
생명이 갖고 있는 향하문적 성향을 제도할 수 있는 근기는 12연기의 촉(觸), 수(受), 애(愛), 취(取)를 거치면서 만들어진다. 촉, 수, 애, 취를 거친 생명이 갖고 있던 애심(愛心)이 대자비로 전환되면 각성의 무명적 습성이 제도되고 생멸심이 제도된다.
육념처관 중에 시념처관(施念處觀)과 계념처관(戒念處觀), 승념처관(僧念處觀), 천념처관(天念處觀)에서 대자비가 활용된다.

대승의 인(因)을 관찰하라는 것은 무념·무심·간극에 머물러서 불념처관(佛念處觀)을 하라는 말씀이시다.

"이렇게 말하고는 두루 시방의 부처님께 예배하고, '나무 동방 선덕불(善德佛), 그리고 몸을 나누신 모든 부처님'이라 하느니라.
눈으로 보는 대로 낱낱이 마음껏 예배하고 향과 꽃으로 공양하느니라. 공양을 마치고는 꿇어앉아 합장하고 갖가지 게송으로써 모든 부처님을 찬탄하리라."

밝은성품으로 수희공양(蒐喜供養)을 올리면서 법념처관(法念處觀)을 하라는 말씀이시다.

"찬탄을 마치고는 열 가지 나쁜 업[十惡業]을 말하여 모든 죄를 참회하고"

'열 가지 나쁜 업[十惡業]'이란
살생(殺生), 투도(鬪盜), 사음(邪陰), 탐애(貪碍), 진애(嗔碍), 치암(痴暗), 악구(惡口), 기어(欺語), 망어(亡語), 양설(兩說)을 말한다.

"참회를 마치고는 말하되 '제가 지난 세상, 한량없는 겁에 향과 맛과 닿임[觸]을 탐내어 여러 가지 악을 지었습니다. 이러한 인연으로 한량없는 세상 동안 항상 지옥·아귀·축생·변두리·사견(邪見) 등 모든 좋지 못한 몸을 받았습니다. 이러한 나쁜 업을 오늘 드러내어 바른 법의 왕이신 모든 부처님께 귀의하고, 죄를 말하여 참회하옵니다' 하느니라."

비근(鼻根)과 더불어서 설근(舌根)과 신근(身根)의 업보에 대해서도 함께 참회하라는 말씀이시다.
일어나는 업식과 인식되는 경계에 대해서 불념처관(佛念處觀)을 행하는 것이 참다운 참회이다.

본문

旣懺悔已。 身心不懈。 復更誦讀大乘經典。 大乘力故。 空
기참회이. 신심불해. 부갱송독대승경전. 대승력고. 공
中有聲。 告言。 法子。 汝今應當向十方佛讚說大乘。 於諸
중유성. 고언. 법자. 여금응당향시방불찬설대승. 어제
佛前自說己過。 諸佛如來是汝慈父。 汝當自說舌根所作不
불전자설이과. 제불여래시여자부. 여당자설설근소작불
善惡業。 此舌根者。 動惡業相。 妄言。 綺語。 惡口。 兩舌。
선악업. 차설근자. 동악업상. 망언. 기어. 악구. 양설.
誹謗。 妄語。 讚歎。 邪見。 說無益語。 如是衆多諸雜惡
비방. 망어. 찬탄. 사견. 설무익어. 여시중다제잡악
業。 搆鬪壞亂。 法說非法如是衆罪。 今悉懺悔諸世雄前。
업. 구투괴란. 법설비법여시중죄. 금실참회제세웅전.
作是語已。 五體投地遍禮十方佛。 合掌長跪。 當作是語。
작시어이. 오체투지편례시방불. 합장장궤. 당작시어.
此舌過患無量無邊。 諸惡業刺從舌根出。 斷正法輪從此舌
차설과환무량무변. 제악업자종설근출. 단정법륜종차설
起。 如此惡舌斷功德種。 於非義中多端强說。 讚歎邪見如
기. 여차악설단공덕종. 어비의중다단강설. 찬탄사견여
火益薪。 猶如猛火傷害衆生。 如飲毒者無瘡疣死。 如此罪
화익신. 유여맹화상해중생. 여음독자무창우사. 여차죄
報惡邪不善。 當墮惡道百劫。 千劫。 以妄語故墮大地獄。

보악사불선. 당타악도백겁. 천겁. 이망어고타대지옥.
我今歸向南方諸佛。發露黑惡。作是念時。空中有聲。南
아금귀향남방제불. 발로흑악. 작시념시. 공중유성. 남
方有佛。名栴檀德。彼佛亦有無量分身。一切諸佛皆說大
방유불. 명전단덕. 피불역유무량분신. 일체제불개설대
乘除滅罪惡。如此衆罪。今向十方無量諸佛大悲世尊發露
승제멸죄악. 여차중죄. 금향시방무량제불대비세존발로
黑惡。誠心懺悔。說是語已。五體投地復禮諸佛。是時。
흑악. 성심참회. 설시어이. 오체투지부례제불. 시시.
諸佛復放光明照行者身。令其身心自然歡喜。發大慈悲普
제불부방광명조행자신. 영기신심자연환희. 발대자비보
念一切。
념일체.

참회하기를 마치고는 몸과 마음을 게을리하지 않고 다시 대승 경전을 외우리니, 대승의 힘 때문에 공중에서 소리가 나되 '법자(法子)여, 그대는 지금 시방의 부처님을 향하여 대승을 찬탄하고 모든 부처님의 앞에서 스스로의 허물을 말하라. 모든 부처님은 그대들의 자비하신 아버지시니라. 그대들은 마땅히 혀[舌根]로 짓는 착하지 못한 나쁜 업을 스스로가 말할지니, 이 혀는 나쁜 업을 움직이는 모습이니라. 거짓말, 꾸미는 말, 나쁜 말, 이간하는 말, 비방하는 허망한 말, 삿된 소견을 찬탄하는 말, 이익 없는 것을 말하는 말, 이와 같이 여러 가지 잡되고 나쁜 업과 얽고 싸우고 망가지고 어지럽히어 법을 법 아니라고 하는 여러 죄를 이제 모든 세웅(世雄)의 앞에서 참회할지니라' 하리라.

이러한 말이 끝나면 5체를 땅에 던져 두루 시방의 부처님께 예배하고, 꿇어앉아 합장하고 말하되 '이 혀의 허물은 한량없고 끝없사오니, 모든 나쁜 업은 혀에서 나왔으며, 바른 법 바퀴를 끊는 것도 혀에서 일어납니다. 이렇게 나쁜 혀는 공덕의 종자를 끊어, 뜻이 아닌 것을 여러 가지로 억지로 말하며, 삿된 소견을 찬탄하되 불에다 나무를 보태는 것 같으며, 마치 사나운 불길이 중생을 해치는 것 같으며, 독약을 마신 이가 상처는 없으나 죽는 것 같습니다. 이러한 죄보(罪報)는 악하고 삿되어 착하지 못하므로 마땅히 악도(惡道)에 백천 겁 동안 떨어져 있을 것이요, 거짓말을 한 까닭에 큰 지옥에 떨어지리이다. 저는 지금 남쪽의 모든 부처님께 귀의하여 검은 악[黑惡]을 드러내나이다' 할지니라.

이러한 생각을 할 적에 공중에서 소리가 나되 '남쪽에 부처님이 계시니, 전단덕(旃檀德)이라 하느니라.

그 부처님도 또한 한량없이 나누신 몸이 있고, 온갖 부처님들도 모두 대승의 죄악 멸하는 법을 말씀하시나니, 이러한 뭇 죄를 이제 시방의 한량없는 모든 부처님께 향하여 드러내어 검은 악을 정성껏 참회하라' 하시리라.

이 말씀이 끝나자 5체를 땅에 던지고 다시 모든 부처님께 예배할지니, 이때에 모든 부처님은 다시 광명을 놓아 행자의 몸을 비추어 그로 하여금 몸과 마음이 기뻐서 큰 자비를 일으키고 널리 일체 중생을 생각하게 하시리라.

강설

"참회하기를 마치고는 몸과 마음을 게을리하지 않고 다시 대승경전을 외우리니"

'몸과 마음을 게을리하지 않는다'는 것은 불념처에 머물고 법념처에 머무는 것을 게을리하지 않는다는 말씀이시다. '다시 대승경전을 외운다'라는 것은 안근(眼根), 비근(鼻根), 설근(舌根), 신근(身)으로 접해지는 내처(內處)의 업식과 외처(外處)의 경계를 지켜보면서 시념처(施念處)와 계념처(戒念處), 승념처(僧念處)를 행한다는 말씀이시다.

"대승의 힘 때문에 공중에서 소리가 나되 '법자(法子)여, 그대는 지금 시방의 부처님을 향하여 대승을 찬탄하고 모든 부처님의 앞에서 스스로의 허물을 말하라. 모든 부처님은 그대들의 자비하신 아버지시니라. 그대들은 마땅히 혀[舌根]로 짓는 착하지 못한 나쁜 업을 스스로가 말할지니, 이 혀는 나쁜 업을 움직이는 모습이니라. 거짓말, 꾸미는 말, 나쁜 말, 이간하는 말, 비방하는 허망한 말, 삿된 소견을 찬탄하는 말, 이익 없는 것을 말하는 말, 이와같이 여

러 가지 잡되고 나쁜 업과 얽고 싸우고 망가지고 어지럽
히어 법을 법 아니라고 하는 여러 죄를 이제 모든 세웅(世
雄)의 앞에서 참회할지니라' 하리라."

혀로써 지은 모든 말의 업보에 대해서 참회하라는 말씀
이시다.

'대승의 힘 때문에 공중에서 소리가 나되'

대승의 힘이란 심신해상(深信解相)과 육념처관을 통해서 이
루어지는 동법계 현상을 말한다.

"이러한 말이 끝나면 5체를 땅에 던져 두루 시방의 부처님
께 예배하고, 꿇어앉아 합장하고 말하되 '이 혀의 허물은
한량없고 끝없사오니, 모든 나쁜 업은 혀에서 나왔으며,
바른 법 바퀴를 끊는 것도 혀에서 일어납니다.
이렇게 나쁜 혀는 공덕의 종자를 끊어, 뜻이 아닌 것을 여
러 가지로 억지로 말하며, 삿된 소견을 찬탄하되 불에다
나무를 보태는 것 같으며, 마치 사나운 불길이 중생을 해
치는 것 같으며, 독약을 마신 이가 상처는 없으나 죽는 것
같습니다.
이러한 죄보(罪報)는 악하고 삿되어 착하지 못하므로 마땅
히 악도(惡道)에 백천 겁 동안 떨어져 있을 것이요, 거짓말

을 한 까닭에 큰 지옥에 떨어지리이다.
저는 지금 남쪽의 모든 부처님께 귀의하여 검은 악[黑惡]을 드러내나이다' 할지니라."

혀로써 지은 악업을 참회하는 참회문이다.
혀의 업장을 참회할 때는 먼저 맛에 집착된 업장을 불념처로 제도하고 그다음에 말로써 지은 업장을 불념처로 제도한다.
맛으로써 지은 업장은 맛의 식근을 관찰하면서 제도한다. 혀끝을 입천장에 붙인 다음 지긋하게 힘을 주면서 입천장과 백회 경로를 주시한다.
뻑뻑하게 억제된 공간을 주시하면서 맛의 느낌을 떠올린다. 억제된 공간이 맛의 느낌으로 채워지는 것을 인식한다. 그런 다음 온몸의 세포들이 일으키는 반응을 지켜본다.
먼저 입안의 세포들의 반응을 지켜본다.
혀에서 맛이 느껴지고 입안에 침이 가득 고여진다.
침을 꿀꺽 삼킨 다음에 세포들의 반응을 지켜본다.
온 몸의 세포들이 아우성을 치면서 미세한 떨림이 일어난다. 그것이 세포가 갖고 있는 아귀적 습성이다.
세포들의 미세한 요동을 불념처(佛念處)로 비춰준다.
그런 다음에 참회한다.

맛 경로를 제도하고 나면 언어 경로를 제도한다.

나선 호흡으로 백회에서 황정까지 숨을 들이쉰다.
그런 다음에 안 몸이 억제된 느낌을 지켜본다.
그 느낌이 무념처(無念處)이다.
혀끝을 아랫니 뒤쪽에 살짝 붙인 다음 '기~~~!'하고 길게 발성한다. 발성을 하면서 혀끝의 떨림으로 아래턱을 자극한다. 아래턱의 떨림이 관자놀이를 자극하고, 뒤통수의 옥침단을 자극하고, 시상의 중황단을 자극한 다음에 중뇌, 교뇌를 거쳐서 연수로 내려오게 한다.
연수에서는 미주신경을 타고 목선을 따라 내려와서 쇄골식도, 중심단을 지나서 하단전단에 이르도록 한다.
하단전단에 계념(繫念)하면서 길게 발성한다.

발성이 끝난 다음에는 중황단에 머물러서 전체 경로를 표상화한다. 그런 다음에 중심단을 주시하면서 편안하게 머무른다. 중심단의 편안한 마음과 안 몸에서 세워진 무념처를 서로 마주보게 한다.
그러면서 중심단의 편안함과 안 몸의 무념처가 갖고 있는 서로 다른 형질을 구분해 본다.
뚜렷하게 구분되면 그 상태에 머무른다.

중심단과 안 몸 사이에 형성된 공간을 들여다 본다.
그 공간의 형질과 중심단의 편안함, 안 몸의 무념처를 함께 주시한다. 서로 다른 형질이 명확하게 느껴지면 그 상태에 머무른다. 중심단의 편안함은 무심처(無心處)가 되고 안 몸의 억제된 느낌은 무념처(無念處)가 된다.
중심단과 안 몸 사이의 공간은 간극(間隙)이 된다.
그 상태를 주시하는 것이 언어 경로를 놓고 불념처관(佛念處觀)을 하는 것이다.
이 과정을 통해서 언어 경로가 제도되고 설업(舌業)이 참회된다. 언어 경로를 제도하는 발성법은 자음 발성법과 모음 발성법, 문자 발성법이 있다.
제도의 경로와 다라니의 목적에 따라서 서로 다른 발성법이 쓰여진다.
부처님께서 중생의 소리를 구분할 수 있는 삼매를 얻으라고 하신 것은 발성법을 익히라는 말씀이시다.

"이러한 생각을 할 적에 공중에서 소리가 나되 '남쪽에 부처님이 계시니, 전단덕(栴檀德)이라 하느니라."

전단덕(栴檀德)이라는 명호에 단(檀)을 운용해서 얻어진 덕(德)이라는 의미가 내포되어 있다.
언어 경로의 제도는 단(檀)을 운용해서 하라는 의미이다.
맛 경로와 언어 경로를 청정하게 하면 자기 불국토의 남쪽 세계가 갖추어진다. 원초신도 남쪽으로 확장된다.

"그 부처님도 또한 한량없이 나누신 몸이 있고, 온갖 부처

님들도 모두 대승의 죄악 멸하는 법을 말씀하시나니, 이러한 뭇 죄를 이제 시방의 한량없는 모든 부처님께 향하여 드러내어 검은 악을 정성껏 참회하라' 하시리라."

말과 맛으로써 인식하는 모든 경계와 업식들에 대해서 불념처관을 행하라는 말씀이시다.

"이 말씀이 끝나자 5체를 땅에 던지고 다시 모든 부처님께 예배할지니, 이때에 모든 부처님은 다시 광명을 놓아 행자의 몸을 비추어 그로 하여금 몸과 마음이 기뻐서 큰 자비를 일으키고 널리 일체중생을 생각하게 하시리라."

법념처관과 시념처관을 함께 행하라는 말씀이시다.

본문

爾時。 諸佛廣爲行者說大慈悲及喜捨法。 亦敎愛語。 修六
이시. 제불광위행자설대자비급희사법. 역교애어. 수육
和敬。 爾時。 行者聞此敎勅心大歡喜。 復更誦習終不懈息。
화경. 이시. 행자문차교칙심대환희. 부갱송습종불해식.
空中復有微妙音聲出如是言。 汝今應當身心懺悔。 身者。
공중부유미묘음성출여시언. 여금응당신심참회. 신자.
殺。 盜。 婬。 心者。 念諸不善。 造十惡業及五無閒。 猶如

살. 도. 음. 심자. 념제불선. 조십악업급오무간. 유여
猿猴。亦如黐膠處處貪著。遍至一切六情根中。此六根業。
원후. 역여리교처처탐착. 편지일체육정근중. 차육근업.
枝條。華。葉悉滿三界二十五有一切生處。亦能增長無明。
지조. 화. 엽실만삼계이십오유일체생처. 역능증장무명.
老。死十二苦事。八邪。八難無不經中。汝今應當懺悔如
노. 사십이고사. 팔사. 판난무불경중. 여금응당참회여
是惡不善業。爾時。行者聞此語已。問空中聲。我今何處
시악불선업. 이시. 행자문차어이. 문공중성. 아금하처
行懺悔法。時。空中聲卽說是語。釋迦牟尼名毘盧遮那。
행참회법. 시. 공중성즉설시어. 석가모니명비로자나.
遍一切處。其佛住處名常寂光。常波羅蜜所攝成處。我波
편일체처. 기불주처명상적광. 상바라밀소섭성처. 아바
羅蜜所安立處。淨波羅蜜滅有相處。樂波羅蜜不住身心相
라밀소안립처. 정바라밀멸유상처. 락바라밀부주신심상
處。不見有無諸法相處。如寂解脫。乃至般若波羅蜜。是
처. 불견유무제법상처. 여적해탈. 내지반야바라밀. 시
色常住法故。如是。應當觀十方佛。時。十方佛各伸右手
색상주법고. 여시. 응당관시방불. 시. 시방불각신우수
摩行者頭。作如是言。善哉善哉。善男子。汝誦讀大乘經
마행자두. 작여시언. 선재선재. 선남자. 여송독대승경
故。十方諸佛說懺悔法。菩薩所行。不斷結使。不住使海。
고. 시방제불설참회법. 보살소행. 부단결사. 부주사해.

보현보살행법경 • 275

그때에 모든 부처님이 행자를 위하여 널리 큰 자(慈), 비(悲), 희(喜), 사(捨)를 말씀하시며, 또는 사랑스러운 말을 가르치고, 여섯 가지로 화목하고 공경하는 법[六和敬]을 닦게 하시리라. 그때에 행자가 이러한 가르침을 듣고, 크게 기뻐하느니라.

다시 외우고 익히어, 마침내 게을리하지 아니하면 공중에서 또 이러한 말씀이 들리리라.

'그대는 지금 몸과 마음을 참회하라. 몸은 살생·도적·음행을 하고, 마음은 모든 착하지 못함을 생각하여 열 가지 나쁜 업과 다섯 가지 무간업(無間業)을 짓느니라. 마치 원숭이와 같으며 또는 아교와 같아서, 곳곳에 탐내고 집착하여 두루 모든 여섯 가지 감정의 뿌리[六情根] 가운데 이르느니라. 이 6근의 업의 가지와 줄기와 꽃과 잎은 모두 삼계와 25유(有)의 온갖 중생의 처소에 두루 찼으며, 또 무명(無明)과 노사(老死) 등 열두 가지 괴로운 일을 자라게 하며, 여덟 가지 삿됨[八邪]과 여덟 가지 어려움[八難]에 들르지 않는 곳이 없게 하나니, 그대들은 지금 이와 같이 나쁘고 착하지 못한 업을 참회할지니라' 하시리라.

그때에 행자가 이러한 소리를 듣고, 공중을 향하여 묻되 '저는 어느 곳에서 참회법을 행하오리까?' 하면 공중에서 말하되 '석가모니는 비로자나(毘盧遮那)가 온갖 곳에 두루하시는 분이라 하며, 그 부처님의 머무시는 곳을 상적광(常寂光)이라 하나니, 상[常]바라밀로 거두어 이룬 곳이며, 아[我]바라밀로 편안함을 세우는 곳이며, 정[淨]바라밀로 있는 모습을 멸하는 곳이며, 락[樂]바라밀로 몸과 마음의 모습에 머물지 않는 곳이며, 있고 없는 모든 법의 모습을 보지 않는 곳이며, 여적해탈(如寂解脫)이며, 나아가 반야바라밀이니라. 이 색(色)은 항상 머무는 법이기 때문이니, 마땅히 이렇게 시방의 부처님을 관찰할지니라' 하리라.

이때에 시방의 부처님이 각각 오른손을 펴서 행자의 머리를 만지며 말씀하시되 '장하고 장하도다. 선남자여, 네가 대승경전을 외우는 까닭에 시방의 모든 부처님이 참회하는 법을 말씀하셨느니라. 보살의 행하는 바는 매듭[結]과 부림[使]을 끊지 않고, 부림의 바다에 머물지도 않느니라.

강설

"그때에 모든 부처님이 행자를 위하여 널리 큰 자(慈), 비(悲), 희(喜), 사(捨)를 말씀하시며,"

이때 말씀하시는 '자비희사'는 대승의 '자비희사'이다.
두 가지 방향의 자비희사가 있다.
첫 번째 방향은 향하문으로 향해지는 자비희사이다.
두 번째 방향은 향상문으로 향해지는 자비희사이다.

자심(慈心)이란 따뜻한 마음을 말한다.
대승의 자심(慈心)이란 모든 생명과 낱낱의 경계들을 베풂의 대상으로 보는 것이다.

비심(悲心)이란 애틋한 마음을 말한다.
대승의 비심(悲心)이란 본성을 망각하고 의식·감정·의지로 살아가고 있는 생명들을 측은하게 바라보는 것이다.

희심(喜心)이란 기쁜 마음을 말한다.
대승의 희심(喜心)이란 중생을 이롭게 하는 것을 기쁜 마음으로 행하는 것이다.

사심(捨心)이란 버려야 할 마음을 말한다.
대승의 사심(捨心)이란 각성의 무명적 습성을 제도하고, 밝은 성품의 자연적 성향을 제도하고 생멸심을 제도하는 것이다.
이것이 향하문으로 향해지는 자비희사이다.

향상문의 자비희사는 다른 관점으로 이루어진다.
향상문으로 향해지는 자비희사의 대상은 본원본제이다.
본원본제는 성(性)과 상(相), 체(體)로 이루어져 있다.
본원본제의 성(性)은 무념·무심·간극으로 이루어져 있다.
상(相)은 무념·무심·간극, 각성으로 이루어져 있다.
체(體)는 무념·무심·간극, 각성, 밝은성품으로 이루어져 있다.
본원본제는 밝은성품이 생성해내는 기쁨(喜心)과 본성과 각성으로 이루어진 대적정을 갖고 있지만 자심(慈心)과 비심

(悲心), 사심(捨心)이 없다.
때문에 자비희사를 행하지 못한다.
자비심이 없는 본원본제는 스스로의 향하문적 성향을 제도하지 못한다. 그런 본원본제에게 대자비를 가르쳐 주는 것이 향상문의 자비희사를 실천하는 것이다.
본원본제에게 대자비를 가르쳐주기 위해서는 먼저 묘각을 성취해야 한다. 그런 다음에 동법계를 이루어야 한다.
본원본제가 대자비를 갖추게 되면 새로운 일심법계가 출현하게 된다. 그렇게 되면 여래장연기가 진행되지 않는다.

'여러 부처님들에게 자비희사의 교육을 받는다'는 것은 향상문으로 향해지는 자비희사에 대해서 배우는 것이다.

"또는 사랑스러운 말을 가르치고"

역교애어(亦敎愛語)를 '사랑스러운 말을 가르치고'라고 해석하면 안된다. '그리움을 일으키는 발성법을 가르치고'라고 해석해야 한다.
다라니를 문자 발성법으로 운용할 때에는 세 가지 갖춤이 수반되어야 한다.
첫째는 일치하고자 하는 대상과 음성에 대한 그리움을 일으키는 것이다.
둘째는 울림판과 발성의 경로를 정확하게 운용하는 것이다.

셋째는 장중함을 잃어버리지 않는 것이다.

"여섯 가지로 화목하고 공경하는 법[六和敬]을 닦게 하시리라."

육화경법은 대중의 화합을 위해서 갖춰야 하는 여섯 가지 계율이다. 이화경(理和敬)과 사화경(事和敬)으로 이루어져 있다. 이화경(理和敬)이란 무위(無爲)로써 행해지는 육화경이다.
사화경(事和敬)이란 유위(有爲)로써 이루어지는 육화경이다.
신화공주(身和共住): 몸으로 화합함이니 함께 살라.
구화무쟁(口和無諍): 입으로 화합함이니 큰소리를 내지말라.
의화동사(意和同事): 뜻으로 화합함이니 함께 일하라.
계화동수(戒和同修): 계로써 화합함이니 함께 수행하라.
견화동해(見和同解): 바른 견해로 화합함이니 함께 해탈하라.
이화동균(利和同均): 이로움으로 화합할지니 함께 나누라.
이것이 유위(有爲)로써 행해지는 사화경(事和敬)이다.

무위로써 행해지는 이화경(理和敬)은 전혀 다른 관점으로 이루어진다.
신화경(身和敬): 몸으로써 일어나는 모든 업식과 촉감으로 접해지는 모든 경계를 불념(佛念)하고, 법념(法念)하고, 시념(施念)하고, 계념(戒念)하고, 승념(僧念)해서, 천념(天念)한다.
구화경(口和敬): 맛과 말로써 접해지는 내처와 외처의 모든 경계에 대해서 육념처관(六念處觀)을 행한다.
의화경(意和敬): 의지와 생각으로 접해지는 내외처의 모든 경계에 대해서 육념처관(六念處觀)을 행한다.
계화경(戒和敬): 접해지는 일체의 경계에 대해 육념처관을 행해서 심·식·의의 습성에 물들지 않는다.
견화경(見和敬): 생멸열반과 중간열반에 머무르지 않고 육근청정(六根淸淨)을 성취해서 대열반으로 나아간다.
이화경(利和敬): 대승의 육념처관(六念處觀)으로 육근원통을 이루고 그로써 일체중생과 본원본제를 이롭게 한다.

"그때에 행자가 이러한 가르침을 듣고, 크게 기뻐하느니라. 다시 외우고 익히어, 마침내 게을리하지 아니하면 공중에서 또 이러한 말씀이 들리리라."

자비희사를 활용한 대자비 수행과 발성 수행, 6념처관을 활용한 육화경의 성취, 이러한 노력을 하다 보면 공중에서 또 다른 목소리가 들려온다는 말씀이시다.

"그대는 지금 몸과 마음을 참회하라. 몸은 살생·도적·음행을 하고, 마음은 모든 착하지 못함을 생각하여 열 가지 나쁜 업과 다섯 가지 무간업(無間業)을 짓느니라."

오무간업(五無間業)을 짓게 되면 무간지옥에 떨어진다.

소승의 오무간업(五無間業)과 대승의 오무간업이 서로 차이가 있다.
어머니를 살해하는 것.
아버지를 살해하는 것.
아라한을 죽이는 것.
부처님 몸에서 피가 나게 하는것.
승가의 화합을 깨트리는 것이 소승의 오무간업(五無間業)이다.

대승의 오무간업(五無間業)중 첫 번째는,
탑을 파괴하고, 경전과 불상을 불태우고, 삼보의 물건을 빼앗거나 그와 같은 짓을 시키는 행위, 또는 그 행위를 보고 기뻐하는 것이다.
두 번째는 소승법이나 대승법을 비방하는 것이다.
세 번째는 출가자가 불법을 닦는 것을 방해하거나 죽이는 것이다.
네 번째는 소승의 오역죄 중 한 가지 죄라도 범하는 것이다.
다섯 번째는 업보가 없다고 생각하고 열 가지 악한 일을 하거나 타인에게 가르치는 것이다.

"마치 원숭이와 같으며 또는 아교와 같아서, 곳곳에 탐내고 집착하여 두루 모든 여섯 가지 감정의 뿌리[六情根] 가운데 이르느니라."

육정근[六情根]이란 육근(六根)과 연결되어 있는 감정의 뿌리를 말한다.
안, 이, 비, 설, 신, 의와 연결된 감정의 뿌리는 혼의식(魂意識)이다. 혼의식이란 혼의 몸에 내장된 업식을 말한다.
12연기의 과정 중에 촉, 수, 애, 취(觸,受,愛,取)를 거치면서 형성된 의식이다.
제7 말라식이라고도 하고 수(受)의식이라고도 한다.
육체 안에서 혼의식은 육장(六腸)에 내재되어 있다.
육장이란 간, 심장, 비장, 폐, 신장, 머리를 말한다.
육장은 혼의식이 내재된 몸이면서 육근에게 생명 에너지를 전달해 주는 보급소이다.
육장이 갖고 있는 이러한 기능성으로 인해서 육근(六根)과 육정근(六情根)이 서로 연결된다.
간과 심장은 눈과 연결되어 있다.
폐와 신장은 귀와 연결되어 있다.
폐와 간은 코와 연결되어 있다.
심장과 비장은 입과 연결되어 있다.
폐와 비장은 몸과 연결되어 있다.
오장 전체는 생각과 연결되어 있다.
감정은 희, 노, 애, 락, 우, 비, 고뇌(喜,怒,愛,樂,憂,悲,苦惱)가 있다.
희(喜)는 심장과 폐의 확장으로 생겨난다.
노(怒)는 높아진 혈압에 간과 신장이 타격을 받으면서 생겨난다.
애(愛)는 생각의 그리움과 오장의 기능이 더해지면서 생겨난다.
락(樂)은 육장이 화평해지면서 생겨난다.
우(憂)는 육장의 기능이 침체되면서 생겨난다.
비(悲)는 심장과 폐가 수축되면서 생겨난다.
고뇌(苦惱)는 심업(心業)과 식업(識業)의 부조화로 생겨난다. 육장 중 머리는 육근의 기능과 육정근의 기능을 동시에 갖고 있다. 머리 영역 중에 육정근의 기능을 하는 영역이 우뇌(右腦)와 대뇌변연계이다.

"이 6근의 업의 가지와 줄기와 꽃과 잎은 모두 삼계와 25유(有)의 온갖 중생의 처소에 두루 찼으며,"

25유(有)란 1. 지옥, 2. 축생, 3. 아귀, 4. 아수라, 5. 불파제, 6. 구야니, 7. 울단월, 8. 염부제(5.6.7.8번은 인간계이다), 9. 사왕천, 10. 도리천 33천, 11. 야마천, 12. 도솔천, 13. 화락천, 14. 타화자재천, 15. 초선천, 16. 대범천, 17. 이선천, 18. 삼선천, 19. 사선천, 20. 무상천, 21. 정거천, 22. 공무변처천, 23. 식무변처천, 24. 무소유처천, 25. 비상비비상처천에서 살아가는 중생들의 종류를 말한다.

"또 무명(無明)과 노사(老死) 등 열두 가지 괴로운 일을 자라게 하며"

무명(無明)과 노사(老死)란 12연기를 말한다.
무명은 각성이 본성을 망각한 상태를 말한다.

"여덟 가지 삿됨[八邪]과 여덟 가지 어려움[八難]에 들르지 않는 곳이 없게 하나니, 그대들은 지금 이와 같이 나쁘고 착하지 못한 업을 참회할지니라' 하시리라."

여덟 가지 삿됨[八邪]이란
1. 사견(邪見): 부정적 견해.
2. 사사유(邪思惟): 부정적인 생각
3. 사어(邪語): 부정적인 말.
4. 사업(邪業): 부정적인 쌓음.
5. 사명(邪命): 부정적인 에너지.
6. 사정진(邪正進): 잘못된 정진
7. 사념(邪念): 잘못된 마음 챙김.
8. 사정(邪定): 잘못된 정의 주체를 세우는 것이다.

여덟 가지 어려움[八難]이란 부처님을 만나지 못하고 정법을 듣지 못하는 여덟 가지 장애나 어려움을 말한다.
1. 지옥에 떨어짐
2. 아귀로 태어남.

3. 동물로 태어남.
4. 외도의 수행자가 태어나는 하늘 세계에 오백겁의 수명을 갖고 태어남.
5. 울단월의 변방에 태어나서 교화를 받지 못함.
6. 부처님이 계신 나라에 태어났지만 업장이 깊어서 육근이 온전하게 갖추어지지 못함.
7. 총명하지만 외도의 문헌에 빠져 정법을 믿지 못함.
8. 부처님이 출현하시기 전후로 태어나서 부처님을 만나지 못함.

"그때에 행자가 이러한 소리를 듣고, 공중을 향하여 묻되 '저는 어느 곳에서 참회법을 행하오리까?' 하면 공중에서 말하되 '석가모니는 비로자나(毘盧遮那)가 온갖 곳에 두루 하시는 분이라 하며, 그 부처님의 머무시는 곳을 상적광(常寂光)이라 하나니"

몸과 마음으로 지은 악업들을 참회하고 나면 비로소 온갖 장소에 두루할 수 있는 역량이 갖추어진다는 말씀이다. 상적광(常寂光)이란 적멸처에 머물러있을 때 생성되는 밝은 성품이다. 비로자나 부처님은 일심법계의 공여래장에서 상적광을 생성해 내시고, 육근원통을 수행하는 행자는 법념처관으로 보살도 초지에 머물러서 상적광을 생성해 낸다. 보살도 초지에 머물러서 참회법을 행하라는 말씀이다.

"상[常]바라밀로 거두어 이룬 곳이며,
상바라밀소섭성처(常波羅蜜所攝成處)"

비로자나 부처님은 상적광(常寂光)을 상(常)바라밀로 성취하셨다는 말씀이시다.
상(常)바라밀이란 멸진정의 상태에서 본각을 구경각으로 전환시키고 무념·무심·간극과 밝은성품을 함께 지켜보는 것을 말한다. 육념처관(六念處觀) 중에 법념처관(法念處觀)을 행하는 것이 상바라밀을 행하는 것이다.
법념처관으로 보살도 초지에 들어가고 그 상태에서 상적광토에 머무르라는 말씀이시다.

"아[我]바라밀로 편안함을 세우는 곳이며,
아바라밀소안립처(我波羅蜜所安立處)"

아바라밀(我波羅蜜)이란 생멸심(生滅心)을 벗어나서 진여심(眞如心)으로 자기를 삼는 것을 말한다.
본성·각성·밝은성품, 해탈지견식(解脫智見識)으로 이루어진 마음이 진여심이다. 진여심에 머물러서 편안함을 세우는 것이 '아바라밀소안립처(我波羅蜜所安立處)'이다.
보살도 4지 염혜지를 성취한 상태이다.

"정[淨]바라밀로 있는 모습을 멸하는 곳이며,

정바라밀멸유상처(淨波羅蜜滅有相處)"

정바라밀(淨波羅蜜)이란 원통식을 체득하기 위한 노력을 말한다. 원통식을 체득하기 위해서는 해탈지견식을 벗어나고 암마라식을 증득한 다음에 육근원통을 이루어야 한다. 이 과정이 보살도 5, 6, 7, 8지 과정에서 이루어진다.
5지 난승지 과정에서는 해탈지견식이 완전하게 제도된다. 그러면서 진여심을 갖출 때 분리시켰던 생멸심이 반야해탈에 들어간다. 이 상태를 멸유상처(滅有相處)라 한다. 해탈지견식이 제도되면 암마라식이 갖추어진다. 암마라식이 갖추어지면 보살도 6지 현전지에 들어간 것이다.
자기 생멸심의 제도를 끝마친 6지 보살은 이때부터 생멸문의 반연중생들을 제도하기 시작한다. 보살도 7지의 과정이다.
이 과정에서도 정바라밀(淨波羅蜜)이 행해진다.
반연중생에 대해 육단시(六段示)하고 육념처(六念處)함으로써 정바라밀이 성취된다.

"락[樂]바라밀로 몸과 마음의 모습에 머물지않는 곳이며, 락바라밀부주신심상처.(樂波羅蜜不住身心相處)"

락바라밀(樂波羅蜜)이란 법념처에 머물러서 밝은성품의 기쁨을 누리는 것을 말한다. 초지 환희지에서도 락바라밀이 이루어지고 10지 법운지에서도 락바라밀이 이루어진다. 초지에서는 자기 진여신 안에서 락바라밀이 이루어지고 10지 법운지에서는 하나의 생멸문 전체에서 락바라밀이 이루어진다.
비로자나불의 락바라밀은 그 대상이 본원본제 여래장 전체이다. 석가모니 부처님의 대자비심으로 제도된 본원본제가 비로자나 부처님이다.
비로자나 부처님은 락바라밀로 생성시킨 밝은성품으로 스스로의 여래장을 덮어가고 있다.
부주신심상처(不住身心相處)란 비로자나 부처님이 본원본제의 체(體)와 상(相)에 머물러 있지 않다는 말씀이시다.

"있고 없는 모든 법의 모습을 보지 않는 곳이며,
불견유무제법상처(不見有無諸法相處)"

제법상처(諸法相處)란 본원본제의 상(相)을 말한다.
곧 무념·무심·간극, 각성으로 이루어진 여시상(如是相)을 말한다.
불견유무(不見有無)란 有와 無를 비추어 보지 않는다는 말이다.
有는 밝은성품을 말한다.
無는 본성의 적멸상(寂滅相)을 말한다.
본원본제는 대자비심으로 각성의 무명적 습성을 제도했기

때문에 더 이상 본성과 밝은성품 사이에서 각조(覺照)를 행하지 않는다는 말씀이시다.

**"여(如)가 대적정에서 해탈한 것이며
여적해탈(如寂解脫)"**

여적해탈(如寂解脫)이란 본원본제가 대적정에서 해탈한 것이다.
여(如)는 본원본제를 칭한다.
여적(如寂)은 본원본제의 적멸상(寂滅相)을 말한다.
상, 락, 아, 정바라밀은 본원본제가 일심법계 부처님과 동법계를 이룬 다음에 나타나는 변화를 절차적으로 표현한 것이다. 상행(上行), 무변행(無邊行), 정행(淨行), 안립행(安立行)이 일심법계 부처님의 관점에서 이루어지는 동법계 이후의 절차라면 상, 락, 아, 정바라밀은 본원본제의 관점에서 이루어지는 동법계 이후의 변화이다.

**"내지반야바라밀(乃至般若波羅蜜)"
나아가 반야바라밀을 성취한 것이니라.**

처음 묘법연화경 1권을 정리하면서 가장 궁금했던 의문들이 몇 가지 있었다. 아래의 질문들이 그 당시 갖고 있던 의문들이다.

'석가모니 부처님과 본원본제는 언제 동법계를 이루는가?
동법계를 이루고 나면 본원본제는 어떤 상태가 되는가?
동법계를 이루고 나면 일심법계 부처님에게는 어떤 변화가 일어나는가?
본원본제는 한번의 동법계 만으로도 제도되는가?
아니면 반복적으로 동법계를 이루어 주어야 하는가?
제도된 본원본제는 어떤 생명이 되는가?'
다른 부처님들은 본원본제와 동법계를 이루었는가?'

이 대목에 와서야 저 모든 질문들에 대한 대답을 들을 수 있었다.
참으로 놀라운 말씀이시다.
상, 락, 아, 정 바라밀과 여적해탈(如寂解脫)도 놀라운 말씀이시고, 본원본제가 제도되어서 비로자나불이 되었다는 말씀은 더욱더 놀라웠다.
석가모니 부처님이 본원본제와 동법계를 이룬 것은 처음 묘각을 이루던 때였다. 석가모니 부처님은 본원본제와 먼저 동법계를 이루고 나서 중생제도와 정토불사를 시작하셨다. 석가모니 부처님이 본원본제와 동법계를 이루기 위해 활용했던 방편이 동법계 다라니이다.
'람'자 발성이 이때에 활용했던 동법계 다라니이다.

라자색선백(囉字色鮮白): 라(囉)의 색은 매우 하얗다.

공점이엄지(空點以嚴之): 라(囉)자 위에 공점을 안치해서, 람(嚂)자를 만들라.
여피계명주(如彼髻明珠): 본원본제의 가피가 상투의 명주(明珠)와 같으리.
치지어정상(置之於頂上): 람자의 상(相)을 맨 위단에 놓으라.
진언동법계(眞言同法界): 그로써 본원본제와 동법계를 이루는도다.
무량중죄제(無量众罪除): 무량한 죄업이 씻어지고
일체촉예처(一切觸穢處): 일체처의 모든 더러움이 씻어지느니
당가차자문(當加此字門): 응당 이 자문(字門)을 가지(加持)할 지어다.

동법계가 이루어진 본원본제는 상, 락, 아, 정바라밀을 행하게 된다. 그 과정에서 원통식과 대자비심이 갖추어지고 각성의 무명적 습성과 밝은성품의 자연적 성향을 제도하게 된다. 동법계를 통해 제도된 본원본제는 등각의 상태가 된다. 그 상태에서 여래장계로 펼쳐지는 락(樂)바라밀을 행하면서 묘각에 들어간다. 여래장이 곧 본원본제의 몸이다. 본원등각보살은 자기 몸을 제도하는 락바라밀을 행하면서 비로자나불이 된다.

동법계를 이룬 일심법계 부처님은 상행(上行), 무변행(無邊行), 정행(淨行), 안립행(安立行)을 행하면서 본원본제의 향하문적 성향을 제도해간다.

상행으로 각성의 무명적 습성을 제도한다.
이 과정에서 본원본제는 대자비를 갖추게 된다.
무변행으로 본원본제의 밝은성품을 제도한다.
이 과정에서 밝은성품의 자연적 성향이 제도되고 천백억 등각화신불이 출현한다.
정행으로 본원본제의 식의 바탕을 제도한다.
이 과정을 통해 본원본제가 원통식을 갖추게 된다.
안립행으로 본원본제의 심의 바탕을 제도한다.
이로써 본원본제가 능연지력(能緣智力)을 갖추게 된다.
동법계의 과정을 통해 일심법계 부처님은 능연지력과 십력(十力)을 함께 갖추게 된다. 이로써 새로운 여래장을 창조할 수 있는 능력과 시간과 공간을 임의롭게 조절할 수 있는 신통을 갖추게 된다.
부처님의 수명이 무한한 것은 능연지력과 십력 때문이다.

본원본제는 한 번의 동법계 만으로도 제도된다.
제도된 본원본제는 佛이 된다.
다른 부처님들도 본원본제와 동법계를 이룰 수 있다.
하지만 비로자나불의 본신과 동법계를 이룬 것은 석가모니불이 유일하다.

"이 색(色)은 항상 머무는 법이기 때문이니, 마땅히 이렇게 시방의 부처님을 관찰할지니라' 하리라."

'이 색(色)'이란 심식(心識)의 바탕을 말한다.
심식의 바탕은 없어지지 않기 때문에 육념처관을 통해서 상, 락, 아, 정(常樂我淨) 바라밀을 성취하라는 말씀이시다.

견성오도 이전에는 심·식의 바탕이 서로 동떨어져 있다.
심의 바탕은 감정의 원인이 되고 식의 바탕은 의식의 원인이 되어서 서로 동떨어져 있다.
심의 바탕을 무심(無心)이라 하고 식의 바탕은 무념(無念)이라 한다.
선정의 단계에 따라서 무념·무심에 대한 인식력이 서로 달라진다.
견성오도가 성취되면 심·식의 바탕이 서로를 비추게 된다.
견성오도를 통해 변화되는 심·식의 바탕을 혜(慧)라 한다.
해탈도를 통해 변화되는 심·식의 바탕을 해탈(解脫)이라 한다. 멸진정을 통해 의식·감정·의지가 분리된 심·식의 바탕을 해탈지견(解脫智見)이라 한다.
보살도 5지를 거치면서 변화된 심·식의 바탕을 암마라식이라한다.
보살도 9지에서 갖추어지는 심·식의 바탕을 원통식(圓通識)이라 한다.
원통식이 불공여래장으로 전환되고 불식(佛識)이 된다.
이렇듯 수행의 단계와 성취에 따라서 심식의 바탕은 변화하지만 그것이 없어지는 것이 아니다.

이것을 "이 색(色)은 항상 머무는 법이기 때문이니"라고 표현하셨다.
본원본제가 출현하는 것도 심식(心識)의 바탕이 한 자리를 이루었을 때 이루어진다. 이 과정을 연(緣)이라 말씀하셨다.

"이때에 시방의 부처님이 각각 오른손을 펴서 행자의 머리를 만지며 말씀하시되 '장하고 장하도다. 선남자여, 네가 대승경전을 외우는 까닭에 시방의 모든 부처님이 참회하는 법을 말씀하셨느니라. 보살의 행하는 바는 매듭[結]과 부림[使]을 끊지 않고, 부림의 바다에 머물지도 않느니라."

대승경전을 외운다는 것은 육념처관을 행한다는 것이다.
결사(結使)란 맺고 끊음을 말한다.
보살은 맺고 끊음에 연연하지 않는다는 말씀이다.

본문

觀心無心。從顚倒想起。如此想心從妄想起。如空中風無
관심무심. 종전도상기. 여차상심종망상기. 여공중풍무
依止處。如是法相。不生。不滅。何者是罪。何者是福。
의지처. 여시법상. 불생. 불멸. 하자시죄. 하자시복.
我心自空。罪福無主。一切法如是。無住。無壞。如是懺
아심자공. 죄복무주. 일체법여시. 무주. 무괴. 여시참

悔。 觀心無心。 法不住法中。 諸法解脫。 滅諦寂靜。 如是
회. 관심무심. 법부주법중. 제법해탈. 멸체적정. 여시
想者。 名大懺悔。 名莊嚴懺悔。 名無罪相懺悔。 名破壞心
상자, 명대참회, 명장엄참회, 명무죄상참회, 명파괴심
識。 行此懺悔者。 身心清淨。 不住法中猶如流水念念之中
식. 행차참회자. 신심청정. 부주법중유여유수염염지중
得見普賢菩薩及十方佛。 時。 諸世尊以大悲光明爲於行者
득견보현보살급시방불. 시. 제세존이대비광명위어행자
說無相法。 行者聞說第一義空。 行者聞已心不驚怖。 應時
설무상법. 행자문설제일의공. 행자문이심불경포. 응시
卽入菩薩正位。 佛告阿難。 如是行者。 名爲懺悔。 此懺悔
즉입보살정위. 불고아난. 여시행자. 명위참회. 차참회
者。 十方諸佛。 諸大菩薩所懺悔法。 佛告阿難。 佛滅度後。
자. 시방제불. 제대보살소참회법. 불고아난. 불멸도후.
佛諸弟子若有懺悔惡不善業。 但當誦讀大乘經典。 此方等
불제제자약유참회악불선업. 단당송독대승경전. 차방등
經是諸佛眼。 諸佛因是得具五眼。 佛三種身從方等生。
경시제불안. 제부인시득구오안. 불삼종신종방등생.
是大法印。 印涅槃海。 如此海中能生三種佛清淨身。 此三
시대법인. 인열반해. 여차해중능생삼종불청정신. 차삼
種身。 人天福田應供中最。 其有誦讀大方等典。 當知此人
종신. 인천복전응공중최. 기유송독대방등전. 당지차인
具佛功德。 諸惡永滅。 從佛慧生。 爾時。 世尊而說偈言。

구불공덕. 제악영멸. 종불혜생. 이시. 세존이설게언.

마음을 관찰하되 마음이 없으면 뒤바뀐 생각에서 일어나리라. 이러한 생각은 망상에서 일어나거니와 마치 공중의 바람이 의지하는 곳이 없는 것 같이 이 법상(法相)도 나지 않고 멸하지 않거늘, 어떤 것이 죄이며 어떤 것이 복이랴.
내 마음이 스스로 공하여 죄와 복은 주장이 없으며, 온갖 법도 이와 같으니라. 머무름 없고 무너짐도 없나니, 이와 같이 참회하면 마음을 관찰하되 마음이 없고, 법은 법에 머물지 않으리라. 모든 법은 해탈이며, 적멸의 진리[滅諦]이며, 적정(寂靜)이리니, 이렇게 생각하는 이는 큰 참회라 하며, 장엄한 참회라 하며, 죄의 모습 없는 참회라 하며, 심식(心識)을 파괴한다 하느니라. 이 참회를 행하는 이는 몸과 마음이 청정하여 법 가운데 머물지 않고, 마치 흐르는 물과 같이 생각 생각에 보현보살과 시방의 부처님을 뵈오리라' 하시리라.
이때에 모든 세존께서 대비 광명으로써 행자를 위하여 모습 없는 법[無相法]을 말씀하시면 행자는 제일의공(第一義空)의 뜻을 들으리라.
행자가 듣고 놀라는 마음이 없으면 즉시에 보살의 바른 지위에 들어가리라."
부처님께서는 아난에게 말씀하셨다.
"이렇게 행하는 것을 '참회(懺悔)'라 하나니, 이 참회는 시방의 모든 부처님과 모든 보살들이 참회하시던 법이니라."

부처님께서는 아난에게 말씀하셨다.
"부처님이 멸도 하신 뒤에 부처님의 모든 제자들이 나쁘고 착하지 못한 업을 참회하려 하면 다만 대승경전만을 외울지니라. 이 방등(方等)의 경전은 모든 부처님의 눈이니, 모든 부처님은 이로 인하여 다섯 눈[五眼]을 구족하시고, 부처님의 세 가지 몸도 방등에서 났느니라. 이는 큰 법의 도장[印]이어서 열반의 바다를 인(印)치나니, 이 바다에서는 능히 세 가지 부처님의 청정한 몸을 내느니라. 이 세 가지 몸은 인간과 천상의 복밭이어서 공양을 받을 이 가운데선 으뜸이니라. 만일 어떤 이가 큰 방등경전을 독송하면 마땅히 이 사람은 부처님의 공덕을 구족하여 모든 악이 영원히 소멸하고 부처님의 지혜에서 나온 줄 알지니라."
그때에 세존께서 게송을 말씀하셨다.

강설

"마음을 관찰하되 마음이 없으면 뒤바뀐 생각에서 일어나리라."

앞의 마음은 본성이다.
무념·무심·간극에 머물러서 불념처관(佛念處觀)을 행하는 것이다.
뒤의 마음은 업식이며 심식의(心識意)이다.

뒤바뀐 생각에서 일어난다는 것은 뒤바뀐 생각에서 벗어난다는 말씀이시다.
불념처관을 행하면서 업식이 일어나지 않으면 전도된 몽상을 멀리 여읜 것이라는 말씀이시다.

"이러한 생각은 망상에서 일어나거니와 마치 공중의 바람이 의지하는 곳이 없는 것 같이 이 법상(法相)도 나지 않고 멸하지 않거늘"

전도된 생각은 망상에서 일어난다는 말씀이시다.
전도된 생각은 법상(法相)을 내지도 않고 또한 없어지게 하지도 않는다는 말씀이시다.

"어떤 것이 죄이며 어떤 것이 복이랴. 내 마음이 스스로 공하여 죄와 복은 주장이 없으며, 온갖 법도 이와 같으니라."

그러하기 때문에 전도된 생각에는 죄와 복도 없다는 말씀이시다. 마음 바탕이 스스로 공해서 죄와 복이 붙을 자리가 없고 온갖 일어남도 그와 같다는 말씀이시다.

"머무름 없고 무너짐도 없나니, 이와 같이 참회하면 마음을 관찰하되 마음이 없고, 법은 법에 머물지 않으리라."

마음 바탕의 청정한 자리는 머무름도 없고 무너짐도 없어서 그 자리를 관하는 것이 참회라는 말씀이시다.
육근청정을 성취하고 그 자리를 관하면 일체의 심·식·의도 없고 일어나는 마음들도 그 상태에 머물지 않는다는 말씀이시다.

"모든 법은 해탈이며"

육념처관으로 육근청정을 이루는 법은 그 자체가 해탈이라는 말씀이시다.

"적멸의 진리[滅諦]이며"

육근청정의 법이 멸성제라는 말씀이시다.

"적정(寂靜)이리니"

육근청정으로 적정에 들어간다는 말씀이시다.

"이렇게 생각하는 이는 큰 참회라 하며, 장엄한 참회라 하며, 죄의 모습 없는 참회라 하며, 심식(心識)을 파괴한다 하느니라."

육근청정을 이루는 육념처관이 크고, 장엄하고, 죄의 모습이 없는 참회라는 말씀이시다.
그로써 심식의 업장이 파괴된다는 말씀이시다.

"이 참회를 행하는 이는 몸과 마음이 청정하여 법 가운데 머물지 않고, 마치 흐르는 물과 같이 생각 생각에 보현보살과 시방의 부처님을 뵈오리라' 하시리라."

육념처관으로 참회하는 이는 몸과 마음이 청정하여 법 가운데 머물지 않고, 생각 생각에 보현보살과 시방의 부처님을 보게 된다는 말씀이시다.

"이때에 모든 세존께서 대비 광명으로써 행자를 위하여 모습 없는 법[無相法]을 말씀하시면 행자는 제일의공(第一義空)의 뜻을 들으리라.
행자가 듣고 놀라는 마음이 없으면 즉시에 보살의 바른 지위에 들어가리라."

이때 부처님들이 설하시는 무상법은 대적정(大寂靜)의 법이다. 육근청정을 이루게 되면 의식·감정·의지를 분리시키지 않고 대적정에 들어간 것이다.
이런 사람은 생멸심을 분리시키지 않고도 보살도에 들어가게 된다는 말씀이시다.

부처님께서는 아난에게 말씀하셨다.
"이렇게 행하는 것을 '참회(懺悔)'라 하나니, 이 참회는 시방의 모든 부처님과 모든 보살들이 참회하시던 법이니라."

육념처관으로 육근청정을 이루는 것이 참다운 참회라는 말씀이시다.
이 참회법으로 시방의 모든 부처님과 모든 보살들이 참회를 하셨다는 말씀이시다.

부처님께서는 아난에게 말씀하셨다.
"부처님이 멸도 하신 뒤에 부처님의 모든 제자들이 나쁘고 착하지 못한 업을 참회하려 하면 다만 대승경전만을 외울지니라."

대승경전을 외우라는 것은 육념처관으로 육근청정을 행하라는 말씀이시다.

"이 방등(方等)의 경전은 모든 부처님의 눈이니, 모든 부처님은 이로 인하여 다섯 눈[五眼]을 구족하시고, 부처님의 세 가지 몸도 방등에서 났느니라."

대승의 수행체계는 네 가지 진로로 이루어져 있다.
첫 번째 진로는 각성의 법이다.

표면적 유위각(상사각) - 미세적유위각(수분각) - 일시적 무의각(시각) - 본연적 무위각(본각) - 구경각 - 등각 - 묘각의 절차로 각성을 진보시킨다.

두 번째 진로는 본성의 법이다.
초선정 - 이선정 - 삼선정 - 4선정(견성오도) - 공무변처정(금강, 허공해탈도) - 식무변처정(금강, 허공해탈도) - 무소유처정(반야해탈도) - 비상비비상처정(아나함과) - 상수멸정(아라한과) - 보살도(초지~10지까지) - 등각도 - 묘각도의 절차로 이루어져 있다.

세 번째 진로는 밝은성품의 법이다.
살갗 제도 - 장부 제도 - 뼈 제도(척추뼈, 갈비뼈, 꼬리뼈, 머리뼈) - 말초신경 제도 - 생식세포 제도 - 중추신경 제도 - 세포 제도 - 사대의 제도 - 양신배양 - 구족색신삼매 - 현일체색신삼매 - 천백억화신의 절차로 이루어져 있다.

네 번째 진로는 심식의 법이다.
무심의 인식 - 무념의 인식 - 무념 무심의 진보(네단계) - 육근의 인식 - 육단시(六段示) - 육념처관 - 육근청정 - 육근원통 - 불공여래장 - 불식(佛識)의 절차로 이루어져 있다.

방등경전을 통해서 이 네 가지 깨달음의 절차와 방법을 체득한다.

각성의 일로써 묘각을 이루고
본성의 일로써 대적정과 공여래장을 이룬다.
밝은성품의 일로써 천백억화신을 이루고
심식의 일로써 대자비와 육근원통, 대지혜를 이룬다.

불(佛)의 오안은 육안(肉眼), 천안(天眼), 혜안(慧眼), 법안(法眼), 불안(佛眼)이다.

부처님의 세 가지 몸은 법신(法身), 보신(報身), 화신(化身)이다. 본성의 적멸상(寂滅相)으로 법신을 이룬다.
본성의 무심(無心)으로 화신을 이룬다.
본성의 무념(無念)으로 보신을 이룬다.

"이는 큰 법의 도장[印]이어서 열반의 바다를 인(印)치나니, 이 바다에서는 능히 세 가지 부처님의 청정한 몸을 내느니라."

이 네 가지 법은 대승의 도장이어서 열반의 바다로 들어가는 징표라는 말씀이다.
이 바다에서 법신, 보신, 화신이 출현하신다는 말씀이시다.

"이 세 가지 몸은 인간과 천상의 복밭이어서 공양을 받을 이 가운데선 으뜸이니라. 만일 어떤 이가 큰 방등경전을 독송하면 마땅히 이 사람은 부처님의 공덕을 구족하여 모든 악이 영원히 소멸하고 부처님의 지혜에서 나온 줄 알지니라."

큰 방등경전이란 대승의 방등경전을 말한다.
대승법으로 네 가지 진로의 닦음을 행하는 이는 부처님의 공덕을 구족하고, 모든 악을 소멸하며, 부처님의 지혜에서 나온 사람인 줄 알라는 말씀이시다.

본문

若有眼根惡	業障眼不淨	但當誦大乘	思念第一義
약유안근악	**업장안부정**	**단당송대승**	**사념제일의**
是名懺悔眼	盡諸不善業	耳根聞亂聲	壞亂和合義
시명참회안	**진제불선업**	**이근문난성**	**괴란화합의**
由是起狂亂	猶如癡猿猴	但當誦大乘	觀法空無相
유시기광란	**유여치원후**	**단당송대승**	**관법공무상**
永盡一切惡	天耳聞十方	鼻根著諸香	隨染起諸觸
영진일체악	**천이문시방**	**비근착제향**	**수염기제촉**
如此狂惑鼻	隨染生諸塵	若誦大乘經	觀法如實際
여차광혹비	**수염생제진**	**약송대승경**	**관법여실제**

永離諸惡業	後世不復生	舌根起五種	惡口不善業
영리제악업	**후세불복생**	**설근기오종**	**악구불선업**
若欲自調順	應勤修慈心	思法眞寂義	無諸分別相
약욕자조순	**응근수자심**	**사법진적의**	**무제분별상**
心根如猿猴	無有暫停時	若欲折伏者	當勤誦大乘
심근여원후	**무유잠정시**	**약욕절복자**	**당근송대승**
念佛大覺身	力無畏所成	身爲機關主	如塵隨風轉
염불대각신	**력무외소성**	**신위기관주**	**여진수풍전**
六賊遊戱中	自在無罣导	若欲滅此惡	永離諸塵勞
육적유희중	**자재무가애**	**약욕멸차악**	**영리제진로**
常處涅槃城	安樂心恬怕	當誦大乘經	念諸菩薩母
상처열반성	**안락심염파**	**당송대승경**	**념제보살모**
無量勝方便	從思實相得	如此等六法	名爲六情根
무량승방편	**종사실상득**	**여차등육법**	**명위육정근**
一切業障海	皆從妄想生	若欲懺悔者	端坐念實相
일체업장해	**개종망상생**	**약욕참회자**	**단좌염실상**
衆罪如霜露	慧日能消除	是故應至心	懺悔六情根
중죄여상로	**혜일능소제**	**시고응지심**	**참회육정근**

만일눈에	죄악있어	업장의눈	안맑으면
오직대승	경전외며	제일의를	생각하라
그리하면	업장눈이	참회안이	될것이니
모든나쁜	업을다해	없애는	것이된다

귀로들은　어지럽고　난잡한　소리들은
그로인해　화합하는　이치를　망가뜨려
어리석은　원숭이처럼　어지러움　일으키니
오직대승　경전외며　공한법을　관하면서
무상의법　알게되면　그로인해　얻는공덕
온갖죄악　영원히　멸하게　되는고로
하늘귀를　갖게되어　시방을　들으리라
코로맡는　모든향기　집착하게　되는고로
이런코는　미혹하여　경계따라　반응하여
경계마다　집착하여　모든티끌　내게되니
만일대승　경전외며　법문참뜻　관하면은
그로인해　영원히　나쁜업을　여의고서
다시는　후세에　태어나지　않게된다
혀로짓는　다섯가지　나쁜말과　나쁜업을
스스로가　길들이고　다스리려　한다면은
반드시　부지런히　자비심을　닦을지라
참된법의　진의와　고요한뜻　생각하여
분별하는　모든모습　사라지게　할지어다
마음의　깊은뿌리　원숭이와　같아서는
잠시라도　멈추는　순간일랑　없다보니
어지러운　마음뿌리　항복시키려　한다면은
필히대승　경전읽고　부처님몸　생각하되
십력과　무소외로　이루어짐　생각하라

티끌들이	바람따라	이리저리	움직이듯
몸도또한	그와같아	기관들에	좌우되니
여섯도적	제멋대로	노니는	가운데서
자재하여	일체걸림	없도록	할지어다
모든악을	소멸하여	영원토록	바라기를
모든번뇌	벗어나고	열반성에	늘머물며
언제나	안락한맘	고요하길	바란다면
마땅히	대승경전	외우면서	떠올리길
모든보살	그분들의	어머니를	생각하면
한량없는	수승방편	실상으로	얻어진다
이와같은	여섯법을	여섯감정	뿌리라하니
온갖업장	모인바다	망상에서	생기니라
여섯뿌리	진정으로	참회코자	하는이는
단정하게	앉아서는	실상의일	생각하라
모든죄는	비유하면	이슬이나	서리같아
지혜빛이	햇빛처럼	모든죄를	녹이니라
그러므로	마땅히	지극하온	마음으로
여섯가지	감정뿌리	진심으로	참회하라

강설

무엇 하나 덧붙일 것이 없는 감동스러운 말씀이다. 부처님이 보고 싶다.

본문

說是偈已。佛告阿難。汝今持是懺悔六根觀普賢菩薩法。
설시게이. 불고아난. 여금지시참회육근관보현보살법.
普爲十方諸天世人廣分別說。佛滅度後。佛諸弟子若有受
보위시방제천세인광분별설. 불멸도후. 불제제자약유수
持。讀誦。解說方等經典。應於靜處。若在塚閒。若林樹
지. 독송. 해설방등경전. 응어정처. 약재총간. 약림수
下。阿練若處。誦讀方等。思大乘義。念力强故。得見我
하. 아란야처. 송독방등. 사대승의. 염력강고. 득견아
身及多寶佛塔。十方分身無量諸佛。普賢菩薩。文殊師利
신급다보불탑. 시방신분무량제불. 보현보살. 문수사리
菩薩。藥王菩薩。藥上菩薩。恭敬法故。持諸妙華住立空
보살. 약왕보살. 약상보살. 공경법고. 지제묘화주립공
中。讚歎恭敬行持法者。但誦大乘方等經故。諸佛。菩薩
중. 찬탄공경행지법자. 단송대승방등경고. 제불. 보살
晝夜供養是持法者。佛告阿難。我與賢劫諸菩薩及十方諸
주야공양시지법자. 불고아난. 아여현겁제보살급시방제
佛。因思大乘眞實義故。除卻百萬億億劫阿僧祇數生死之
불. 인사대승진실의고. 제각백만억억겁아승지수생사지
罪。因此勝妙懺悔法故。今於十方各得爲佛。若欲疾成阿
죄. 인차승묘참회법고. 금어시방각득위불. 약욕질성아
耨多羅三藐三菩提者。若欲現身見十方佛及普賢菩薩。當

녹다라삼먁삼보리자. 약욕현신견시방불급보현보살. 당
淨澡浴。 著淨潔衣。 燒衆名香。 在空閑處。 應當誦讀大乘
정조욕. 착정결의. 요중명향. 재공한처. 응당송독대승
經典。 思大乘義。 佛告阿難。 若有衆生欲觀普賢菩薩者。
경전. 사대승의. 불고아난. 약유중생욕관보현보살자.
當作是觀。 作是觀者是名正觀。 若他觀者是名邪觀。 佛滅
당작시관. 작시관자시명정관. 약타관자시명사관. 불멸
度後。 佛諸弟子隨順佛語行懺悔者。 當知是人行普賢行。
도후. 불제제자수순불어행참회자. 당지시인행보현행.
行普賢行者, 不見惡相及惡業報。 其有衆生晝夜六時禮十
행보현행자, 불견악상급악업보. 기유중생주야육시례시
方佛, 阿僧祇劫生死之罪。 行此行者, 眞是佛子, 從諸佛
방불, 아승지겁생사지죄. 행차행자. 진시불자. 종제불
生。 十誦大乘經。 思第一義甚深空法。 一彈指頃。 除去百
생. 시송대승경. 사제일의심심공법. 일탄지경. 제거백
萬億億方諸佛及諸菩薩爲其和上。 是名具足菩薩戒者。 不
만억억방제불급제보살위기화상. 시명구족보살계자. 불
須羯磨自然成就。 應受一切人天供養。
수갈마자연성취, 응수일체인천공양.

이 게송을 설하시고 나서 부처님께서는 아난에게 말씀하셨다.
"너는 지금 이 6근(根)을 참회하고 보현보살을 관찰하는 법을
가져, 널리 시방의 모든 하늘과 세간과 인간을 위하여 분별하

고 연설하라. 부처님이 멸도 하신 뒤에 부처님의 모든 제자로서 방등경전을 지니고 외우고 해설하려는 이가 있거든 마땅히 고요한 곳이거나 무덤 사이에서나 나무 밑에서나 아란야(阿練若)에서 방등을 외우고 대승을 생각할지니라. 생각하는 힘이 강한 까닭에 내 몸과 다보불탑(多寶佛塔)과 시방에 몸을 나누신 한량없는 모든 부처님과 보현보살과 문수사리보살과 약왕(藥王)보살과 약상(藥上)보살을 보리라. 법을 공경하는 까닭에 여러 가지 묘한 꽃을 가지고 공중에 서서 법을 행하거나 지니는 이를 찬탄하고 공경하시리니, 다만 대승 방등경을 외우기 때문에 모든 부처님·보살이 밤낮으로 이 법을 지니는 자에게 공양하시느니라."

부처님께서 다시 아난에게 말씀하셨다.

"나와 현겁(賢劫)의 모든 보살과 시방의 모든 부처님이 대승의 진실한 뜻을 생각한 까닭에 백천만억겁 아승기 수효의 나고 죽는 죄를 제거하였느니라. 이 뛰어나고 미묘한 참회법에 인한 까닭에 이제 시방에서 각각 부처를 이루셨느니라. 만일 아뇩다라삼먁삼보리를 빨리 이루고자 하거나 시방의 부처님과 보현보살을 눈앞에 보고자 하는 이는 마땅히 깨끗하게 목욕하고 깨끗한 옷을 입고 뭇 이름난 향을 사르고 고요한 곳에서 대승경전을 외우고 대승의 뜻을 생각할지니라."

부처님께서 다시 아난에게 말씀하셨다.

"만일 어떤 중생이 보현보살을 보고자 한다면 반드시 이 관을 닦을지니, 이러한 관을 닦는 이를 '바른 관[正觀]'이라 하고,

다르게 관하는 이를 '삿된 관[邪觀]'이라 하느니라. 부처님께서 멸도 하신 뒤에 부처님의 모든 제자로서 부처님의 말씀을 수순하여 참회법을 행하는 사람은 보현행(普賢行)을 행하는 사람임을 알지니라. 보현행을 행하는 사람은 나쁜 모습과 나쁜 업보를 보지 않게 되리라. 만일 어떤 중생이 밤낮으로 여섯 때에 시방의 부처님께 예배하고 대승경전을 생각하고 제일의(第一義)의 매우 깊고 공한 법을 생각하면, 손가락 튀기는 사이에 백만억 아승기겁의 나고 죽는 죄를 제거하리라. 이 행을 행하는 이는 참으로 불자(佛子)이니, 모든 부처님으로부터 나왔느니라. 시방의 모든 부처님과 모든 보살이 그에게 화상(和上)이 되리니, 이를 구족히 보살계(菩薩戒)를 지니는 이라 하느니라. 갈마(羯磨)를 구하지 않아도 자연히 성취하여 온갖 인간과 천상의 공양을 받으리라.

강설

"너는 지금 이 6근(根)을 참회하고 보현보살을 관찰하는 법을 가져, 널리 시방의 모든 하늘과 세간과 인간을 위하여 분별하고 연설하라. 부처님이 멸도 하신 뒤에 부처님의 모든 제자로서 방등경전을 지니고 외우고 해설하려는 이가 있거든 마땅히 고요한 곳이거나 무덤 사이에서나 나무 밑에서나 아란야(阿練若)에서 방등을 외우고 대승을 생각할지니라."

대승을 생각한다는 것은 육념처관을 행하고 6근 청정을 이루라는 말씀이시다.

"생각하는 힘이 강한 까닭에 내 몸과 다보불탑(多寶佛塔)과 시방에 몸을 나누신 한량없는 모든 부처님과 보현보살과 문수사리보살과 약왕(藥王)보살과 약상(藥上)보살을 보리라."

염력(念力)이란 마음 챙김의 힘과 심신해상(深信解相)하는 힘을 말한다.
즉 각성을 투철하게 유지한 상태에서 심신해상이 이루어진다는 말이다.

"법을 공경하는 까닭에 여러 가지 묘한 꽃을 가지고 공중에 서서 법을 행하거나 지니는 이를 찬탄하고 공경하시리니, 다만 대승 방등경을 외우기 때문에 모든 부처님·보살이 밤낮으로 이 법을 지니는 자에게 공양하시느니라."

육근청정을 닦는 사람은 수많은 불보살님들이 호념하신다는 말씀이시다.

부처님께서 다시 아난에게 말씀하셨다.
"나와 현겁(賢劫)의 모든 보살과 시방의 모든 부처님이 대승의 진실한 뜻을 생각한 까닭에 백천만억겁 아승기 수효의 나고 죽는 죄를 제거하였느니라. 이 뛰어나고 미묘한 참회법에 인한 까닭에 이제 시방에서 각각 부처를 이루셨느니라. 만일 아뇩다라삼먁삼보리를 빨리 이루고자 하거나 시방의 부처님과 보현보살을 눈앞에 보고자 하는 이는 마땅히 깨끗하게 목욕하고 깨끗한 옷을 입고 뭇 이름난 향을 사르고 고요한 곳에서 대승경전을 외우고 대승의 뜻을 생각할지니라."

석가모니 부처님과 현겁의 모든 보살들과 시방의 모든 부처님들이 육근청정의 법으로써 백천만억겁 아승기 수효의 나고 죽는 죄를 제거했다는 말씀이시다.
아뇩다라삼먁삼보리를 빨리 이루고자 하는 사람은 반드시 육념처관을 행하라고 말씀하신다.

부처님께서 다시 아난에게 말씀하셨다.
"만일 어떤 중생이 보현보살을 보고자 한다면 반드시 이 관을 닦을지니, 이러한 관을 닦는 이를 '바른 관[正觀]'이라 하고, 다르게 관하는 이를 '삿된 관[邪觀]'이라 하느니라."

불념처관, 법념처관, 승념처관, 시념처관, 계념처관, 천념처관이 바른 관법이고 그 법식에서 벗어난 것은 잘못된 관이라는 말씀이시다.

"부처님께서 멸도 하신 뒤에 부처님의 모든 제자로서 부처님의 말씀을 수순하여 참회법을 행하는 사람은 보현행(普賢行)을 행하는 사람임을 알지니라. 보현행을 행하는 사람은 나쁜 모습과 나쁜 업보를 보지 않게 되리라. 만일 어떤 중생이 밤낮으로 여섯 때에 시방의 부처님께 예배하고 대승경전을 생각하고 제일의(第一義)의 매우 깊고 공한 법을 생각하면, 손가락 튀기는 사이에 백만억 아승기겁의 나고 죽는 죄를 제거하리라."

'제일의(第一義)의 매우 깊고 공한 법'이란 불념처관을 통해 인식하는 대적정이다.
하루 여섯 때에 육념처관을 하면서 불념처관을 하게 되면 잠깐 사이에 백만억 아승기 겁의 나고 죽는 죄를 제거하게 된다는 말씀이시다.

"이 행을 행하는 이는 참으로 불자(佛子)이니, 모든 부처님으로부터 나왔느니라. 시방의 모든 부처님과 모든 보살이 그에게 화상(和上)이 되리니, 이를 구족히 보살계(菩薩戒)를 지니는 이라 하느니라. 갈마(羯磨)를 구하지 않아도 자연히 성취하여 온갖 인간과 천상의 공양을 받으리라."

육근청정을 이룬 사람은 이미 보살계를 구족한 것이라는 말씀이시다.

본문

爾時。行者若欲具足菩薩戒者。應當合掌在空閑處遍禮十
이시. 행자약욕구족보살계자. 응당합장재공한처편례시
方佛。懺悔諸罪。自說己過。然後靜處白十方佛而作是言。
방불. 참회제죄. 자설이과. 연후정처백시방불이작시언.
諸佛世尊常住在世。我業障故。雖信方等見佛不了。今歸
제불세존상주재세. 아업장고. 수신방등견불불료. 금귀
依佛。唯願釋迦牟尼正遍知。世尊爲我和上。文殊師利具
의불. 유원석가모니정변지. 세존위아화상. 문수사리구
大慧者願以智慧授我淸淨諸菩薩法。彌勒菩薩勝大慈日憐
대혜자원이지혜수아청정제보살법. 미륵보살승대자일린
愍我故亦應聽我受菩薩法。十方諸佛現爲我證。諸大菩薩
민아고역응청아수보살법. 시방제불현위아증. 제대보살
各稱其名。是勝大士覆護衆生。助護我等今日受持方等經
명칭기명. 시승대사복획중생. 조획아등금일수지방등경
典。乃至失命。設墮地獄受無量苦。終不毀謗諸佛正法。
전. 내지실명. 설타지옥수무량고. 종불훼체제불정법.
以是因緣功德力故。今釋迦牟尼佛爲我和上。文殊師利爲
이시인연공덕력고. 금석가모니불위아화상. 문수사리위
我阿闍梨。當來彌勒願授我法。十方諸佛願證知我。大德
아아사리. 당래미륵원수아법. 시방제불원증지아. 대덕
諸菩薩願爲我伴。我今依大乘經甚深妙義。歸依佛。歸依

제보살원위아반. 아금의대승경심심묘의. 귀의불. 귀의
法。歸依僧。如是三說。歸依三寶已。次當自誓受六重法。
법. 귀의승. 여시삼설. 귀의삼보이. 차당자서수육중법.

그때에 행자가 보살계를 구족히 하고자 하면 마땅히 합장하고 한가한 곳에서 두루 시방의 부처님께 예배하고 모든 죄를 참회할지니라.

스스로가 자기의 허물을 말한 뒤에 고요한 곳에서 시방의 부처님께 말하되 '모든 부처님 세존께서는 항상 세간에 머무시건만 저희들은 업장 때문에 방등을 믿으면서도 부처님을 분명히 뵈옵지 못합니다. 이제 부처님께 귀의하오니, 바라옵건대 석가모니 정변지·세존께서는 화상이 되어 주시고, 큰 지혜를 갖추신 문수사리께서는 지혜로써 저에게 청정한 모든 보살법을 주시고, 수승하고 크신 자비의 해이신 미륵보살께서는 저를 불쌍히 여기시어 제가 보살법 받는 일을 허락하여 주시고, 시방의 모든 부처님께서는 저에게 증명이 되어 주시고, 모든 대보살들은 각각 이름에 맞는 뛰어난 대사(大士)로서 중생을 보호하시나니, 저희들을 돕고 보호하옵소서. 오늘 방등 경전을 받아지니옵고 목숨을 잃거나 나아가 지옥에 떨어져 한량없는 고통을 받을지라도, 마침내 모든 부처님의 바른 법을 헐거나 비방하지 않겠습니다. 이러한 인연과 공덕의 힘으로 이제 석가모니 부처님께서는 저에게 화상이 되시고, 문수사리께서는 저에게 아사리(阿闍梨)가 되시고, 당래(當來)의 미륵보살께서는 저에게 법을 주시고, 시방의 모든 부처님께서는 저를 증명하시고, 덕이 높은 모든 보살은 저의 벗[伴]이 되어 주옵소서. 제가 이제 대승경전의 매우 깊고 미묘한 뜻에 의하여 부처님께 귀의하며, 법에 귀의하며, 스님들께 귀의합니다.'
이렇게 세 번 말하여 3보에 귀의한 뒤에는 스스로가 맹세하고 여섯 가지 무거운 법[六重法]을 지닐 지니라.

강설

보살계를 구족히 하고자 하면 이와 같이 행하라는 말씀이시다.

'육중법[六重法]'에서 육(六)이란 육근(六根)으로 인식하는 색·성·향·미·촉·법(色聲香味觸法)을 말한다.
중(重)이란 색·성·향·미·촉·법을 인식할 때 그 어디에도 집착함이 없이 평온함을 유지하는 것을 말한다.
안이비설신의로 색·성·향·미·촉·법을 대할 때 기뻐하지도 않고, 근심하지도 않고, 평정한 마음으로 바른 기억과 바른 앎에 머무르는 것이 육중법을 행하는 것이다.
색중, 성중, 향중, 미중, 촉중, 법중(色重, 聲重, 香重, 味重, 觸重, 法重)을 행한다고 해서 육중(六重)이라 부른다.
중심단에 편안함을 세우고 편안함에 입각해서 안·이·비·설·신·의를 활용하게 되면 육중법이 저절로 행해진다.

본문

受六重法已。次當勤修無㝵梵行。發廣濟心。受八重法。
수욕중법이. 차당근수무애범행. 발광제심. 수팔중법.
立此誓已。於空閑處燒衆名香。散華供養一切諸佛及諸菩
입차서이. 어공한처요중명향. 산화공양일체제불급제보
薩。大乘方等。而作是言。我於今日發菩提心。以此功德
살. 대승방등. 이작시언. 아어금일발보리심. 이차공덕
普度一切。作是語已。復更頂禮一切諸佛及諸菩薩。思方
보도일체. 작시어이. 부갱정례일체제불급제보살. 사방
等義。一日乃至三七日。若出家。在家。不須和上。不用
등의. 일일내지삼칠일. 약출가. 재가. 불수화상. 불용
諸師。不白羯磨。受持讀誦大乘經典力故。普賢菩薩勸發
제사. 불백갈마. 수지독송대승경전력고. 보현보살근발
行故。是十方諸佛正法眼目。因由是法。自然成就五分法
행고. 시시방제불정법안목. 인유시법. 자연성취오분법
身。戒。定。慧。解脫。解脫知見。諸佛如來從此法生。
신. 계. 정. 혜. 해탈. 해탈지견. 제불여래종차법생.
於大乘經得受記別。是故。智者。若聲聞毀破三歸及五戒。
어대승경득수기별. 시고. 지자. 약성문훼파삼귀급오계.
八戒。比丘戒。比丘尼戒。沙彌戒。沙彌尼戒。式叉摩尼
팔계. 비구계. 비구니계. 사미계. 사미니계. 좌차마니
戒。及諸威儀。愚癡不善。惡邪心故。多犯諸戒及威儀法。
계. 급제위의. 우치불선. 악사심고. 다범제계급위의법.

계. 급제위의. 우의불선. 악사심고. 다범제계급위의법.
若欲除滅令無過患。還爲比丘具沙門法。當勤修讀方等經
약욕제멸영무과환. 환위비구구사문법. 당근수독방등경
典。思第一義甚深空法。令此空慧與心相應。當知。此人
전. 사제일의심심공법. 영차공혜여심상응. 당지. 차인
於念念頃。一切罪垢永盡無餘。是名具足沙門法式。具諸
어염염경. 일체죄구영진무제. 시명구족사문법식. 구제
威儀。應受人天一切供養。
위의. 응수인천일체공양.

여섯 가지 법을 받고는 다시 부지런히 걸림 없는 범행(梵行)을 닦고, 널리 건지려는 마음을 내어 여덟 가지 무거운 법[八重法]을 받을지니라.

이러한 서원을 세우고는 비고 한가한 곳에서 여러 가지 이름 있는 향을 태우거나 꽃을 흩어 온갖 부처님과 대승 방등법에 공양하면서 말하되 '제가 오늘 보리심을 내었사오니, 이 공덕으로 널리 일체를 제도하여지이다' 할지니라.

이렇게 말하고 다시 모든 부처님과 모든 보살에게 정례하고 방등의 뜻을 생각하되 하루 내지 삼칠일 동안 할지니라.

집을 떠난 사람이나 집에 있는 사람이 화상을 구하지 않고, 여러 스님들을 쓰지 않고, 갈마를 여쭈지 않아도, 대승경전을 받아 지니고 읽고 외우는 힘 때문에, 보현보살이 일으키기를 권하는 행 때문에, 이는 시방의 모든 부처님의 바른 법의 안목(眼目)이 되느니라.

이 법으로 인하여 자연히 5분법신(分法身)을 성취하나니, 계(戒)·정(定)·혜(慧)·해탈(解脫)·해탈지견(解脫知見)이니라.

모든 부처님 여래께서는 이 법에서 나셔서 대승경전에서 기별(記別)을 얻게 되시니라.

그러므로 지혜로운 이들이여, 만일 성문이 3귀계(歸戒)·5계·8계·비구계·비구니계·사미계(沙彌戒)·사미니계(沙彌尼戒)·식차마니계(式叉摩尼戒) 및 모든 위의를 파괴하였거나, 어리석어 착하지 못하고 나쁜 삿된 마음 때문에 모든 계행과 위의법(威儀法)을 범하였을지라도, 만일 소멸하여 허물이 없게 하고자 하거나, 다시 비구가 되어 사문의 법을 구족하고자 한다면, 마땅히 부지런히 방등경전을 닦고 읽고 으뜸가는 진리의 매우 깊은 공의 법[空法]을 생각하여, 이 공의 지혜와 마음이 서로 응하게 할지니라. 분명히 알아라.

이 사람은 생각 생각에 온갖 죄의 때가 영원히 다하여 남음 없으리니, 이것을 사문의 법식(法式)을 구족하며 모든 위의를 갖추었다 하나니, 마땅히 인간과 천상의 온갖 공양을 받으리라.

강설

".... 널리 건지려는 마음을 내어 여덟 가지 무거운 법(八重法)을 받을지니라."

팔중법(八重法)이란
1. 불살생하고
2. 불투도하고
3. 불망어하고
4. 불음행하고
5. 사부대중의 허물을 말하지 않고
6. 술을 팔지 않고
7. 잘못을 감추지 말고
8. 남의 착한 일을 숨기고 악한 일을 드러내지 않는 것이다.

".... 이렇게 말하고 다시 모든 부처님과 모든 보살에게 정례하고 방등의 뜻을 생각하되 하루 내지 삼칠일 동안 할지니라."

'방등의 뜻을 생각한다'라는 것은 육념처관을 행한다는 말씀이다.

"집을 떠난 사람이나 집에 있는 사람이 화상을 구하지 않고, 여러 스님들을 쓰지 않고, 갈마를 여쭈지 않아도, 대승경전을 받아 지니고 읽고 외우는 힘 때문에, 보현보살이 일으키기를 권하는 행 때문에, 이는 시방의 모든 부처님의 바른 법의 안목(眼目)이 되느니라."

'대승경전을 받아지니고 읽고 외우는 힘'이란 육근청정이 이루어지면서 생기는 힘을 말한다.
육근청정이 이루어지면 육근원통이 이루어진다.
육근원통으로 6신통이 갖추어진다.

'보현보살이 일으키기를 권하는 행'이란 육근청정행과 현일체색신삼매, 상락아정바라밀이다.

'시방의 모든 부처님의 바른 법의 안목(眼目)'이란 각성을 증장시키고, 본성의 인식을 돈독히 하고, 밝은성품을 운용하고, 심식의 바탕을 제도하는 방법을 아는 것이다.

"이 법으로 인하여 자연히 5분법신(分法身)을 성취하나니, 계(戒)·정(定)·혜(慧)·해탈(解脫)·해탈지견(解脫知見)이니라. 모든 부처님 여래께서는 이 법에서 나셔서 대승경전에서 기별(記別)을 얻게 되시니라."

오분법신은 생멸심을 제도하고 생멸수행을 완성시키는 다섯 단계 절차이다. 육념처관법 만으로도 생멸수행이 완성되고 보살도에 들어가게 된다는 말씀이시다.

"그러므로 지혜로운 이들이여, 만일 성문이 3귀계(歸戒)·5계·8계·비구계·비구니계·사미계(沙彌戒)·사미니계(沙彌

尼戒)・식차마니계(式叉摩尼戒) 및 모든 위의를 파괴하였거나, 어리석어 착하지 못하고 나쁜 삿된 마음 때문에 모든 계행과 위의법(威儀法)을 범하였을지라도, 만일 소멸하여 허물이 없게 하고자 하거나, 다시 비구가 되어 사문의 법을 구족하고자 한다면 마땅히 부지런히 방등경전을 닦고 읽고 으뜸가는 진리의 매우 깊은 공의 법[空法]을 생각하여, 이 공의 지혜와 마음이 서로 응하게 할지니라. 분명히 알아라.
이 사람은 생각 생각에 온갖 죄의 때가 영원히 다하여 남음 없으리니, 이것을 사문의 법식(法式)을 구족하며 모든 위의를 갖추었다 하나니, 마땅히 인간과 천상의 온갖 공양을 받으리라."

계율을 어기고 파계했더라도 다시 출가하고 싶으면 부지런히 육념처관을 닦고, 대적정에 들어가서 적멸상(寂滅相)과 식의 바탕이 서로 응하게 하고 업식과 적멸상이 서로 응하게 하라는 말씀이시다.
이렇게 하면 온갖 죄의 때가 영원히 다하여 남음이 없게 되고, 사문의 법식(法式)을 구족해서 모든 위의를 갖춘 것이라는 말씀이시다.

본문

若優婆塞犯諸威儀。作不善事一一不善事者。所謂說佛法
약우바새범제위의. 작불선사일일불선사자. 소위설불법
惡。過論說四衆所犯惡事。偸盜婬妷無有慚愧一一若欲懺
악. 과논설사중소범악사. 투도음질무유참괴일일약욕참
悔滅諸罪者。當勤讀誦方等經典。思第一義。若王者。大
회멸제죄자. 당근독송방등경전. 사제일의. 약왕자. 대
臣。婆羅門。居士。長者。宰官是諸人等。貪求無厭。作
신. 바라문. 거사. 장자. 재관시제인등. 탐구무염. 작
五逆罪。謗方等經。具十惡業。是大惡報應墮惡道。過於
오역죄. 방방등경. 구심악업. 시대악보응타악도. 과어
暴雨必定當墮阿鼻地獄。若欲除滅此業障者。應生慚愧。
폭우필정당타아비지옥. 약욕제멸차업장자. 응생참괴.
改悔諸罪。云何名刹利居士懺悔法。懺悔法者。但當正
개과제죄. 운하명찰리거사참회법. 참회법자. 단당정
心。不謗三寶。不障出家。不爲梵行人作惡留難。應當繫
심. 불방삼보. 불장출가. 불위범행인작악유난. 응당계
念修六念法。亦當供給供養持大乘者。不必禮拜。應當憶
념수육념법. 역당공급공양지대승자. 불필예배. 응당억
念甚深經。法。第一義空。思是法者。是名刹利居士修第
념심심경. 법. 제일의공. 사시범자. 시명찰리거사수제
一懺悔。第二懺悔者。孝養父母。恭敬師長。是名修第二
일참회. 제이참회자. 효양부모. 공경사장. 시명수제이
懺悔法。第三懺悔者。正法治國。不邪枉人民。是名修第

참회법. 제삼참회자. 정법치국. 불사왕인민. 시명수제
三懺悔。第四懺悔者。於六齋日勅諸境內力所及處令行不
삼참회. 제사참회자. 어육제일칙제경내력소급처영행불
殺。修如此法是名修第四懺悔。第五懺悔者。但當深信因
살, 수여차법시명수제사참회. 제오참회자. 단당심신인
果。信一實道。知佛不滅。是名修第五懺悔。
과. 신일실도. 지불불멸. 시명수제오참회.

만일 우바새가 모든 위의를 범하여 착하지 못한 일을 지었다면, 착하지 못한 일이란 이른바 불법의 허물과 나쁜 것을 말하며, 4부 대중이 범한 나쁜 일을 말하며, 도적질과 음행을 하되 부끄러움이 없는 것이니, 만일 참회하여 모든 죄를 멸하려 하는 이는 반드시 부지런히 방등경전을 독송하고 으뜸가는 진리를 생각할지니라.

만일 왕과 대신과 바라문과 거사(居士)와 장자와 재상과, 이러한 모든 사람들이 탐내기를 그치지 않아 5역죄(逆罪)를 짓고, 방등경전을 비방하여 열 가지 나쁜 업[十惡業]을 구족하면 이러한 큰 죄악의 과보는 마땅히 나쁜 갈래[惡道]에 떨어짐이 폭우보다 지나쳐서 반드시 아비(阿鼻)지옥에 떨어지리라.

만일 이 업장을 소멸하고자 할진대 마땅히 부끄러운 마음을 내어 모든 죄를 뉘우칠지니라.

어떤 것이 찰제리[刹利] 거사의 참회하는 법인가. 참회하는 법은 다만 마음을 바르게 하고 3보를 비방하지 않으며, 집 떠나는 이를 막지 않고, 범행 닦는 사람에게 장애를 주지 않고, 마땅히 마음을 모아 6념법(念法)을 닦으며, 또는 대승법 지니는 사람을 공경 공양하되 예배할 것까지는 없으나 마땅히 매우 깊은 경법과 제일의공(第一義空)을 생각할지니라.
이러한 법을 생각하는 이를 찰제리 거사의 첫 번째의 참회를 닦는다 하느니라.
두 번째 참회란 부모를 효성으로 봉양하고 스승과 어른께 공경하면, 이를 두 번째의 참회법을 닦는다 하느니라.
세 번째 참회란 바른 법으로 나라를 다스리어 백성을 샀되고 그르치지 않게 하면, 이를 세 번째의 참회를 닦는다 하느니라.
네 번째 참회란 여섯 재일(齋日)에 경계 안에 힘이 미치는 곳에 명령을 내려 죽이지 않는 계를 행하게 할지니, 이러한 법을 닦으면 이것이 네 번째의 참회법을 닦는다 하느니라.
다섯 번째 참회란 다만 인과를 깊이 믿고 하나의 실다운 도를 믿으며 부처님은 멸하지 않는 줄 알면, 이것이 다섯 번째의 참회법을 닦는 것이니라."

강설

"만일 우바새가 모든 위의를 범하여 착하지 못한 일을 지었다면, 착하지 못한 일이란 이른바 불법의 허물과 나쁜 것을 말하며, 4부 대중이 범한 나쁜 일을 말하며, 도적질과 음행을 하되 부끄러움이 없는 것이니, 만일 참회하여 모든 죄를 멸하려 하는 이는 반드시 부지런히 방등경전을 독송하고 으뜸가는 진리를 생각할지니라."

재가 신도가 5계를 범했다 하더라도 참회하기를 원하면 육념처관을 행하고 불념처에 머무르라는 말씀이시다.

"만일 왕과 대신과 바라문과 거사(居士)와 장자와 재상과, 이러한 모든 사람들이 탐내기를 그치지 않아 5역죄(逆罪)를 짓고, 방등경전을 비방하여 열 가지 나쁜 업[十惡業]을 구족하면 이러한 큰 죄악의 과보는 마땅히 나쁜 갈래[惡道]에 떨어짐이 폭우보다 지나쳐서 반드시 아비(阿鼻)지옥에 떨어지리라.
만일 이 업장을 소멸하고자 할진대 마땅히 부끄러운 마음을 내어 모든 죄를 뉘우칠지니라."

이런 경우에도 6념처관을 행하고 대적정에 머무르면 모든 죄업이 씻어진다는 말씀이시다.

"어떤 것이 찰제리[刹利] 거사의 참회하는 법인가. 참회하는 법은 다만 마음을 바르게 하고 3보를 비방하지 않으며, 집 떠나는 이를 막지 않고, 범행 닦는 사람에게 장애를 주지 않고, 마땅히 마음을 모아 6념법(念法)을 닦으며, 또는 대승법 지니는 사람을 공경 공양하되 예배할 것까지는 없으나 마땅히 매우 깊은 경법과 제일의공(第一義空)을 생각할지니라.
이러한 법을 생각하는 이를 찰제리 거사의 첫 번째의 참회를 닦는다 하느니라."

6념처관을 행하고 대적정에 머무는 것이 첫 번째 참회를 행하는 것이라는 말씀이시다.

"두 번째 참회란 부모를 효성으로 봉양하고 스승과 어른께 공경하면, 이를 두 번째의 참회법을 닦는다 하느니라."

부모에게 효도하고 스승과 어른을 공경하는 것이 두 번째 참회를 닦는 것이라는 말씀이시다.

"세 번째 참회란 바른 법으로 나라를 다스리어 백성을 삿되고 그르치지 않게 하면, 이를 세 번째의 참회를 닦는다 하느니라."

바른 법으로 나라를 다스리는 것이 세 번째 참회를 행하는 것이란 말씀이시다.

"네 번째 참회란 여섯 재일(齋日)에 경계 안에 힘이 미치는 곳에 명령을 내려 죽이지 않는 계를 행하게 할지니, 이러한 법을 닦으면 이것이 네 번째의 참회법을 닦는다 하느니라."

여섯 재일에 살생을 하지 않으면 네 번째 참회를 행하는 것이란 말씀이시다.

"다섯 번째 참회란 다만 인과를 깊이 믿고 하나의 실다운 도를 믿으며 부처님은 멸하지 않는 줄 알면, 이것이 다섯 번째의 참회법을 닦는 것이니라."

'인과를 깊이 믿는다'는 것은 10여시(十如是)의 이치를 안다는 것이다.

하나의 실다운 도를 믿는다는 것은 묘법연화경을 믿고 여실공(如實空)의 이치를 안다는 것이다.

부처님은 멸하지 않는 줄 아는 것은 본원본제와 동법계를 이루는 과정을 이해하고 능연 부처님에 대해 이해하고 있다는 것이다.

이렇게 아는 것이 다섯 번째 참회를 행하는 것이라는 말씀이시다.

본문

佛告阿難。於未來世。若有修習如此懺悔法。當知此人著
불고아난. 어미래세. 약유수습여차참회법. 당지차인착
慚愧服。諸佛護助。不久當成阿耨多羅三藐三菩提。說是
참괴복. 제불호조. 불구당성아뇩다라삼먁삼보리. 설시
語時。十千天子得法眼淨。彌勒菩薩等諸大菩薩及以阿難。
어시. 십천천자득법안정. 미륵보살등제대보살급이아난.
聞佛所說。歡喜奉行。
문불소설. 환희봉행.

부처님께서 다시 아난에게 말씀하셨다.
"미래 세상에 만일 어떤 이가 이러한 참회의 법을 닦으면 이 사람은 참회의 옷을 입고 모든 부처님의 보호하심을 받아 오래지 않아서 아뇩다라삼먁삼보리를 이루리니 마땅히 알지니라."
이 말씀을 하실 때에 십천(十千)의 천자는 법의 눈이 청정해졌으며, 미륵보살 등 모든 큰 보살과 아난은 부처님의 말씀을 듣고 환희하여 받들어 행하였다.

강설

"미래 세상에 만일 어떤 이가 이러한 참회의 법을 닦으면

이 사람은 참회의 옷을 입고 모든 부처님의 보호하심을 받아 오래지 않아서 아뇩다라삼먁삼보리를 이루리니 마땅히 알지니라."

육념처관으로 육근청정을 이루면 이 사람은 육근원통을 이루고 모든 부처님들의 보호하심을 받아서 오래지 않아서 아뇩다라삼먁삼보리를 이루게 된다는 말씀이시다.

맺음말

어느덧 법화삼부경을 마무리하게 되었다.
무량의경을 강설했던 것이 엊그제 같은데 벌써 시간이 이만큼 흘러갔다.
참으로 행복한 시간들이었다.
오로지 부처님의 말씀만을 생각하고 부처님에 대한 그리움으로 하루하루를 보냈다.
법화삼부경을 통해서 등각의 이치와 절차를 알게 되었고, 묘각의 절차와 과정도 알게 되었다.
본원본제와 동법계를 이루는 방법도 알게 되었고 본원본제를 제도하는 방법도 알게 되었다.
묘각 이후에 여래지를 증득하는 방법에 대해서도 알게 되었고 불세계와 여래장계, 생멸계와 진여계의 양태에 대해서도 알게 되었다.
대적정을 이루는 열두 단계의 일과 대자비문의 스물세 단계 절차, 그리고 다섯 가지 대지혜를 체득하는 방법에 대해서도 알게 되었다.
43개의 척수막관법과 32진로 수행체계, 43개의 천념처(天念處)에 대해서도 알게 되었고, 16개의 삼매를 통해 수능엄삼매를 체득하는 절차에 대해서도 알게 되었다.
육근청정의 법과 법화삼매, 범부삼매와 향음 수행의 체계, 보살도에서 이루어지는 세 단계의 육바라밀에 대해서도 알게 되었고 묘각 부처님들의 서로 다른 성취와 서로 다른 존재목적에 대해서도 알게 되었다.
능연 부처님의 위신력과 무한한 수명을 갖추신 부처님의 면모에 대해서 알게 되었다.
이로써 인지법행의 처음과 끝이 갖추어졌고 과지법행의 모든 절차가 갖추어졌다.
숙생의 염원이 금생에서 이루어졌다.
이제 비로소 나의 길을 걷게 되었다.

법화삼부경과 인연을 맺어준 것이 아내이다.
그 해, 초파일을 보내고 서울에 올라오니 아내가 법화경을 펼쳐놓고 읽어보라고 했다.
그 인연이 계기가 되어 법화경 강의를 시작하게 되었다.
지금의 이 모든 성취들은 아내의 공덕이다.

구선

출가 후 얻은 진리와 깨달음을 다양한 사상서에
담아 출간하였다. 이를 실생활에 접목하기 위해
지난 20년간 다양한 교육 프로그램을 운영해 왔다.

저서로는 『觀, 존재 그 완성으로 가는 길』,
『觀, 중심의 형성과 여덟진로의 수행체계』,
『觀, 십이연기와 천부경』,
『觀, 한글 자음 원리』,
『도넛츠 학습법』,
『뇌 척수로 운동법』,
『다도명상 점다』,
『생명과 시대사상』,
『본제의학 원리』,
『인지법행과 과지법행』,
『암의 진단과 치유』,
『법화삼부경 제1부 무량의경』,
『법화삼부경 제2부 묘법연화경 1,2,3,4권』,
『한글문자원리』,
『觀, 생명과 죽음』이 있다.

현재 경북 영양 연화사 주지이며,
서울에서 선나힐링센터를 운영하고 있다.

저자의 다른 책들

관 존재 그 완성으로 가는길   관 쉴 줄 아는 지혜   관 중심의 형성과 여덟 진로의 수행체계   관 십이연기와 천부경

  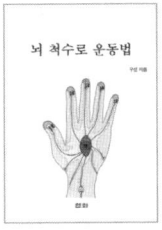 

관 한글 자음 원리   도넛츠 학습법   뇌 척수로 운동법   다도명상 점다

 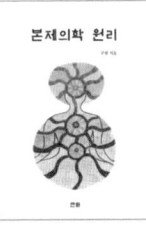  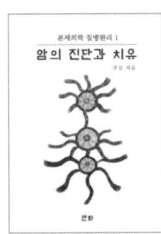

생명과 시대사상   본제의학 원리   인지법행과 과지법행   암의 진단과 치유

법화삼부경 제1부 무량의경   법화삼부경 제2부 묘법연화경 1,2,3,4권   한글문자원리   관 생명과 죽음

법화삼부경 제 2부 묘법연화경 5권
　　　　　제 3부 불설관보현보살행법경

1판 1쇄 인쇄일	2023년 5월 20일
1판 1쇄 발행일	2023년 5월 27일

지은이	구선
기획·편집	이진화
교정·교열	권규호

펴낸 곳	도서출판 연화
주소	경상북도 영양군 수비면 낙동정맥로 2632-66
	https://smartstore.naver.com/samatha
	네이버 '도서출판 연화'
전화	02) 766-8145
출판등록일	2005년 11월 2일
등록번호	제 517-2005-00001 호

정가	**30,000원**
ISBN	979-11-981212-4-0

이 책은 저작권법에 따라 보호를 받는 저작물이므로 무단전재와 복제를 금하며, 이 책 내용의 전체 또는 일부를 사용하려면 반드시 저작권자의 서면 동의를 받아야 합니다.